पेंगुइन स्वदेश

अल्टीमेट हीलिंग कोड

डिंपल जांगड़ा ने गट हेल्थ और आयुर्वेद की पढ़ाई की तरफ मुड़ने से पहले कई उपलब्धियाँ हासिल की हैं। आयुर्विज्ञान और फूड केमिस्ट्री पर उनका शोध अच्छे स्वास्थ्य और गट हेल्थ संबंधी खोज का परिणाम था।

उन्होंने अपनी टीम के आयुर्वेदिक चिकित्सक, थेरेपिस्ट और बायोटेक रिसर्चर्स की सहायता से 2017 में 'प्राण हेल्थकेयर' की स्थापना की। 'प्राण' को यूके के रूटलेज, टेलर और फ्रांसिस पब्लिकेशन की साउथ एशिया में प्रचलित किताब में केस स्टडी के रूप में स्थान दिया गया है।

डिंपल को कई सम्मान मिले, जिनमें एशिया आइकॉनिक अवॉर्ड और बिज़नेस वर्ल्ड फ्यूचर मास्टर और टाइम्स ब्रांड आइकॉन 2021 प्रमुख हैं। इसी के साथ उन्हें इंडियन अचीवर्स क्लब द्वारा चालीस से कम उम्र के सबसे प्रभावी चालीस व्यक्तियों की सूची में मान्यता दी गई। डिंपल को पेरिस की टेम्स इंटरनेशनल यूनिवर्सिटी और नेशनल अमेरिकन यूनिवर्सिटी से डॉक्टरेट की मानक उपाधि भी दी गई है।

उनके क्लिनिक और अकेडमी ने आयुर्वेद और पोषण की सहायता से चौसठ देशों के रोग पीड़ितों और विद्यार्थियों की गंभीर बीमारियों से उबरने में सहायता की है। वे विभिन्न सोशल मीडिया प्लेटफॉर्म्स के माध्यम से स्वास्थ्य-संबंधी सलाह देती हैं, जहाँ लगभग 100 से अधिक देशों के लोग उनसे लाभान्वित होते हैं।

अनुवादक परिचय

बिहार के मुजफ्फरपुर जिले के रहने वाले शशि शेखर ने दिल्ली विश्वविद्यालय से पत्रकारिता की पढ़ाई की है। 20 वर्षों तक प्रिंट, इलेक्ट्रॉनिक और डिजिटल मीडिया में काम करने के बाद, अब वे फ्रीलांस जर्नलिज्म कर रहे हैं। साथ ही, पिछले 12 वर्षों से विभिन्न मीडिया संस्थान, पीआर एजेंसी और प्रकाशन गृहों के लिए अनुवाद का काम भी करते रहे हैं।

प्राक्कथन

अनुभव से बेहतर कोई शिक्षक नहीं। सबसे बुरे अनुभव सबसे अच्छे सबक सिखाते हैं। यह बात डिंपल के लिए बिलकुल सही है, जिन्होंने अपने जीवन में गंभीर स्वास्थ्य समस्याओं का सामना किया है, लेकिन हमेशा मज़बूत और ज़्यादा प्रेरित और यहाँ तक कि ज़्यादा समझदार बनकर उभरीं। जो कोई भी उनसे मिला है या उन्हें जानता है, वह देख सकता है कि आज वे जुनून और उद्देश्य से भरी हुई हैं। वे लोगों को स्वाभाविक तरीकों से ठीक करने में मदद करना चाहती हैं। उनके असाधारण संचार कौशल उनके हर पॉडकास्ट और हर चर्चा में झलकते हैं।

डिंपल की इस पुस्तक की प्रस्तावना लिखना मेरे लिए ख़ुशी की बात है। मुझे विश्वास है कि यह पाठकों के जीवन को रौशन करेगी। यह पुस्तक न केवल पोषण, बल्कि मौसम के अनुसार संगीत, आवृत्तियों, कपड़ों, रंगों और दिनचर्या को भी कवर करती है। यह यहीं नहीं रुकती, इससे भी आगे जाती है।

डिंपल आपको सबसे सरल, सबसे सुंदर और कारगर अभ्यासों से अपने मन को ठीक करने के तरीके भी बताती हैं। उनकी किताब व्यावहारिक सुझावों का ख़जाना है, जो बताती है कि सेहत के राज़ हमारे घरों, रसोई और बगीचों में ही छिपे हैं। सबसे अच्छी बात यह है कि ये सभी उपाय हमारे लिए आसानी से उपलब्ध हैं। हम जानते हैं कि क्यों, कैसे और कहाँ देखना है। हम सभी ने अपनी दादी-नानी और माँ को यही कहते सुना है, लेकिन मुझे एक भी बच्चा दिखाओ, जो नानी-दादी से पारंपरिक ज्ञान से भरी कहानियाँ सुन रहा हो...यह किताब हमें याद दिलाती है कि प्रकृति ही हमारी देखभाल करने वाली है और ज्ञान ही आज़ादी की कुंजी है। डर से आज़ादी, महंगे और अनावश्यक इलाजों, दवाओं और उत्पादों से आज़ादी।

मेरा सचमुच मानना है कि यह किताब स्वास्थ्य और कल्याण पर अब तक की सबसे महत्त्वपूर्ण सामग्रियों में से एक है। मैं आपको प्रोत्साहित करती हूँ कि आप इसके पन्ने को पलटें और एक स्वस्थ, ख़ुशहाल, निडर व्यक्ति बनने की अपनी यात्रा शुरू करें। आज ही।

— **जूही चावला,** अभिनेत्री और फ़िलांथ्रोपिस्ट

अग्रिम प्रशंसा

'पुस्तक में व्यावहारिक और ज्ञानवर्धक जानकारी का खजाना है, जो आपके स्वास्थ्य को बेहतर बनाएगा और आपके भीतर के डॉक्टर को जागृत कर देगा।'
— **एडी स्टर्न**, लेखक और योग साधक

'मैं डिंपल को कई वर्षों से जानती हूँ और उनके आयुर्वेदिक उपचारों की सराहना करती आई हूँ। उनकी पुस्तक ऊर्जा, ध्वनि, कंपन और आवृत्तियों की ताकत से इलाज के वैकल्पिक तरीकों को पेश करती है। यह रोगों के मूल कारणों का पता लगाने के लिए हमारे मन का उपयोग करने पर भी ज़ोर देती है। यह सब निश्चित ही स्वास्थ्य को बेहतर बनाने का एक दिलचस्प तरीका है। जो कोई भी अपने जीवन-गुणवत्ता में सुधार करना चाहता है, उसे यह पुस्तक प्रेरणादायक और उपयोगी लगेगी।'
— **डॉ. अंजलि तेंदुलकर**

'आधुनिक जीवनशैली की व्यस्तताओं के बीच, यह पुस्तक अपनी ऊर्जा का उपयोग करने, उद्देश्य विकसित करने और शारीरिक, मानसिक और भावनात्मक संतुलन बनाए रखने के बारे में एक गाइड बुक जैसी है। सही स्वास्थ्य दवाओं से कहीं आगे तक फैला हुआ है। डिंपल जांगड़ा की स्वास्थ्य यात्रा इसी का प्रमाण है। हर एक पाठक को शक्ति और स्थायी आनंद की प्राप्ति हो।'
— **गौरांग दास**, आध्यात्मिक गुरु

'यह पुस्तक आपके शरीर, मन और भावनाओं को ठीक करने का एक ऊर्जावान तरीका है। डिंपल हमें दिखाती हैं कि कैसे सचेतन विकल्प और सचेतन उपकरण समग्र उपचार को जागृत करने में मदद कर सकते हैं, जिससे आपको स्थायी आनंद और शक्ति मिलती है। पढ़ें, सीखें और स्वस्थ हों!'
— **परिणीति चोपड़ा**, अभिनेत्री

'कुछ लोग ऐसे होते हैं, जो वास्तव में दुनिया में एक सकारात्मक बदलाव लाना चाहते हैं, डिंपल जांगड़ा उनमें से एक हैं। उनका अटूट विश्वास है कि दूसरों की भलाई महत्त्वपूर्ण है। वह एक उपचारक, एक परिवर्तनकर्ता, एक कार्यकर्ता हैं,

जो छोटे-छोटे बदलाव लाती हैं, जो हमारे जीवन को बदल देते हैं। आज हम जिस दुनिया में रह रहे हैं, उसका सामना करने और उससे निपटने में मदद करते हैं। अल्टीमेट हीलिंग कोड निश्चित रूप से हमारे शरीर, मन और आत्मा पर एक अमिट छाप छोड़ेगी।'

— **राकेश ओमप्रकाश मेहरा,** फ़िल्म निर्देशक

'प्रसव के बाद, मैं खुद को संतुलित और बेहतर बनाने की तलाश में थी। मुझे शारीरिक, मानसिक और भावनात्मक रूप से फिट होना था। इसी दौर में आयुर्वेद ने धीरे-धीरे मेरे जीवन में प्रवेश किया। यह एक शाश्वत विज्ञान के रूप में मेरे सामने आया, जो सबसे प्राकृतिक तरीके से सामंजस्य स्थापित करने में मदद करता है।

मेरी प्रिय मित्र, डिंपल जांगड़ा इस यात्रा में महत्त्वपूर्ण भूमिका निभा रही थीं। उनकी पुस्तक, द अल्टीमेट हीलिंग कोड ज्ञान पर आधारित है, फिर भी इसे पढ़ने वाले किसी भी व्यक्ति के लिए सुलभ है। उनके शब्द एक गर्मजोशी भरी बातचीत की तरह लगते हैं: बुद्धिमान, दयालु और प्रामाणिकता के साथ। यह केवल आयुर्वेद के बारे में बात नहीं करती। यह खुद से फिर से जुड़ने, अपने शरीर की सुनने और अपने समग्र कल्याण के बारे में एक गाइड बुक है। द अल्टीमेट हीलिंग कोड स्वास्थ्य के लिए एक मैनुअल से कहीं अधिक है। यह जागरूकता, संतुलन और गरिमा के साथ जीने का निमंत्रण है।'

— **काजल अग्रवाल,** अभिनेत्री

'डिंपल बहुत ही सरलता से किसी जटिल चीज़ को समझा देती हैं। द अल्टीमेट हीलिंग कोड पुस्तक व्यावहारिक ज्ञान के साथ मार्गदर्शन करती है, जो आपको रुकने, चिंतन करने और कार्य करने के लिए प्रेरित करती है। ऐसे समय में जब हम सभी संतुलन की खोज कर रहे हैं, यह पुस्तक आशा प्रदान करती है। उनसे व्यक्तिगत रूप से परामर्श करने के बाद, मैंने अनुभव किया है कि कैसे उनके तरीके आपके सोचने और जीने के तरीके में वास्तविक बदलाव लाते हैं। उनमें सदियों पुराने ज्ञान को ऐसे उपकरणों में बदलने की दुर्लभ क्षमता है, जो आज भी सुलभ और प्रासंगिक लगते हैं।'

— **अपूर्व मेहता,** मुख्य कार्यकारी अधिकारी, धर्मा प्रोडक्शन

'डिंपल से मेरी पहचान सोशल मीडिया पर हुई और यह देखकर हैरान रह गई कि उन्होंने कितनी सरलता से गट हेल्थ के बारे में व्यावहारिक सलाह दी हैं। उनकी नई किताब, *द अल्टीमेट हीलिंग कोड*, ध्वनि, कंपन, आवृत्ति, ध्यान और विचारों के माध्यम से उपचार की गहराई में जाती है। मैं इस किताब की पुरज़ोर अनुशंसा उन सभी लोगों से करती हूँ, जो अपने स्वास्थ्य को बदलने और अपना सर्वश्रेष्ठ बनने के लिए तैयार हैं।'

— **शाइना एनसी**, फ़ैशन डिज़ाइनर और राजनीतिज्ञ

'यह *हील योर गट, माइंड एंड इमोशन्स* का एक शानदार सीक्वल है। इसमें प्राकृतिक नियमों और सिद्धांतों के व्यावहारिक अनुप्रयोग पर कई सुझाव दिए गए हैं, न केवल बेहतर स्वास्थ्य के लिए, बल्कि एक बेहतर जीवन और आध्यात्मिक अस्तित्व के लिए भी। यह पुस्तक मानसिक स्वास्थ्य समस्याओं के प्रबंधन के लिए बहुत प्रासंगिक है। साथ ही यह व्यावहारिक और आध्यात्मिक विकास के लिए एक प्रेरणादायक मार्गदर्शिका है।'

—**राधाकृष्णन पिल्लई**, *चाणक्य नीति* जैसी कृति बेस्टसेलिंग के लेखक

'यह ऐसी पुस्तक है जो निश्चित रूप से आज की तेज़ पीढ़ी के मानसिक और शारीरिक स्वास्थ्य की गुणवत्ता को बढ़ाएगी, जो त्वरित अल्पकालिक सुखों में विचलित हो सकते हैं। यह पुस्तक आपको अपने शरीर, मन और आत्मा पर नियंत्रण पाने और स्वयं का सबसे स्वस्थ संस्करण बनने में सक्षम बनाएगी।'

— **विश्वास नांगरे पाटिल**, अतिरिक्त पुलिस महानिदेशक, भ्रष्टाचार निरोधक ब्यूरो, महाराष्ट्र

'डिंपल कंपन, आवृत्ति और भावनात्मक अवस्थाओं के बीच संबंध स्थापित करती हैं। वह रोज़मर्रा के जीवन में कृतज्ञता और सकारात्मकता विकसित करने के लिए प्रोत्साहित करती हैं। आपकी अंतर्निहित शक्तियों को तलाशने में आपका मार्गदर्शन करती हैं। यह पुस्तक बताती है कि कैसे मानसिकता और विश्वास आध्यात्मिक और वैज्ञानिक दृष्टिकोण से उपचार को आकार देते हैं। लेकिन यह पुस्तक उपचार से कहीं आगे जाती है। यह पाठकों को दैनिक अनुष्ठानों, क्षमा साधनाओं और एक सार्थक, दीर्घ जीवन की रचना के लिए उपकरणों से सशक्त बनाती है। वह दिव्य उपचार की आध्यात्मिक परंपराओं की खोज करती हैं

और साथ ही उन्हें शारीरिक और मनोवैज्ञानिक आधार पर स्थापित करती हैं। यह पुस्तक केवल एक स्वास्थ्य मार्गदर्शिका नहीं है, बल्कि यह अपनी आंतरिक शक्ति को पहचान कर और उसे उजागर करके अपने स्वास्थ्य को पुनः प्राप्त करने का एक निमंत्रण है। चाहे आप आध्यात्मिकता, ऊर्जा, कार्य, विज्ञान या स्थायी जीवन में सांत्वना चाहते हों, यह पुस्तक मार्गदर्शन, स्पष्टता और प्रोत्साहन प्रदान करती है। पुस्तक उन लोगों के लिए एक नया मार्ग देती है, जो पहले से ही चेतन उपचार और स्थायी कल्याण की खोज़ में हैं।'

— **चेनराज रॉयचंद,** चांसलर, जैन (डीम्ड यूनिवर्सिटी) और जैन समूह संस्थान के अध्यक्ष

'मानवता के लिए डिंपल जांगड़ा की अटूट सेवा प्रेरणादायक है। इस पुस्तक में, आप अपनी स्वयं की उपचार क्षमता को उजागर करेंगे। मैं पाठकों से आग्रह करता हूँ कि वे इस ज्ञान को अपनाएँ और अपने शरीर, मन और आत्मा को स्वस्थ करने की यात्रा पर निकलें। मुझे कहना होगा कि सभी को यह पुस्तक पढ़नी चाहिए।'

— **संग्राम सिंह,** दो बार के डब्ल्यूडब्ल्यूपी कॉमनवेल्थ हैवीवेट कुश्ती चैंपियन

'मैं डिंपल से उनकी बीमारी के दौरान मिला था, जब दर्द ने उनके जीवन पर कब्ज़ा कर लिया था। हमने उनके दर्द के कारण का पता लगाया और उन्हें सरल फिजियोथेरेपी अभ्यास बताए। अपनी दृढ़ता, आत्म-जागरूकता और प्राकृतिक उपचार पद्धतियों के साथ, उन्होंने न केवल अपने स्वास्थ्य को बदला, बल्कि अपनी यात्रा को इस प्रेरक पुस्तक में भी समेटा। यह पाठक को बीमारी के मूल कारणों को दूर करने में मन, इच्छाशक्ति और ऊर्जा की अपार शक्ति से परिचित कराती है। किसी भी व्यक्ति के लिए एक सचमुच सशक्त मार्गदर्शक है, जो अपनी जीवन शक्ति को ठीक करना, विकसित करना और पुनः प्राप्त करना चाहता है।'

— **प्रो. (डॉ) अली ईरानी,** भारतीय क्रिकेट टीम के पहले मनोचिकित्सक

'यह आँखें खोलने वाली पुस्तक है, जो भोजन और स्वास्थ्य के सामान्य विचारों से परे जाती है। यह एक ऐसी मार्गदर्शिका है, जो भोजन, खाना पकाने और स्वास्थ्य के प्रति आपके दृष्टिकोण को नया रूप देती है। यह आपको दैनिक जीवन में स्वस्थ विकल्प चुनने के लिए अधिक जागरूक और बेहतर ढंग से सुसज्जित बनाती है।'

—**एली अवराम,** अभिनेत्री

'यह पुस्तक एक सरल लेकिन गहन आतंरिक यात्रा है। यह उपचार से आगे बढ़कर ऊर्जा, कंपन और इच्छाशक्ति की दुनिया में जाती है। यह दिखाती है कि कैसे उपचार आपके अस्तित्व के हर हिस्से को छू सकता है। अगर आप संतुलन और सच्ची चिकित्सा की तलाश में हैं, तो यह किताब आपके लिए है।'
— **वालुशा डी सूसा,** अभिनेता और स्पोर्ट्स प्रेजेंटर

'द अल्टीमेट हीलिंग कोड आपको बताती है कि चिकित्सा जटिल नहीं होनी चाहिए। यह उन सरल, सचेत विकल्पों के बारे में है जो हम हर दिन करते हैं। मुझे सबसे ज़्यादा पसंद यह है कि डिंपल किस तरह प्राचीन ज्ञान को आधुनिक विज्ञान के साथ इतने सहज तरीके से मिलाती हैं। यह एक ऐसी किताब है जिसे मैं अपने पास रखूँगी और मेरा मानना है कि हर किसी को इसे पढ़ना चाहिए।'
— **प्रियंका चौधरी रैना,** संस्थापक, माटे और माटेहुड

'डिंपल अपने वास्तविक जीवन के स्वास्थ्य प्रसंगों से प्रेरणा पाती हैं, जिसमें पृथ्वी और हमारी दैनिक दिनचर्या में हर चीज़ की ऊर्जा के बारे में रोचक और प्रासंगिक तथ्य शामिल हैं, जो आपके स्वास्थ्य को वापस पाने के कई रास्ते सुझाते हैं। मैंने उपचार पर इससे सच्चा कोई और काम नहीं पढ़ा।'
— **हरमीत ग्रोवर,** सीओओ, रिले

'हमारे मन और आंत की धुरी हज़ारों साल पहले हमारे ऋषियों और मुनियों द्वारा स्थापित की गई थी। हमारे मन और अन्न, यानी अनाज के बीच का संबंध स्थापित था। पंच महाभूत, पाँच तत्व, हमारे भीतर एक निश्चित आवृत्ति पर कंपन करते हैं। एक आदर्श अनुपात में, हमारे मस्तिष्क के विद्युत आवेश और हमारे हृदय और आसपास के ब्रह्मांड के विद्युत चुम्बकीय क्षेत्र को सुसंगत होना चाहिए। निश्चित रूप से, हमें इस ब्रह्मांड के साथ प्रतिध्वनित होना चाहिए। और तब हम खुद को स्वस्थ, संपूर्ण, आत्मिक और अद्भुत पाते हैं। डिंपल ने कितनी खूबसूरत किताब लिखी है।'
— **मिकी मेहता,** ग्लोबल हेल्थ गुरु

अल्टीमेट हीलिंग कोड

प्राकृतिक शक्तियों की ऊर्जा से
प्राप्त करें अनमोल स्वास्थ्य

डिंपल जांगड़ा

अनुवाद : शशि शेखर

पेंगुइन स्वदेश
पेंगुइन रैंडम हाउस इंप्रिंट

पेंगुइन स्वदेश

पेंगुइन स्वदेश, पेंगुइन रैंडम हाउस ग्रुप ऑफ़ कंपनीज़ का हिस्सा है,
जिसका पता global.penguinrandomhouse.com पर मिलेगा

पेंगुइन रैंडम हाउस इंडिया प्रा. लि.,
चौथी मंज़िल, कैपिटल टावर-1, एम जी रोड,
गुरुग्राम 122 002, हरियाणा, भारत

पेंगुइन
रैंडम हाउस
इंडिया

प्रस्तुत हिंदी संस्करण एबरी प्रेस में पेंगुइन रैंडम हाउस द्वारा 2025 में प्रकाशित
प्रस्तुत हिंदी संस्करण पेंगुइन स्वदेश में पेंगुइन रैंडम हाउस द्वारा 2026 में प्रकाशित

ISBN 9780143477426

टाइपसेटः www.maniworks.com

मुद्रकः गोपसंस पेपर्स प्राईवेट लिमिटेड, नोएडा

www.penguin.co.in

MIX
Paper | Supporting responsible forestry
FSC® C191020

सप्रेम

बाबजी, मेरे दादाजी और अभिभावक
माँ और पिताजी, जिन्होंने मुझे यह मानवीय अनुभव दिया
मेरे धर्मपिता चेनराज अंकल, मेरी भतीजी और भतीजे
मेरी परदादी, जिनकी कहानियाँ मुझे प्रेरित करती हैं और
इस धरती पर अब भी मुझे राह दिखाती हैं

एक आध्यात्मिक और ऊर्जावान दृष्टिकोण
जिससे आप रोग, पीड़ा और चिंता से मुक्त जीवन जी सकें
और दिव्य चमत्कार करने में सक्षम बनकर
स्वयं का सर्वोच्च संस्करण बनें

अनुक्रम

अपनी बात

मैं खुद को एक्सीडेंटल हेल्थ कोच मानती हूँ।

मेरे परिवार का हेल्थ सर्विस सेक्टर से कोई ख़ास लेना-देना नहीं था। हाँ, हमारे घर में कई लोग बीमार हुए और इस तरह हमने हेल्थ इंडस्ट्री को बहुत सारा बिज़नेस दिया। मुझे भी स्वास्थ्य संबंधी कई समस्याएँ थीं। नवजात शिशु के रूप में मिर्गी, किशोरावस्था में चार सर्जरी, सोलह साल की उम्र में कैंसर का डर, माइग्रेन, त्वचा की बीमारियाँ और कई बार अपंग कर देने वाले दर्द के साथ बिस्तर पर पड़े रहना, जिसके बारे में मुझे हाल ही में पता चला कि यह एक ऑटो-इम्यून कंडीशन थी।

मेरा जन्म बेंगलुरु में हुआ, चेन्नई में पली-बढ़ी, मुंबई और न्यूयॉर्क में काम किया। बड़ी होकर मैंने कला, विज्ञापन, फोटोग्राफ़ी, फिल्म निर्माण, वित्त और अंतर्राष्ट्रीय व्यापार का अध्ययन किया। निवेश बैंकिंग में करियर बनाने से पहले, मैंने एक कॉपीराइटर, टीवी रिपोर्टर, टीवी प्रोड्यूसर के रूप में काम किया था। अपने करियर के उत्कर्ष पर, जब मैंने अपनी बकेट लिस्ट के सभी बॉक्स चेक कर लिए थे और अपनी मनचाही हर चीज़ हासिल कर ली थी, तब मुझे एहसास हुआ कि मेरे पास असल में कुछ भी नहीं है। मैंने जीवन में अपने असली उद्देश्य, अपने इकिगाई को फिर से खोजने के लिए अनिश्चितकालीन अवकाश लिया। मैंने कई देशों की यात्रा की। भारत के ग्रामीण इलाकों की खोज में कई महीने बिताए। मैं जहाँ भी गई, बिना किसी ख़ास योजना के गई। यात्रा की अपनी एक ऊर्जा होती है, जो मेरा मार्गदर्शन करती रही। उन प्रश्नों के उत्तर खोजती

रही, जिनके बारे में मुझे पता भी नहीं था। मुझे कुछ अविश्वसनीय अनुभव और अद्भुत क्षण मिले, जहाँ मैंने अपने सच्चे स्वरूप और बिना शर्त आनंद की खोज की।

2014 में जब मेरी ज़िंदगी दोराहे पर थी। मैं इन्वेस्टमेंट बैंकिंग और एक अनजाने भविष्य के बीच झूल रही थी। मैंने इस सृष्टि से अपने जीवन और कार्य के लिए एक मकसद देने के लिए प्रार्थना की। मैं एक बड़े सत्य का हिस्सा बनना चाहती थी और आने वाली पीढ़ियों के लिए हमारे प्राचीन विज्ञान और भारतीय विरासत का एक अंश संरक्षित करना चाहती थी। आयुर्वेद, योग, प्राकृतिक चिकित्सा और अन्य उपचार पद्धतियों जैसे प्राकृतिक विज्ञान के क्षेत्र में मेरा मार्गदर्शन करने के लिए, मैं इस सृष्टि की आभारी हूँ।

दो साल की खोज के बाद, इस सृष्टि ने मुझे एक ऐसी राह दिखाई, जिसकी मुझे कम ही उम्मीद थी। यह राह मुझे निवारक स्वास्थ्य सेवा और प्राकृतिक विज्ञान की दुनिया की ओर ले गई। मैंने हार्वर्ड मेडिकल स्कूल से लाइफ स्टाइल मेडिसिन, आयुर्वेद पोषण और आहार विज्ञान, योग संस्थान से योग, स्टैनफोर्ड से गट हेल्थ और माइक्रोबायोम पर एक शॉर्ट कोर्स किया। एचके भाखरू की कई शानदार किताबें पढ़ी। इससे मुझे प्राकृतिक चिकित्सा के बारे में जानकारी मिली। वैद्यरत्नम से आयुर्वेदिक सूत्रीकरण सीखा, जो दुनिया में आयुर्वेद के आठ मूल परिवार में से एक हैं। जैन विश्वविद्यालय से पी-एच.डी. स्कॉलर के रूप में मेरा शोध अभी भी जारी है, जिसमें उपनिवेशवाद से पहले और बाद के समय में आयुर्वेद जैसे निवारक, स्वास्थ्य सेवा, जीवन विज्ञान का विकास और आधुनिक पोषण में इसकी प्रासंगिकता, विशेष रूप से खाद्य संयोजन के विज्ञान पर ज़ोर दिया गया है।

मैंने जो सीखा और खोजा, उसने न केवल मेरे स्वास्थ्य और विश्वास को बदला, बल्कि मेरे करियर की दिशा भी हमेशा के लिए बदल दी। जीवनशैली और खान-पान में बदलाव लाकर, मैं अपनी पाँचवीं सर्जरी से बच सकी और कई पुरानी स्वास्थ्य समस्याओं को दूर कर सकी। मैंने इस भारतीय ज्ञान और विज्ञान को संरक्षित करने और समाज को कुछ वापस देने के उद्देश्य से, आयुर्वेदिक डॉक्टरों, चिकित्सकों और जैव प्रौद्योगिकी शोधकर्ताओं की एक टीम के साथ, 2017 में प्राण हेल्थकेयर सेंटर की शुरुआत की।

मुझे अपने इन-हाउस डॉक्टरों द्वारा अनगिनत रोगियों का उपचार करते हुए देखने का असीम आनंद और संतुष्टि मिली, जो पुरानी जीवनशैली की समस्याओं से निजात पाने के लिए दूसरे शहरों और देशों से आए थे। हमने चौंसठ से ज़्यादा देशों के छात्रों के लिए कार्यशालाएँ, सेमिनार और मास्टर क्लास आयोजित किए। हमने अपने क्लिनिक में फिल्म निर्माताओं, लेखकों, एथलीट, व्यवसायियों, कलाकारों, संगीतकारों, वैज्ञानिकों, विद्वानों और अन्य क्षेत्रों के डॉक्टरों और न्यूट्रीशन विशेषज्ञों का भी स्वागत किया, जो आयुर्वेद के बारे में जानने के लिए उत्सुक थे। इन सभी में मानव शरीर के बारे में अपनी समझ बेहतर बनाने और खुद को और अपने प्रियजनों को स्वस्थ करने की इच्छा थी। इस दुनिया के सभी आठ अरब मनुष्यों की एक ही इच्छा है, स्वास्थ्य और आनंद की खोज।

लोग मुझसे पूछते हैं कि यह बदलाव कैसे हुआ। मेरा उत्तर यही होता है कि जब मैं बैंकर थी, तब मैं हाईवे नंबर एक पर थी। यह फिनिश लाइन तक जाने वाला एक सीधा हाईवे है, जहाँ कोई यू टर्न, दाएँ या बाएँ मुड़ने की ज़रूरत नहीं है। सामाजिक मानदंडों के अनुसार, आपको वहीं बने रहना चाहिए जहाँ आप हैं। लेकिन विकास इस तरह से काम नहीं करता। मैंने अपनी बाहरी पहचान और अहंकार को त्याग दिया और नंगे पाँव हाईवे नंबर तैंतीस पर चली आई, जहाँ एक हेल्थ कोच के रूप में मेरा लक्ष्य मेरी प्रतीक्षा कर रहा था। सफ़ेद ब्लेज़र पहनकर कभी मैं वॉल स्ट्रीट में लाखों डॉलर की बातें करती थी, लेकिन आज मैं किसान बाज़ार में, तपती गर्मी की दोपहर में किसी स्टॉल के पीछे खड़ी हो कर पसीना बहा रही थी। लोगों के बीच पर्चे बाँट रही थी। आयुर्वेद का प्रचार करने के लिए एक-एक आदमी से बातें कर रही थी। कुछ साल बाद, मैं सोशल मीडिया कंटेंट और किताबों के ज़रिए खुद को कई तरह से व्यक्त कर पा रही हूँ। नियति का खेल ऐसा ही है और जब आप अनुमति देते हैं, तो ब्रह्मांड आपके जीवन को बदलने की क्षमता रखता है। ऊर्जा और इच्छा शक्ति ऐसी ही होती है, जो वास्तविकता को बदल सकती है।

मेरी पहली किताब *हील योर गट, माइंड एंड इमोशंस* को तीन महीने के अंदर ही नेशनल बेस्टसेलर बनाने के लिए पाठकों का हार्दिक आभार। आपके बिना यह संभव नहीं हो पाता।

उन सभी मरीज़ों और छात्रों का हार्दिक आभार, जिन्होंने हमारे काम में विश्वास जताया और अपने शरीर को स्वस्थ बनाने और अपनी जीवनशैली से जुड़ी बीमारियों को दूर करने के लिए हमारे डॉक्टरों, थेरेपिस्ट और बायोटेक शोधकर्ताओं से मिलने हमारे स्वास्थ्य केंद्र आए। आयुर्वेद और प्राकृतिक विज्ञान के बारे में जानने के लिए आगे आने वाले छात्रों का भी आभार, जिन्होंने इस ज्ञान को आने वाली पीढ़ियों तक पहुँचाने का फैसला किया। मैं उन सभी शिक्षकों की आभारी हूँ, जिन्होंने अपने ज्ञान से हमें परिपूर्ण किया और इस पुस्तक और हमारे सोशल मीडिया प्लेटफ़ॉर्म के माध्यम से इसे आप सभी के साथ साझा करने का अद्भुत अवसर दिया। हम व्यक्तिगत रूप से मिले बिना अभी विचारों, सोच और ऊर्जा का आदान-प्रदान कर पाए हैं। नई चीज़ें सीखने के लिए आपका खुलापन और जिज्ञासा इस ऊर्जा के आदान-प्रदान को संभव बनाती है। यह कोई संयोग नहीं है कि हम सभी समय और स्थान में एक ही क्षण में यहाँ मौजूद हैं।

जब मैं सुनती हूँ कि कैसे आपने अपने स्वास्थ्य को बेहतर बनाया है, पुरानी जीवनशैली से जुड़ी बीमारियों को दूर किया है और अपने दोस्तों और परिवार के सदस्यों को स्वस्थ होने में सहायता की है, तो मेरा दिल उल्लास और आनंद से भर जाता है। आपने अपने स्वास्थ्य की ज़िम्मेदारी लेने का निर्णय लिया, आपने अपने शरीर को स्वस्थ करने और अपनी स्वास्थ्य समस्याओं को दूर करने के लिए सक्रिय कदम उठाए, यह वाकई बहुत बड़ी बात है। आप वास्तव में अपने स्वास्थ्य, अपने शरीर और अपने भाग्य के सच्चे स्वामी हैं!

मैं यह सब देखकर कृतज्ञ हूँ। हर वयस्क और बच्चे को अपने शरीर को स्वस्थ रखने और अपने भाग्य का स्वामी बनने की शक्ति मिले। मेरी टीम और प्रकाशन मंचों का आभार, जिन्होंने विभिन्न माध्यमों और सोशल मीडिया प्लेटफ़ॉर्म पर यह जानकारी आप तक पहुँचाने के लिए अथक प्रयास किया है। हम निवारक स्वास्थ्य सेवा जीवन विज्ञान को एक वैश्विक परिघटना और एक घरेलू अभ्यास बनाने के अपने मिशन के लिए कड़ी मेहनत करते रहेंगे।

— डिंपल जांगड़ा

परिचय

इस पुस्तक को चुनने और मुझसे बातचीत करने के लिए धन्यवाद। मुझे अपना समय और ऊर्जा देने के लिए आपका आभार व्यक्त करती हूँ। अगले कुछ घंटों या दिनों में, जब आप पन्ने पलटेंगे और इन अध्यायों को पढ़ेंगे, तो आप और मैं एक साथ काफी सारा समय और मानसिक अवस्था को साझा करेंगे, भले ही हम अलग-अलग स्थानों पर हों। यह पुस्तक एक ऊर्जा विनिमय है, जहाँ आप अपना समय और ध्यान देते हैं और बदले में मैं शब्दों के रूप में अपने अनुभव और सीख प्रदान करती हूँ, इस आशा के साथ कि आपकी उपचार यात्रा बेहतर हो सके।

लंदन के एक तेरह वर्षीय लड़के ने 'फ़ार्म टू टेबल, होल फूड प्लांट बेस्ड' आहार प्रोटोकॉल का पालन किया। कुछ ही महीनों में उसने अपने हाइपोथायरॉइड की समस्या को ठीक कर लिया। उसके परिवार ने लड़के के बेहतर स्वास्थ्य के लिए अपने आहार और जीवनशैली में बदलाव किया। वे लोग लंदन से घर बदल कर मॉरीशस भी चले गए।

छब्बीस साल का एक लड़का लंदन से भारत आया। उसने अपने माता-पिता की सहायता से टाइप 2 डायबिटीज़ को रीवर्स कर दिया। उसके माता-पिता ने उसके खान-पान पर ध्यान दिया और उसका एचबीए1सी जो 12.2 था, मात्र छह महीनों में कम होकर 6.2 पर आ गया। लंदन में रह रही उसकी बहन ने कुछ ही महीनों में हाइपोथायरॉइड को रिवर्स कर दिया और अपना वजन 17 किलो कम कर लिया!

मुंबई के एक सीनियर सिटीजन क्रोनिक आईबीएस से पीड़ित थी। उन्हें हर घंटे दस से बारह बार बाथरूम जाना पड़ता था। वह अवसाद, आईबीएस और अस्थमा के कारण दो साल तक घर से बाहर नहीं निकली। लेकिन, एक आयुर्वेदिक आहार योजना और उपचार अपनाने के दो हफ़्तों के भीतर, उन्हें आईबीएस और अस्थमा से राहत मिली और वह अपनी बेटियों के पास दुबई भी चली गई।

दुबई में रह रही उनकी बेटी को क्रोनिक स्किन की बीमारी थी, लेकिन अब वह आत्मविश्वास से भरी हुई है। उसके पति और ससुर ने जीवनशैली और खान-पान में बदलाव किया और खुद को एक नया रूप दिया।

हमने मल्टीपल स्क्लेरोसिस बीमारी से जूझ रहे दो मरीज़ों को बिना किसी शारीरिक सहारे के पहली बार चलते देखा। हमने कई महिलाओं को अपने पीसीओएस, पीसीओडी, बांझपन और स्त्री रोग संबंधी विकारों को दूर करते और स्वस्थ बच्चों को जन्म देने में सक्षम होते देखा।

ये कुछ ऐसी कहानियाँ हैं, जो बताती हैं कि कैसे लोगों ने अनुशासन, विश्वास और प्रतिबद्धता के साथ, अपनी पुरानी बीमारियों पर जीत हासिल की। आपको उनकी कहानियाँ www.pranabydimple.com पर और इंस्टाग्राम @ pranabydimple पर मिल जाएँगी।

ऐसे लोगों को ठीक होते देखकर स्वास्थ्य संरक्षण, प्रकृति की शक्ति और दैवीय चमत्कार के साथ-साथ मानवीय क्षमता में मेरा विश्वास और भी मज़बूत हुआ।

@DIMPLEJANGDAOFFICIAL

यह पुस्तक पहली पुस्तक *हील योर गट, माइंड एंड इमोशंस* का अगला भाग है।

पहली पुस्तक गट हेल्थ के महत्त्व और मानसिक व भावनात्मक स्वास्थ्य पर इसके प्रभाव को समझने के लिए थी। हमने आयुर्वेद और आधुनिक

विज्ञान के बीच शोध-आधारित प्रमाणों और सामान्य अध्ययन क्षेत्रों को समझा। हमने चर्चा की कि कैसे अपनी अनूठी जैविक ब्लू प्रिंट (प्रकृति) को आप खोज सकते हैं, अपनी प्रकृति और विकृति (दोष असंतुलन) के आधार पर अपना पर्सनल चार्ट कैसे बना सकते हैं, अपने शरीर के प्रकार, असंतुलन, आयु, स्थलाकृति, मौसमी परिवर्तनों के आधार पर अपनी आहार योजना कैसे बना सकते हैं, सूर्य और चंद्रमा की स्थिति के आधार पर अपनी सर्कैडियन लय को कैसे संरेखित करेंगे और ऊर्जा घड़ी का उपयोग कैसे कर सकते हैं। हमने यह भी बात की कि खाद्य पिरामिड क्या है, विभिन्न खाद्य समूहों की पाचन अवधि क्या होती है, जीवनशैली में बदलाव की आदतें और व्यावहारिक रसोई उपचारों के साथ अपनी आंत और बृहदान्त्र (कोलोन) स्वास्थ्य को कैसे ठीक कर सकते हैं।

किताब में आयुर्वेदिक अवधारणाओं जैसे पंचमहाभूत (पाँच तत्व), तीन दोष (जैविक निर्माण खंड), अग्नि (पाचन अग्नि), षडरस (छह स्वाद), धातु (हमारे शरीर के ऊतक), स्रोत (चैनल), अपनी प्रकृति कैसे खोजें (अद्वितीय जैविक खाका), विरुद्ध आहार (भोजन संयोजन का विज्ञान), पंचकर्म (शरीर को विषमुक्त करने के पाँच तरीके), दिनचर्या (दैनिक विषमुक्ति अनुष्ठान), ऋतुचर्या (मौसमी अनुष्ठान) को भी शामिल किया गया है।

प्रस्तुत पुस्तक में, मैं आपको उपचार के स्रोत के करीब लाने की आशा करती हूँ, ताकि आप अपने शरीर, स्वास्थ्य और भाग्य के भी स्वामी बन सकें।

मैं आपको विश्वास दिलाती हूँ कि आपको अद्भुत एहसास होगा, क्योंकि आपका शरीर ब्रह्मांड के रहस्यों और प्रकृति के उपचार तंत्रों के बारे में पहले से ही जानता है। मैं आपके भीतर और आस-पास के ऊर्जा पैटर्न को पहचानने और उन्हें समझने में आपकी सहायता करूँगी, ताकि आप अपने जीवन के सभी क्षेत्रों में स्वास्थ्य, खुशी, आनंद, प्रेम और शांति का अनुभव कर सकें।

इस पुस्तक का उद्देश्य प्रकृति द्वारा हमें प्रदान किए गए अनेक उपचार उपकरणों को खोजना और उनका उपयोग हमारे व्यापक हित के लिए करना है। इस पुस्तक का उद्देश्य आपको इस महान सत्य का एहसास कराने में सहायता करना है कि आप ही अपने स्वास्थ्य, करियर और रिश्तों के निर्माता हैं। इस पुस्तक का उद्देश्य आपको यह याद दिलाना है कि आप इस ब्रह्मांड के सह-निर्माता होने के साथ-साथ संहारक भी हैं और इसलिए केवल आप ही स्वयं को

ठीक करने का विकल्प चुन सकते हैं। इस पुस्तक का उद्देश्य आपको इस सत्य के करीब लाना है, जिससे आपको अपने विकल्पों, विचारों, शब्दों और कर्मों के प्रति अधिक जागरूक और सचेत बनने में सहायता मिलेगी, जो अंततः आपकी वास्तविकता बन जाते हैं।

आगे के अध्यायों में, मैं आपके साथ साझा करूँगी कि हम अपने शरीर को स्वस्थ करने के लिए मन, लक्ष्यों और भावनाओं की शक्ति का सही मायने में उपयोग कैसे कर सकते हैं। मैं आपके साथ मानसिक स्वास्थ्य के पाँच 'डी' साझा करूँगी। अपने आंतरिक सॉफ्टवेयर को कैसे डिस्कनेक्ट, डिस्ट्रेस, डिटॉक्स, डिकम्प्रेस और डिकोड करें। हम साथ मिलकर पाँच शक्तिशाली उपचार उपकरणों — समय, स्थान, प्रकृति, ध्वनि और ऊर्जा की शक्ति को समझेंगे। मैं आपके मन की शक्ति का उपयोग करने, स्वयं को स्वस्थ करने और दैनिक चमत्कार की असीम मानवीय क्षमता का उपयोग करने के लिए आहार संबंधी प्रोटोकॉल और उपकरण भी साझा करूँगी।

इस पुस्तक के साथ, मैं आपको पुरानी बातों को भूलने, नई स्वास्थ्य आदतें सीखने और स्वयं का सबसे स्वस्थ, दयालु और खुशहाल स्वरूप बनने के लिए आमंत्रित करती हूँ, ताकि आप और अधिक शक्तिशाली जीवन जी सकें।

अध्याय 1

ऊर्जा, कंपन और आवृत्ति

इस ब्रह्मांड की हर वस्तु की अपनी एक अनोखी ऊर्जा और कंपन आवृत्ति होती है। पेड़-पौधे, जानवर, पक्षी, पहाड़, समुद्र, हवा, सूरज, चाँद, ग्रह, तारे आदि, सबकी अपनी अनूठी ऊर्जा है। आप इसे महसूस कर सकते हैं, सुन सकते हैं और माप सकते हैं।

यदि आप ब्रह्मांड के रहस्यों को
समझना चाहते हैं, तो ऊर्जा, कंपन
और आवृत्ति के संदर्भ में सोचें।

— टेस्ला

मधुमक्खियाँ 270 हर्ट्ज़ की आवृत्ति पर भिनभिनाती हैं। वे फूलों से निकलने वाली आवृत्तियों के आधार पर उन फूलों का पता लगा सकती हैं, जिनमें रस भरा है। दरअसल, शोध बताते हैं कि मधुमक्खियों की आवाज़ सुनकर फूल कंपन करते हैं और तीन मिनट के अंदर ही मीठा रस छोड़ सकते हैं। मदर नेचर की भाषा ऐसी ही होती है।

पौधे भी कंपन आवृत्ति उत्सर्जित करते हैं। यह सूर्य, जल, वायु और यहाँ तक कि मानव स्पर्श के संपर्क में आने पर भी भिन्न होती है। सूर्य के प्रकाश के संपर्क में आने पर, पौधे जल, पोषक तत्वों की गति और प्रकाश संश्लेषण

प्रक्रिया के साथ कोशिकीय स्तर पर कंपन का अनुभव करते हैं। वायु के संपर्क में आने पर, पौधे वायु की गति के आधार पर 1 हर्ट्ज़ से 200 हर्ट्ज़ के बीच यांत्रिक कंपन का अनुभव करते हैं। जब मनुष्य उन्हें छूते हैं, जो 100 हर्ट्ज़ से कम आवृत्ति होता है, तो वीनस फ्लाईट्रैप और मिमोसा पुडिका जैसे कुछ पौधे प्रतिक्रिया में कंपन करते हैं, जो नंगी आँखों से दिखाई देता है। जब पौधों की छंटाई की जाती है या किसी शाकाहारी द्वारा उन पर हमला किया जाता है, तो वे तनावग्रस्त हो जाते हैं और अन्य पौधों को शिकारी के बारे में चेतावनी देने के प्रयास में 40 से 80 किलो हर्ट्ज़ के बीच ध्वनि निकालते हैं। ये ध्वनियाँ मानव कान नहीं सुन सकते, लेकिन अन्य जानवरों, कीड़ों और पौधों द्वारा अनुभव की जा सकती हैं, जो इन कंपनों पर प्रतिक्रिया करते हैं। ताज़ी कटी घास की गंध, जिसे हम सभी पसंद करते हैं, वास्तव में एक रसायन है, जिसे पौधे शिकारियों को भगाने के लिए छोड़ते हैं। जब एक टमाटर के पौधे पर हमला होता है, तो वह जैस्मोनिक एसिड नामक एक रसायन छोड़ता है, जो पत्तियों को इतना कड़वा और बेस्वाद बना देता है कि कैटरपिलर पौधे को खाने के बजाय एक-दूसरे पर हमला कर देते हैं। पौधे बहते पानी से ध्वनि कंपन को भी महसूस कर सकते हैं और उनकी जड़ें पानी की दिशा में बढ़ती हैं।[1]

जानवर चतुर और संवेदनशील प्राणी होते हैं। वे जंगल में भटकने, भोजन खोजने और अपने बच्चों की रक्षा के लिए खतरे का पता लगा सकते हैं और इसके लिए धरती के कंपन का इस्तेमाल करते हैं। उनकी सुनने की क्षमता बहुत अधिक होती है, जिससे वे धरती के कंपन को सुन और महसूस कर सकते हैं, जिससे वे मनुष्यों को पता चलने से पहले ही आपदाओं के बारे में सचेत हो जाते हैं। 2004 में आई सुनामी के दौरान, हाथियों और राजहंसों के ऊँचे स्थानों की ओर भागने के कई उदाहरण मिले थे। आपदा से पहले ही पालतू जानवरों ने अजीब व्यवहार करना शुरू कर दिया था। मछलियाँ और कछुए सुनामी से

---

1. यह पश्चिमी ऑस्ट्रेलिया विश्वविद्यालय की डॉ. मोनिका गैग्लियानो और उनके सहयोगियों द्वारा किए गए एक अध्ययन में पता चला। यह अध्ययन 2017 में Oecologia पत्रिका में "Tuned in: plant roots use sound to locate water" in the journal Oecologia शीर्षक से प्रकाशित हुआ था। Source: https:// pubmed.ncbi.nlm. nih.gov/28382479/

ज़्यादातर सुरक्षित रहे, क्योंकि वे खतरे को पहले ही भाँप गए और सुरक्षित क्षेत्र में तैरकर चले गए।

हम मनुष्य भी धरती माँ की इस ऊर्जा, कंपन और आवृत्ति का अनुभव कर सकते हैं और बेहतर जीवन की ओर बढ़ सकते हैं। जब हम स्थिर रहते हैं, ध्यान करते हैं और अपनी एकाग्रता को बढ़ाते हैं, तो हम इन प्राकृतिक ध्वनियों को सुन और महसूस कर पाते हैं। हमारा आंतरिक ज्ञान मुख्य रूप से इस ब्रह्मांड की ऊर्जा आवृत्तियों द्वारा निर्देशित होता है। यह एक जीपीएस की तरह है, एक आंतरिक सॉफ्टवेयर जो मदर नेचर द्वारा हमें बेहतर निर्णय लेने, जीवित रहने, दीर्घायु और अच्छे स्वास्थ्य के लिए मार्गदर्शन करने के लिए बनाया गया है। दुर्भाग्य से, हम बाहरी दुनिया की सूचनाओं और शोर से इतने अभिभूत और उत्तेजित हैं कि हम अपनी अंतरात्मा की आवाज़ को मुश्किल से सुन पाते हैं।

ऊर्जा सकारात्मक या नकारात्मक हो सकती है

भौतिकी में, जब सकारात्मक ऊर्जा एक साथ आती है, तो ग्रहों और तारों जैसे नए पदार्थों का निर्माण होता है। तारों में, जब नाभिकीय संलयन होता है, तो यह प्रकाश और ऊष्मा के रूप में सकारात्मक ऊर्जा मुक्त करता है। आप सकारात्मक ऊर्जा को इस ब्रह्मांड की निर्माण शक्ति कह सकते हैं, जो सृजन और विस्तार करती है।

दूसरी ओर, ब्रह्मांड विज्ञान में गुरुत्वाकर्षण शून्य ऊर्जा वाला ब्रह्मांड है। यह गतिज (गतिशील) ऊर्जा को संतुलित करता है। पृथ्वी का गुरुत्वाकर्षण बल सभी प्रकार की गतिशील ऊर्जा को नियंत्रित करता है। उदाहरण के लिए, एक बिजली का बोल्ट, जिसमें पाँच अरब जूल या उससे भी अधिक ऊर्जा होती है, इतना शक्तिशाली होता है कि यह अपने रास्ते में आने वाली किसी भी चीज़ को, चाहे वह मानव निर्मित हो या प्राकृतिक, नष्ट कर सकता है। यह भीषण आग भी लगा सकता है। दूसरी ओर, पृथ्वी का गुरुत्वाकर्षण बल एक विशाल स्पंज की तरह काम करता है, जो सारी अतिरिक्त ऊर्जा को सोख लेता है और बिजली के इस बोल्ट को सुरक्षित रूप से ज़मीन में पहुँचा देता है।

गुरुत्वाकर्षण का प्रभाव हमारे मानव शरीर पर भी समान रूप से पड़ता है। जब हम धरती पर नंगे पैर चलते हैं, तो हमारा शरीर अपने पैरों से अतिरिक्त विद्युत ऊर्जा ज़मीन में छोड़ता है। जब हम ज़मीन पर लेटते हैं, तो हमारा शरीर पृथ्वी के इलेक्ट्रॉनों को अवशोषित कर लेता है और खुद को निष्क्रिय कर लेता है। इसे ग्राउंडिंग कहा जाता है और यह शायद हम सभी के लिए मुफ़्त में उपलब्ध सबसे चिकित्सीय प्राकृतिक साधनों में से एक है।

मानव शरीर, प्रकृति की तरह, सकारात्मक और नकारात्मक दोनों ऊर्जाओं से युक्त होता है और हमारे अनुभव के आधार पर दोनों के बीच बारी-बारी से परिवर्तन हो सकता है। सकारात्मक ऊर्जा आशावाद, उत्साह, खुशी, उत्सव, दया, प्रेम, कृतज्ञता, उदारता और दूसरों के प्रति सहानुभूति जैसी सकारात्मक भावनाओं से उत्पन्न होती है। नकारात्मक ऊर्जा निराशावाद, चिंता, तनाव, अति-विचार, ईर्ष्या, जलन और ऐसे ही नकारात्मक विचारों और भावनाओं से उत्पन्न होती है। यह भौतिक शरीर में मांसपेशियों में तनाव, बेचैनी, थकान, सिरदर्द, धड़कन, रक्तचाप में उतार-चढ़ाव, दर्द और पीड़ा के रूप में अनुभव की जाती है और अंततः पुरानी बीमारियों का रूप ले सकती है। सबसे अच्छा उपाय यह है कि समय-समय पर स्वयं को धरातल पर रखें, जैसे कि नंगे पैर धरती पर चलना, भूमि पर सोना, बागवानी करना, मिट्टी के बर्तन बनाना, प्रकृति की प्राकृतिक ध्वनियाँ सुनना या झरने का आनंद लेना।

प्राकृतिक ध्वनियाँ सकारात्मक ऊर्जा हैं, जो हमारे दिमाग में तंत्रिका मार्गों को शारीरिक रूप से बदल सकती हैं। जब हम प्राकृतिक ध्वनियाँ सुनते हैं, तो यह हमारे कोर्टिसोल (तनाव हार्मोन) स्तर को नाटकीय रूप से कम कर सकती है, दर्द के प्रति संवेदनशीलता को कम कर सकती है और एंडोर्फिन, ऑक्सीटोसिन और डोपामाइन (खुशी के हार्मोन) में सुधार कर सकती है। प्राकृतिक ध्वनियाँ हमारी हृदय गति और श्वास को धीमा करने, रक्तचाप, तनाव और चिंता के स्तर को कम करने में भी सहायता कर सकती हैं।

धरती की धड़कन से जुड़ें

जब आप जंगल में टहलते हैं या किसी झरने की आवाज़ सुनते हैं, तो आप तनावमुक्त, तरोताज़ा महसूस करते हैं। प्रकृति माँ की आवाज़ मानव शरीर और

मन के लिए किसी उपचार से कम नहीं है। जापान में डॉक्टर अपने मरीज़ों को 'फ़ॉरेस्ट बाथिंग' करने की सलाह देते हैं। इसे शिनरिन-योकू कहते हैं, जो एक जापानी परंपरा है और मनुष्यों को प्रकृति माँ की कंपन आवृत्ति से जुड़ने का अवसर देती है।

> हर आत्मा जो पृथ्वी से जुड़ती है, खुद को स्वस्थ करती है;
> अपने पूर्वजों को जो उनसे पहले चले गए
> और आने वाली पीढ़ियों को भी।
>
> — अज्ञात

पृथ्वी की कंपन आवृत्ति 7.83 हर्ट्ज़ होती है। असल में यह धरती माता की धड़कन है। इसे शुमान अनुनाद कहते हैं, जिसमें पृथ्वी की सतह और आयनमंडल के बीच में एक निम्न आवृत्ति वाली इलेक्ट्रो-मैग्नेटिक तरंग निकलती है। पृथ्वी का चुंबकीय क्षेत्र जलवायु परिस्थितियों और घटनाओं के आधार पर 7.83 से 33.8 हर्ट्ज़ के बीच कंपन आवृत्ति उत्पन्न कर सकता है। जब भी मुझे खुद को शांत करने की आवश्यकता होती है, मैं अपने फोन पर 7.83 हर्ट्ज़ की प्लेलिस्ट सुनती हूँ और लाउडस्पीकर पर उसे अपने घर में भी बजाती हूँ। मेरे घर के पौधे और मैं हर सुबह इस ऊर्जा आवृत्ति को आत्मसात करते हैं। यह आराम करने, तनावमुक्त होने और मन में चल रहे विचारों को दूर करने का अब तक का सबसे आसान तरीका है।[2]

---

2 (स्रोत:https://brainworldmagazine.com/tuning-in-to-the-earths-natural-rhythm/#google_vignette

शुमान अनुनाद और व्यक्तिगत देखभाल

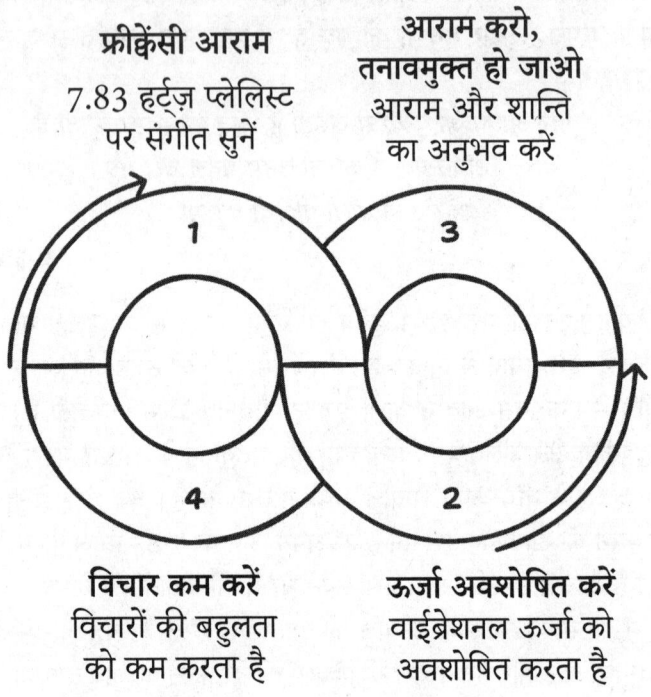

फ्रीक्वेंसी आराम
7.83 हर्ट्ज़ प्लेलिस्ट
पर संगीत सुनें
आराम करो,
तनावमुक्त हो जाओ
आराम और शान्ति
का अनुभव करें
3
विचार कम करें
विचारों की बहुलता
को कम करता है
ऊर्जा अवशोषित करें
वाईब्रेशनल ऊर्जा को
अवशोषित करता है

पानी की भी अपनी कंपन आवृत्ति होती है, 1 से 10 हर्ट्ज़ के बीच। पानी के अणु ठोस, द्रव या गैस अवस्था के अनुसार विभिन्न आवृत्तियों पर ध्वनि निकालते हैं और कंपन करते हैं। कुछ अध्ययनों से पता चलता है कि पानी की प्राकृतिक आवृत्ति लगभग 8 हर्ट्ज़ हो सकती है। जब आप चिंतित, थके हुए या तनावग्रस्त महसूस कर रहे हों, तो आप झरने की आवाज़ सुन सकते हैं या किसी फव्वारे के पास बैठ सकते हैं। आप चाहें तो सुबह में बहते पानी की धारा में स्नान कर सकते हैं। पानी का शांत प्रभाव अद्भुत होता है।

लगभग सभी धर्मों में शरीर, मन और आत्मा को शुद्ध करने के लिए पानी का इस्तेमाल होता है। ईसाई धर्म में, बपतिस्मा के लिए जल का प्रयोग होता है, जो एक महत्त्वपूर्ण संस्कार है। हिंदू धर्म में प्रार्थना के बाद पवित्र जल छिड़का

जाता है और गंगा नदी को सर्वाधिक पवित्र माना जाता है। इस्लाम में, शरीर और आत्मा को शुद्ध करने के लिए प्रार्थना करने से पहले पानी से सफाई (वज़ू) किया जाता है। मक्का में ज़मज़म का पानी औषधीय गुणों से युक्त और पवित्र माना जाता है। यहूदी धर्म में, जल का उपयोग शुद्धिकरण और मिक्वा यानी अनुष्ठान स्नान के लिए किया जाता है। बौद्ध धर्म में, जल शुद्धता का प्रतीक है। शिंटो, ताओवाद, जैन धर्म में भी जल को पवित्र माना जाता है। पानी उन स्थानों की यादें रखता है, जहाँ यह रहा है और ऊर्जा जो इसे मिली है।

जब मैं अपने जीवन के सबसे कठिन दौर से गुज़र रही थी और कोई रास्ता नहीं सूझ रहा था, तो मेरे दोस्त ने मुझे सलाह दी कि मैं सुबह चार बजे उठ जाऊँ और सादे पानी से ठंडा स्नान करूँ। पानी हमारे शरीर से नकारात्मक यादों को धो सकता है और शांति प्रदान कर सकता है। उसके बाद, मैं खुली हवा में छत पर उसी जगह बैठकर ध्यान करती, हवा को अपने शरीर को छूने देती। मैं अपनी कंपन आवृत्ति को निराशा से आशा में बदल रही थी। पानी से खुद को शुद्ध करने, धरती से खुद को स्थिर करने, हवा से खुद को शांत करने और ध्यान से अपने अंदर प्रकाश और आशा जगाने का काम कर रही थी। मैं अपने ध्यान अनुष्ठानों की बदौलत, मृत्यु के निकट होने के अनुभव से बच पाई। ऐसे दिन भी थे जब मैं ध्यान नहीं कर पाती, तब भविष्य के बारे में हज़ारों विचार और चिंताएँ मेरे मन में उमड़ पड़ती थीं। और एक दिन ऐसा भी था, जब मैंने सुबह चार बजे अपनी आँखें बंद कर लीं और एक सेकंड बाद जब मैंने आँखें खोलीं तो सुबह के छह बज चुके थे। पलक झपकते ही दो घंटे बीत गए! और मुझे समय, विचारों या अपनी मानवीयता का कोई स्मरण नहीं रहा। ऐसा लगा जैसे मैं ब्रह्मांड में विलीन हो गई हूँ और उसके साथ एकाकार हो गई हूँ। वह मेरे जीवन का सबसे दिव्य क्षण था। अचानक मेरा सारा दर्द और चिंता गायब हो गए, मेरे अंदर कोई क्रोध, घृणा या नकारात्मक भावनाएँ नहीं रहीं और न ही कोई भय, चिंता या पीड़ा थी। मैं वर्तमान क्षण में स्थिर हो गई, अपनी साँसों और मानव अस्तित्व की क्षणभंगुर प्रकृति के प्रति जागरूक हो गई। तब से, ध्यान मेरे मन को शांत करने और उत्तर खोजने का मेरा पसंदीदा अनुष्ठान बन गया है।

हाल ही में पानी के साथ भी मुझे ऐसा ही एक अनुभव हुआ। अगर आपने महाकुंभ के बारे में पढ़ा होगा, तो भारत के प्रयागराज में हुए इस आयोजन

में लगभग छियासठ करोड़ लोग उमड़े थे। यह इस धरती पर अब तक का सबसे बड़ा शांतिपूर्ण मानव समागम था! यह 144 साल में एक बार होने वाला आयोजन था, जब शुक्र, मंगल, बृहस्पति, नेपच्यून, शनि, यूरेनस और बुध ग्रह एक ही दिशा में एक सीध में थे। मैं उसी दिन यानी 25 जनवरी को महाकुंभ में गई थी, जब सातों ग्रह न केवल एक सीध में थे, बल्कि नंगी आँखों से दिखाई भी दे रहे थे। यह एक अजीब-सी ऊर्जा थी, जिसने मुझे इस आयोजन की ओर खींचा। कुछ महीने पहले मुझे एक पॉडकास्ट के लिए वाराणसी आने का निमंत्रण मिला था, जिसे मैं इस किताब की वजह से टालती रही। लेकिन जब मैंने इंटरनेट पर तस्वीरें देखीं, तो मैंने झटपट पॉडकास्ट का निमंत्रण स्वीकार कर लिया। कुछ ही मिनटों में, मेरे और मेरे पड़ोसी के पास वाराणसी पहुँचने के लिए हवाई जहाज के टिकट आ गए। होटल बुक हो चुके थे और सौभाग्य से हमें वाराणसी के एक होटल में कमरा भी मिल गया। शिव मंदिर के अद्भुत दर्शन के बाद, हम कार से प्रयागराज के लिए रवाना हुए, जो सात से नौ घंटे का सफ़र था। सौभाग्य से, हमारे मेज़बान को सरकारी गाड़ी मिल गई, जिससे हम तीन घंटे में पहुँच गए। महाकुंभ पहुँचना और उसी दिन स्नान करना अपने आप में एक चमत्कार था। कई बार मैं अपनी परेशानियों या अपने विशेषाधिकारों पर प्रश्न उठाती थी, लेकिन उम्र और परिपक्वता के साथ, मैंने दोनों को समान रूप से स्वीकार करना सीख लिया है।

मैंने जो अनुभव किया, उसे शब्दों में बयान करना मुश्किल है। यह तीन पवित्र नदियों — गंगा, यमुना और सरस्वती — का एक पवित्र मिलन था। कुंभ जाने से पहले, मैं एक पारिवारिक समस्या और बचपन के उस आघात को लेकर गहरी चिंता में थी, जो फिर से उभर आई थी। लेकिन मैंने वहाँ जो देखा वह अद्भुत था! मैंने त्रिवेणी संगम में पूरी मानवीय व्यवस्था को पिघलते और विलीन होते देखा। ऋषि-मुनि, नागा बाबा जैसे तपस्वी, शरीर पर भस्म लगाए अघोरियों सहित साठ करोड़ मानव, भारतीय, विदेशी, युवा और वृद्ध, राजनेता, अति धनी व्यवसायी और सबसे गरीब लोग, उसी जल में स्नान कर रहे थे! मैंने भी डुबकी लगाई, और जल में बिताए उन कुछ मिनटों में, जीवन के प्रति मेरा दृष्टिकोण बदल गया। मैं इस ग्रह पर अपने अस्तित्व के प्रति स्थिर और आभारी महसूस करने लगी। भले ही कोई धार्मिक न हो

और पौराणिक कथाओं में विश्वास न रखता हो, मानवता और आस्था के इस सागर को एक साथ देखना ही आपकी चेतना को जागृत कर सकता है। इस स्थान की ऊर्जा अलग थी। ऐसा महसूस होता था, जैसे कोई भँवर आपको अपनी ओर खींचता है और जीवन के बारे में एक नया उद्देश्य और अनुभूति प्रदान कर रहा है।

आग के पास भी प्रकाश और ऊष्मीय विकिरण के रूप में अपनी एक आवृत्ति होती है, जिसे विज्ञान ऊर्जा और तरंग दैर्ध्य के रूप में माप सकता है। आग की कोई विशिष्ट ध्वनि आवृत्ति नहीं होती, लेकिन धार्मिक अनुष्ठानों में यह अब तक सबसे व्यापक रूप से प्रयुक्त प्रतीकात्मक तत्वों में से एक है। दुनियाभर में लोग आग का उपयोग जीवन के प्रतीक के रूप में, जीवन की नई शुरुआत या अंत को चिह्नित करने, नए रिश्ते की शुरुआत, नए दिन या अपने वातावरण को शुद्ध करने के लिए करते हैं। आयुर्वेद में, पाचक अग्नि को अग्नि कहा जाता है, जो जीवन का स्रोत है और अग्नि का उपचार नब्बे प्रतिशत रोगों का उपचार है।

हवा में ध्वनि तरंगें होती हैं, जो 20 हर्ट्ज़ से 20 किलो हर्ट्ज़ के बीच कंपन करती हैं। यह पर्यावरणीय परिस्थितियों के आधार पर भिन्न होती है। आप अनुभव करेंगे कि जब आप प्रकृति में होते हैं, तो हवा की आवृत्ति अलग होती है, जबकि जब आप कंक्रीट के शहर वाले जीवन में होते हैं, तो यह अलग होती है। आप जो संगीत बजा रहे हैं, जो बातचीत कर रहे हैं या जो गतिविधियाँ कर रहे हैं, उसके आधार पर हवा की आवृत्ति बदल सकती है। एक खेल के मैदान की हवा विद्युतीकरण पैदा करेगी और एक ध्यान कक्ष के अंदर का वातावरण शांत होगा। यही कारण है कि हम मंदिरों और मस्जिदों में जाते हैं, ताकि पहले से वहाँ आए लोगों की प्रार्थनाओं, मंत्रों और अच्छे इरादों के ज़रिए छोड़ी गई ऊर्जा को ले सकें। हम उस ऊर्जा को लेने के लिए एक पवित्र स्थान पर जाते हैं। हम प्रकृति में जाते हैं, ताकि उसकी कंपन आवृत्ति को आत्मसात कर सकें और उसके साथ तालमेल बिठा सकें। हम अपने तंत्रिका तंत्र को सामंजस्य बनाने, अपने दिल की धड़कन को धीमा करने और अपने फेफड़ों को फैलाने के लिए प्राणायाम, गहरी साँस लेने जैसे व्यायाम करते हैं।

अंतरिक्ष एकमात्र ऐसा तत्व है, जो ध्वनि आवृत्तियों को वहन नहीं कर सकता, क्योंकि यह निर्वात अवस्था में है। हालाँकि, अंतरिक्ष प्रकाश जैसी विद्युत-चुंबकीय तरंगों को ढोता है, जो अंतरिक्ष में 3 x 108 मीटर/सेकंड की गति से यात्रा कर सकती हैं। निरंतर विस्तारित होता ब्रह्मांड कंपन का एक क्षेत्र है, जो निरंतर विस्तारित हो रहा है।

प्रकृति की वाईब्रेशनल फ्रीक्वेन्सीज

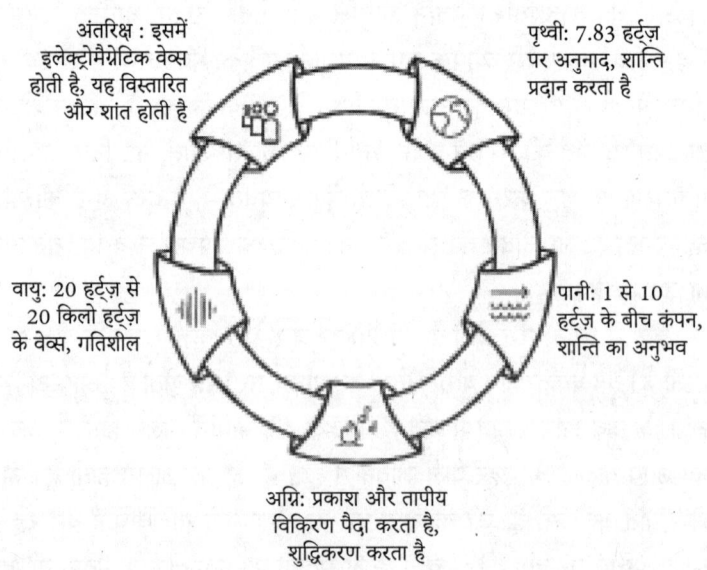

अंतरिक्ष : इसमें इलेक्ट्रोमैग्नेटिक वेव्स होती है, यह विस्तारित और शांत होती है
पृथ्वी: 7.83 हर्ट्ज़ पर अनुनाद, शान्ति प्रदान करता है
वायु: 20 हर्ट्ज़ से 20 किलो हर्ट्ज़ के वेव्स, गतिशील
पानी: 1 से 10 हर्ट्ज़ के बीच कंपन, शान्ति का अनुभव
अग्नि: प्रकाश और तापीय विकिरण पैदा करता है, शुद्धिकरण करता है

ऊर्जा एक कंपन है

इस ब्रह्मांड में ग्रहों और तारों से लेकर सबसे छोटे परमाणु तक, सभी वस्तुएँ निरंतर गतिमान हैं। नंगी आँखों से देखने पर भले ही वे स्थिर दिखाई दें, वे निरंतर प्रतिध्वनि करते रहते हैं और हमेशा गतिशील रहते हैं। यह गति उस विशिष्ट वस्तु की कंपन आवृत्ति है।

हम जो खाना खाते हैं, जो संगीत सुनते हैं, जो किताबें पढ़ते हैं, जो कंटेंट देखते हैं और जो बातें हम अपने दोस्तों और परिवार के साथ करते हैं, उनकी भी एक कंपन आवृत्ति होती है। हमारे विचार, धारणाएँ, शब्द, कर्म और हमारी भावनाएँ, हर एक की एक विशिष्ट कंपन आवृत्ति होती है, जिसका हमारे शरीर पर एक भौतिक प्रभाव पड़ता है। यहाँ तक कि हमारे द्वारा पहने जाने वाले कपड़े, फर्नीचर, बिजली के उपकरण, फोन, लैपटॉप जैसी निर्जीव वस्तुओं की भी अपनी एक कंपन आवृत्ति होती है। हम वस्तुतः गतिशील ऊर्जा हैं, हम ऊर्जा का कंपन करते हैं और अपने पर्यावरण से ऊर्जा अवशोषित करते हैं।

ऊर्जा प्रतिध्वनित हो सकती है। स्ट्रिंग सिद्धांत बताता है कि इस ब्रह्मांड का प्रत्येक कण छोटे-छोटे कंपन करने वाले तारों से बना है। जब अलग-अलग कंपन आवृत्तियों वाले दो कंपन करने वाले तार एक-दूसरे के पास आते हैं, तो वे समान आवृत्ति पर कंपन करने लगते हैं! इसे अनुनाद या स्वतःस्फूर्त स्व-संगठन कहते हैं।

हम इंसानों का अनुभव पैटर्न भी कुछ ऐसा ही होता है। मानसिक दुनिया में, हम स्पंज की तरह होते हैं। हम ऊर्जा का संचार करते हैं। लेकिन हम अपने परिवेश, दोस्तों, परिवार और सहकर्मियों से भी ऊर्जा ग्रहण करते हैं। जब हम खुश लोगों से घिरे होते हैं, तो हमें खुशी का एहसास होता है, हमारा मूड बेहतर होता है, हमारी उत्पादकता बढ़ती है और हम शांत महसूस करते हैं। लेकिन जब हम किसी भीड़ या विरोध प्रदर्शन में होते हैं, तो सामूहिक ऊर्जा हमें चिंतित या क्रोधित करती है। जब हम नकारात्मक लोगों से घिरे होते हैं, तो हमारा शरीर थका हुआ और तनावग्रस्त महसूस कर सकता है। सकारात्मक ऊर्जा हमें आगे बढ़ाती है, हमें प्रेरित करती है, हमारे आभामंडल का विस्तार करती है और हमारी ऊर्जा को बढ़ाने में सहायता करती है। नकारात्मक ऊर्जा हमें थका देती है और प्रतिकूल परिणाम दे सकती है।

हमारे विचार और भावनाएँ उस कंपन आवृत्ति को निर्धारित करती हैं, जिस पर हम कंपन करते हैं। जब हम प्रसन्न होते हैं, तो हमारा शरीर एक उच्च कंपन आवृत्ति उत्सर्जित करता है और यह ऊर्जा क्षेत्र दूसरों को हमारी ओर आकर्षित करता है। हमारे आस-पास के लोग हमारी ऊर्जा को महसूस करते हैं और आनंद की उसी आवृत्ति पर कंपन करने लगते हैं। यही स्ट्रिंग सिद्धांत है।

मुझे याद है, शिकागो में गर्मियों के समय हम पार्क में एक बैंड का परफ़ॉर्मेंस देख रहे थे। मैं अपनी सीट पर नाच रही थी और पार्क के कोने में एक बुज़ुर्ग महिला बैठी थीं, जो संगीत पर थिरक रही थीं। हमारी नज़रें मिलीं और हम एक-दूसरे के साथ थिरकने लगे। मैं उनके पास गई और उनसे अपने साथ नाचने के लिए कहा। बीच में एक बड़ा खाली मैदान था, और सिर्फ़ हम दोनों ही नाच रहे थे। एक गाने के बाद, उनकी कुछ और सहेलियाँ भी शामिल हो गईं और हम एक घेरे में नाचने लगे। जल्द ही, और भी लोग शामिल हो गए और हमने एक खाली मैदान को खुशहाल पार्क में बदल दिया। आपकी ऊर्जा का आपके आस-पास के लोगों पर यही प्रभाव हो सकता है। यह संक्रामक है और तेज़ी से फैलता है!

ऊर्जा प्रतिध्वनित होती है

ऊर्जा का एक तरंग प्रभाव होता है। यह अपने वातावरण के साथ संचार कर सकती है। जब आप किसी शांत झील में एक कंकड़ फेंकते हैं, तो वह तेज़ी से लहरें बनाती है, जो केंद्र से शुरू होकर बाहर की ओर फैलती हैं। इसी प्रकार, हमारी भावनाएँ और विचार उस कंकड़ की तरह हैं, जिसे हम अपने ऊर्जा क्षेत्र में फेंकते हैं, जो बदले में उस आवृत्ति को बदल देता है, जिस पर हम कंपन कर रहे होते हैं। हमारे द्वारा अनुभव किए जाने वाले विचारों और भावनात्मक ऊर्जा का हमारे भौतिक शरीर पर एक तरंग प्रभाव पड़ता है, जो हमें कोशिकीय स्तर पर प्रभावित करता है। यह ऊर्जा स्वास्थ्य या बीमारी जैसे मूर्त रूप में प्रकट हो सकती है।

किसी शांतिपूर्ण मार्च या विरोध प्रदर्शन में, अगर एक भी व्यक्ति अपने गुस्से या आक्रामक व्यवहार से शांति भंग करता है, तो शीघ्र ही वह नकारात्मक ऊर्जा कई गुना बढ़कर फैल सकती है, जिससे एक शांतिपूर्ण भीड़ एक गुस्सैल भीड़ में बदल सकती है। इसी तरह, शरीर में एक भी दुष्ट कोशिका अगर अनियंत्रित रह जाए, तो वह शीघ्र ही दूसरी कोशिकाओं को भी दुष्ट बना सकती है या तेज़ी से वृद्धि करके अंगों में ट्यूमर और बीमारियाँ पैदा कर सकती है। यही प्रभाव अच्छी ऊर्जा पर भी पड़ता है। जब आप इक्कीस दिनों तक हर दिन शुद्ध आहार, नींद और

व्यायाम करते हैं, तो अच्छी ऊर्जा बढ़ती है और शीघ्र ही आपके स्वास्थ्य पर एक सकारात्मक प्रभाव डालती है।

अब ज़रा अपने शरीर की कोशिकाओं की भी इसी तरह कल्पना कीजिए। आपके शरीर की सभी कोशिकाएँ स्वस्थ हैं और व्यवस्थित ढंग से काम कर रही हैं। आप बार-बार अनहेल्दी जंक फ़ूड खाते हैं, और उसमें कुछ अनहेल्दी बैक्टीरिया, प्रिज़र्वेटिव और न पचने वाले विषाक्त पदार्थ प्रवेश कर जाते हैं। समय के साथ, आपकी प्रतिरक्षा कोशिकाएँ कमज़ोर हो सकती हैं। आपके पेट में मौजूद ख़राब बैक्टीरिया इन अस्वास्थ्यकर खाद्य पदार्थों को खाकर और भी मज़बूत हो सकते हैं। शीघ्र ही, ख़राब बैक्टीरिया की संख्या बढ़कर अच्छे बैक्टीरिया से ज़्यादा हो सकती है और हमारे शरीर में पूरी तरह से समस्याएँ फैल जाती है। इन विषाक्त पदार्थों से छुटकारा पाने के क्रम में आपका शरीर दस्त, क्षतिग्रस्त कोशिकाओं के आसपास सूजन, पानी जमा होना और बलगम जमा होने जैसे लक्षण पैदा करने लगता है। यह आगे चलकर सर्दी, खाँसी, बुखार, पेट की स्वास्थ्य समस्याओं और अन्य विकारों के रूप में प्रकट हो सकता है।

उदाहरण के लिए, अगर आपको बार-बार कब्ज़ की समस्या रहती है या मल त्याग अपूर्ण रहता है, तो आप देखेंगे कि यह आपके ध्यान केंद्रित करने, समन्वय करने, उत्पादक होने की क्षमता को प्रभावित करता है और यहाँ तक कि खेलों में आपके प्रदर्शन को भी प्रभावित कर सकता है। अगर हम हर दिन अपने शरीर से नकारात्मक तरंगों और ऊर्जा को बाहर निकालने के लिए खुद को प्रशिक्षित कर लें, तो हम अपने शरीर में सकारात्मक मुक्त प्रवाह वाली ऊर्जा के लिए जगह बना सकते हैं।

ऊर्जा न तो उत्पन्न की जा सकती है और न ही नष्ट। ऊर्जा सर्वव्यापी है। यह सर्वत्र विद्यमान है। इसे न तो नष्ट किया जा सकता है और न ही उत्पन्न किया जा सकता है, लेकिन इसे एक रूप से दूसरे रूप में परिवर्तित किया जा सकता है। इसलिए सावधान रहें कि आप किस प्रकार की ऊर्जा उत्पन्न कर रहे हैं, क्योंकि यह स्थायी है। इसीलिए आपको इस ब्रह्मांड का सह-निर्माता कहा जाता है। आप जो करते हैं, सोचते हैं, कार्य करते हैं, उसका इस ग्रह और आपके आस-पास के सभी लोगों पर प्रभाव पड़ता है।

आपके द्वारा उत्पन्न ऊर्जा, सीधे आपके पास वापस आती है। ब्रह्मांड एक बूमरैंग की तरह है, आप जो बनाते हैं, वह सीधे आपके पास वापस आएगा। इसीलिए कहते हैं, 'कर्म कभी किसी का पता नहीं भूलता'। आपके द्वारा उत्पन्न ऊर्जा के आधार पर आपको अपने कर्मों का फल भोगना ही होगा।

ऊर्जा अपनी तरह की और ऊर्जा को आकर्षित करती है। हमारे ऊर्जा क्षेत्र में एक कंपन आवृत्ति होती है, जो पर्यावरण के साथ अंतःक्रिया करती है। अगर आप क्रोधित हैं, तो आप ऐसी घटनाओं को जन्म देंगे, जो आपको क्रोधित करेंगी। अगर आप कृतज्ञ महसूस कर रहे हैं, तो आप और अधिक ऐसी घटनाओं को आकर्षित करेंगे, जिनके लिए आप कृतज्ञ होंगे। अच्छी और बुरी, दोनों ही ऊर्जाएँ तेज़ी से बढ़ सकती हैं। आप ब्रह्मांड में जो ऊर्जा डालते हैं, वही आपको वापस मिलेगी। आप इस ब्रह्मांड के सह-निर्माता हैं और अपने भाग्य के निर्माता भी।

हमारे पास चुनाव करने की शक्ति है। चेतना के माध्यम से, हम चुन सकते हैं कि हम किस ऊर्जा पर कंपन करें। हम में से प्रत्येक की एक कंपन आवृत्ति होती है, जो हमारे विचारों और लक्ष्यों, हमारे द्वारा अनुभव की जाने वाली भावनाओं, विश्वास प्रणाली और कार्यों से प्रभावित होती है। आकर्षण का नियम कहता है कि 'समान समान को आकर्षित करता है'। इसलिए अगर आप लगातार उच्च सकारात्मक आवृत्ति पर कंपन करते हैं, तो आप अपने जीवन में सकारात्मक अनुभवों को आकर्षित करेंगे। यदि आप निम्न या नकारात्मक आवृत्ति पर कंपन करते हैं, तो आप अपने जीवन में अधिक नकारात्मक अनुभवों को आकर्षित करेंगे। हमारे पास अपने विचारों, भावनाओं, इरादों और उसके बाद के कार्यों को बदलकर, उस ऊर्जा को चुनने की शक्ति है, जिस पर हम कंपन करना चाहते हैं। हम अपने कंपन को बढ़ा सकते हैं और अपने जीवन की गुणवत्ता को ऊपर उठा सकते हैं। हम सही ऊर्जा के साथ वास्तविकता को भी मोड़ सकते हैं।

हालात बदल सकती है ऊर्जा

क्वांटम भौतिकी में आणविक स्तर पर सब कुछ ऊर्जा है। पदार्थ ठोस नहीं है, बल्कि ऊर्जा का एक रूप है। यह ऊर्जा चेतना और मानवीय इरादों पर प्रतिक्रिया

कर सकती है। हमारा ऊर्जा क्षेत्र भौतिक संपर्क के बिना भी हमारे पर्यावरण से संवाद करता है और हमारे इरादों को वास्तविकता में बदल देता है।

हमारे विचार, भावनाएँ और संवेदनाएँ इस ग्रह की सामूहिक चेतना में योगदान करती हैं और वास्तविकता को प्रभावित कर सकती हैं। चाहे वह उपचार के लिए हमारी सामूहिक चेतना हो, या हमारा सामूहिक क्रोध जो दुर्भाग्य से युद्ध के रूप में प्रकट होता है। हम अपने ऊर्जा क्षेत्र में हेरफेर भी कर सकते हैं, आवृत्ति बदल सकते हैं और अपने शरीर की बीमारियों को ठीक कर सकते हैं।

ब्रह्माण्ड की ऊर्जा गतिशीलता

अनुनाद: एनर्जी फील्ड्स समान फ्रीक्वेंसी पर वाइब्रेट करते हैं
रूपांतरण: ऊर्जा एक से दूसरे स्वरूप में बदलती रहती है
वास्तविकता में बदलाव: ऊर्जा वास्तविकता को बदल सकती है या उसे दूसरा आकार दे सकती है
रिप्पल इफेक्ट: तालाब की तरंगों की तरह ऊर्जा बाहर की ओर निकलती है
आकर्षण: ऊर्जा, समान को ऊर्जा को आकर्षित करती है

मुझे मन और शरीर की वास्तविकता को बदलने और बीमारियों से ठीक होने की क्षमता के बारे में अपना व्यक्तिगत अनुभव साझा करने की अनुमति दें।

2023 में, मुझे पेंगुइन से अपनी पहली अनाम किताब लिखने का आमंत्रण मिला। लिखने की प्रेरणा पाने के लिए मैं पहाड़ों की ओर निकल पड़ी। लेकिन मेरा साइटिका का दर्द उभर आया। मुझे कार की पिछली सीट पर पेट के बल लेटना पड़ा और लंगड़ाते हुए हवाई अड्डे तक पहुँची। जब मैं घर लौटी, तो मैं पूरी तरह से बिस्तर पर पड़ी थी और खुद करवट भी नहीं ले पा रही थी। यह दर्द मेरे

लिए नया नहीं था। अट्ठारह साल की उम्र में मुझे कई बार गंभीर स्लिप डिस्क की समस्या हुई, जब मैं बिना किसी कारण के कूल्हों को आधा मोड़कर चलने लगी। चौबीस साल की उम्र में मेरे जीवन में एक दर्दनाक घटना के तुरंत बाद एक और समस्या हुई, और फिर तीस साल की उम्र में मैं दो महीने के लिए पूरी तरह से बिस्तर पर पड़ी रही। हर बार, डॉक्टरों का उपचार अलग होता था और वे कहते थे कि गलत मुद्रा, तनाव या किसी चोट से स्लिप डिस्क हो सकता है।

इस बार मेरे आयुर्वेदिक डॉक्टरों और उनकी टीम ने कटि-बस्ती उपचार किया। इसमें कुछ दिनों तक मेरी पीठ के निचले हिस्से पर औषधीय तेल लगाया जाता रहा। इससे मुझे दर्द से राहत मिली और मैं सामान्य जीवन जीने और चलने-फिरने में सक्षम हो गई। कुछ दिनों बाद दर्द फिर से शुरू हो गया, और मैं अपनी कुर्सी से उठ भी नहीं पा रही थी। मुझे उठने के लिए अपने पैरों को धीरे-धीरे दो इंच घसीटना पड़ रहा था। मैं बिस्तर पर थी और दर्द से राहत पाने के लिए मैंने आयुर्वेदिक उपचार दोहराया।

ठीक होने के तुरंत बाद, मैंने किताब के लिए तैयारी शुरू कर दी। खुद को अलग-थलग कर लिया। मैंने खुद को हर तरह के शोर, विकर्षणों, यात्रा, सामाजिक मेलजोल, सोशल मीडिया से दूर कर लिया और बाहरी दुनिया से भी सीमित संपर्क बनाए रखा। मैं सुबह जल्दी उठती, ध्यान करती, जप करती और दिन भर लिखने की तैयारी करती। इस तैयारी में धूप खिली होने पर और जब आसपास कोई न हो, तब तैराकी भी शामिल थी। यह मेरा पसंदीदा काम था, बिना पानी की सतह पर आए, पूल के तल पर तैरते हुए अपनी साँसों को यथासंभव देर तक रोके रखना। उस गगनभेदी सन्नाटे के पल में, मैं अपनी पसलियों के भीतर अपने दिल की धड़कन को धीरे-धीरे सुन सकती थी। सुबह की मीठी हवा के साथ पूल का पानी लयबद्ध रूप से लहरा रहा होता और सूरज उन लहरों के बीच एक जादुई सिम्फनी बजाता था, जो पूल के तल पर प्रकाश और छाया का नृत्य रच रही थी। ऐसा लग रहा था जैसे पानी ने मुझे अपना मान लिया हो, और मुझे पानी के साथ घुलने-मिलने और एकाकार होने की अनुमति दे दी हो।

यह एक काव्यात्मक क्षण था। अपने भीतर उस निःशर्त शांति को पाना बिल्कुल जादुई था। उन मौन क्षणों में, मेरे लिए अपने विचारों को समेटना

और अपनी अंतरात्मा की आवाज़ पर ध्यान देना आसान था। पानी के भीतर मेरे फेफड़े फैल गए और जब मैं पानी से बाहर आई, तो ताजा ऑक्सीजन मेरे फेफड़ों, रक्त और मस्तिष्क में जीवन की एक नई अनुभूति के साथ प्रवाहित हुई। पानी के भीतर रहना शहर के शोर और कोलाहल से एक आदर्श पलायन था, मानो वास्तविकता से आपने एक विराम ले लिया है। अधिकांश गहरे समुद्र के गोताखोर इस विचार से सहमत होंगे, क्योंकि हम में से कई लोग आंतरिक शांति, शून्य की स्थिति की खोज में समुद्र की गहराई में जाते हैं, जो वास्तविकता के कोलाहल से एक मधुर पलायन है।

यह थीटा अवस्था थी, जहाँ मस्तिष्क तरंगें 4 से 8 हर्ट्ज़ के बीच दोलन करती हैं। यह गहन विश्राम, ध्यान और गहरी आरईएम निद्रा की अवस्था है। यह अवस्था हमें अपनी भावनाओं को नियंत्रित करने, अपने विचारों को संसाधित करने और सीखने में सक्षम बनाती है। यह सकारात्मकता की अवस्था है, जहाँ आप सकारात्मक ऊर्जा को प्रतिध्वनित और अवशोषित करते हैं और आपका शरीर स्वस्थ होने लगता है। हम अगले अध्याय में मन की विभिन्न अवस्थाओं पर विस्तार से चर्चा करेंगे।

जब मैं लिखने के लिए तैयार होती, तो आँखें बंद करके बैठ जाती और एस्टास टोन द्वारा रचित संगीत — 'स्प्रिट ऑफ़ टाइम' को एकाग्रचित्त होकर सुनती। गिटार पर बजने वाली यह साढ़े चौदह मिनट की रचना मुझे एक समाधि की अवस्था में ले जाती, शून्य विचारों के साथ गहन ध्यान की अवस्था। ऐसा लगता था, मानो उन क्षणों में समय थम-सा गया हो और मैं बस समय और स्थान पर मौजूद रह कर खुद को अनंत ब्रह्मांड और असीम ब्रह्मांड के साथ मिला रही थी।

मैं अल्फ़ा अवस्था में ट्यून कर रही थी, जहाँ मस्तिष्क तरंगें आठ से बारह हर्ट्ज़ के बीच दोलन करती हैं। ये थीटा तरंगों से तेज़ लेकिन बीटा तरंगों से धीमी होती हैं। अल्फ़ा अवस्था एक शांत जागृत अवस्था है, जब आप शांत चिंतन और ध्यान में डूब सकते हैं। आप शांत और तनावमुक्त होते हैं, फिर भी सतर्क होते हैं। मैं घंटों मौन में बैठ कर अपनी किताब लिखती रही।

किताब लिखने के इन छह महीनों के दौरान, धूप में तैरने और क्लिनिक में कुछ ही घंटों के परामर्श के अलावा, बाहरी दुनिया से मेरा संपर्क सीमित था।

लेकिन मुझे जो बात हैरान कर रही थी, वह यह थी कि इन हफ़्तों में, घंटों बैठने के बावजूद, मुझे पीठ की कोई समस्या नहीं हुई और मुझे बिल्कुल भी दर्द नहीं हुआ!

किताब पूरी करने के बाद, मैं शहर की भागदौड़ भरी ज़िंदगी में लौट आई। अपनी किताब के लिए, हमने एक महीने के अंतराल में सात शहरों में बारह से ज़्यादा कार्यक्रम आयोजित किए थे, जिनमें कई हवाई यात्राएँ शामिल थीं। मेरा साइटिका दर्द फिर से शुरू हो गया। हर यात्रा के साथ, साइटिका दर्द बढ़ता रहा। अगले महीनों में, मैं आठ बार कई दिनों तक बिस्तर पर रही। अपनी टीम और कर्मचारियों की दया और मेहरबानी पर मेरा काम चलता रहा। कई दिन तो ऐसे भी थे, जब मैं बिस्तर से उठ भी नहीं पाती थी। यहाँ तक कि अपने पैरों पर चल भी नहीं पाती थी। मुझे याद है कि पुस्तक के कवर के लिए फोटो शूट के दौरान, मुझे एक सप्ताह तक उपचार से गुज़रना पड़ा था, ताकि मैं एक दिन के लिए अपने पैरों पर खड़ी हो सकूँ।

यह रहस्यमयी दर्द लग रहा था, बिना किसी विशेष कारण के। मैंने आयुर्वेदिक उपचार, फिजियोथेरेपी, एक्यूपंक्चर के कई सेशन किए, जिससे मुझे दर्द से राहत मिली और कुछ दिनों तक मैं ठीक रहती। लेकिन दर्द हमेशा लौट आता था।

मुझे मूल कारण का पता लगाना था और उसे हमेशा के लिए ठीक करना था। इसके लिए कुछ ब्लड टेस्ट, एक्स-रे और एमआरआई करवाए और अगले कुछ दिनों में मैं कई विशेषज्ञ डॉक्टरों से मिली। हर किसी के पास प्रोलैप्स्ड डिस्क, खेल की चोट से लेकर अलग-अलग कारण थे, यहाँ तक कि कुछ ने तो यह भी कहा कि इस स्थिति का कोई तार्किक कारण नहीं है। आखिरकार मेरी भेंट भारत के पहले स्पोर्ट्स फिजियोथेरेपिस्ट डॉ. अली ईरानी से हुई, जिनके कार्यकाल के दौरान भारत ने 1983 का क्रिकेट विश्व कप जीता था। उन्होंने अपने व्यस्त कार्यक्रम के बीच मेरे लिए समय निकाला। उन्होंने पूछा, 'दर्द सबसे ज़्यादा कब होता है?'। इससे पहले किसी डॉक्टर ने मुझसे यह प्रश्न नहीं पूछा था। मैंने कहा, 'सुबह के समय दर्द इतना तेज़ होता है कि मुझे सोने में भी डर लगता है, क्योंकि मुझे डर लगता है कि कहीं मैं अचानक दर्द से न जाग जाऊँ। ज़्यादातर दिनों में मुझे करवटें बदलने और बिस्तर से उठने में कम-से-कम पंद्रह

मिनट लग जाते थे। लेकिन जैसे-जैसे दिन चढ़ता, गर्म पानी से नहाने और थोड़ी स्ट्रेचिंग करने के बाद दर्द कम हो जाता।'

बिना पलक झपकाए, उन्होंने मुझे अपनी मेडिकल रिपोर्ट दोबारा देखने को कहा और कहा कि मैं एचएलए-बी27 पॉजिटिव हो सकती हूँ। मैं जल्दी से घर गई और अपनी मेडिकल रिपोर्ट्स देखीं। मुझे बहुत आश्चर्य हुआ! सच में मेरी एचएलए-बी27 टेस्ट पॉजिटिव थी और इससे पहले किसी भी डॉक्टर ने मेरे ब्लड टेस्ट में यह बात नहीं देखी थी।

एचएलए-बी27 एक आनुवंशिक मार्कर है, जो आपकी प्रतिरक्षा प्रणाली को प्रभावित कर सकता है और आपको सूजन संबंधी बीमारियों के प्रति संवेदनशील बना सकता है। यह स्पोंडिलआर्थराइटिस और एंकिलोसिस स्पोंडिलाइटिस होने के जोखिम को सत्तासी गुना बढ़ा देता है। एंकिलोसिस स्पोंडिलोसिस एक प्रकार का गठिया है, जो रीढ़ की हड्डी, पीठ के निचले हिस्से, कूल्हों, पसलियों, घुटनों, पाचन तंत्र, त्वचा, आँखों, टखनों, एड़ियों और सैक्रोइलियक जोड़ों (जहाँ रीढ़ श्रोणि से मिलती है) में सूजन का कारण बनता है। यह पसलियों के पिंजरे को सिकोड़ देता है, जिससे फेफड़ों की क्षमता कम हो जाती है और जोड़ों में सूजन पैदा करता है, जिससे सुबह के समय गंभीर दर्द और अकड़न हो सकती है। समय के साथ, सूजन के कारण रीढ़ की हड्डी के कशेरुकाओं के बीच नई हड्डियाँ बन सकती हैं, जिससे रीढ़ की हड्डी एक 'बम्बू स्पाइन' की तरह आपस में जुड़ जाती है। यह रीढ़ की हड्डी को कम लचीला बना देता है और सर्जरी के दौरान एनेस्थीसिया प्रभावों के प्रति भी असंवेदनशील बना देता है। मैं ऐसे मरीज़ों से मिली हूँ, जो इस स्थिति के कारण अपंग हो गए और जीवनभर बिस्तर पर पड़े रहे।

जब मुझे यह पता चला तो मैं हैरान रह गई। किशोरावस्था में ही मुझे कई स्वास्थ्य समस्याओं का सामना करना पड़ा था। बचपन में मुझे मिर्गी, सालों तक गंभीर माइग्रेन, 16 साल की उम्र में कैंसर का डर, कई फाइब्रोसिस्टिक बिनाइन ट्यूमर की सर्जरी, सेप्टम और टॉन्सिलाइटिस की दो और सर्जरी और क्रोनिक अर्टिकेरिया की समस्या थी। मैंने आयुर्वेद और योग का अध्ययन शुरू किया। अपनी जीवनशैली और आहार में बदलाव किए और मैं ट्यूमर को प्राकृतिक रूप

से सिकोड़ने और अपनी पाँचवीं सर्जरी से बच गई। मैं अपने पेट के स्वास्थ्य को ठीक करने और क्रोनिक अर्टिकेरिया को भी ठीक करने में सफल रही।

हालाँकि, एंकिलोसिस स्पोंडिलोसिस की समस्या मेरी समझ से परे थी, क्योंकि यह एक वंशानुगत आनुवंशिक विकार था। आधुनिक विज्ञान में इस बीमारी का कोई उपचार नहीं है। पता चला कि मुझे बचपन से ही गठिया के ये लक्षण थे। ये लक्षण पहली बार 18 साल की उम्र में दिखाई दिए थे। एक्स-रे से पता चला कि मेरी रीढ़ की हड्डी के निचले हिस्से का प्राकृतिक घुमाव पहले ही खत्म हो चुका था, जो जुड़कर बैम्बू स्पाइन बन गया था। मैं स्तब्ध थी और खुद को असहाय महसूस कर रही थी। डॉ. ईरानी ने मुझे दिलासा देते हुए कहा कि इसका एकमात्र उपाय शरीर को गतिशील रखना और लचीलापन बनाए रखना है। चिंता करने के बजाय, मुझे इस चीज़ पर ध्यान केंद्रित करना चाहिए, जिसे मैं बचा सकती हूँ और सुधार सकती हूँ।

यह बिल्कुल सच है। उम्र बढ़ने के साथ हम अपना लचीलापन और गतिशीलता बनाए रख सकते हैं, अगर हम निष्क्रिय न रहें। निष्क्रियता धीमी मौत की तरह है। यह आपकी हड्डियों में घुस जाती है और जीवन को खत्म कर देती है।

गति औषधि है। अगर आप अपने शरीर
की आवाज़ सुनते हैं, तो आगे आपको
दर्द से चीखती हुई आवाज़ नहीं सुननी पड़ेगी।

— अज्ञात

मैंने अपनी सेहत सुधारने का फैसला किया। सड़क और हवाई यात्राओं से तौबा कर लिया। अगले कुछ हफ़्तों तक घर से ही काम किया। मैंने योग, व्यायाम, प्राणायाम, तैराकी, धूप सेंकना, तेल मालिश और भाप स्नान किया। मैं अपनी सेहत को दुरुस्त करने के लिए गहरी नींद ले रही थी, प्रकृति से जुड़ रही थी और साथ ही किसी भी अति आवश्यक चीज़ से खुद को अलग कर रही थी। मैंने शहर की भागदौड़ और

सामाजिक मेलजोल से खुद को अलग कर लिया और प्रकृति की गोद में खुद को तनावमुक्त करने पर ध्यान केंद्रित किया।[3]

तनावमुक्त होने और आराम करना सीखने में मुझे दो महीने लगे। मैंने अपनी सोच बदली और नकारात्मक विचार अपने मन में नहीं आने दिया। मैंने अतीत या भविष्य के बारे में सोचना बंद कर दिया। लगातार अतीत के बारे में सोचने से सिर्फ़ उदासी ही पैदा हो सकती है और भविष्य की चिंता से बेचैनी हो सकती है। मैं वर्तमान में रही और वर्तमान की शक्ति का उपयोग करती रही, जैसा कि एकार्ट टॉले ने अपनी पुस्तक में बताया है।

मैं जिस चीज को सकारात्मक रूप से नियंत्रित कर सकती यही, वह था वर्तमान। मैंने खुद को केवल सकारात्मक सोच वाले दोस्तों के साथ घेर लिया और ऐसे किसी भी सामाजिक आयोजनों से दूर रही, जहाँ मुझे पता था कि गपशप, आलोचना या नकारात्मक बातचीत होगी। मैंने स्वच्छ, जैविक, वनस्पति-आधारित आहार लिया और शरीर में सूजन कम करने के लिए सुबह चुनिंदा सब्ज़ियों, जैसे कि लौकी, गाजर, चुकंदर, अजवाइन, धनिया, खीरा, अनानास का रस लेना शुरू किया। मैंने रंग-बिरंगे फलों और मेवों का सेवन किया और केवल ताज़ा पका हुआ भोजन ही खाया। मैं हफ़्ते में कम-से-कम चार बार तैराकी करती थी। उसके बाद भाप स्नान करती। इसके बाद योगा सेशन, जिसमें रीढ़ के आसपास की मांसपेशियों की ताकत बढ़ाने के लिए पीठ मोड़ना शामिल था, ताकि मेरे शरीर का वज़न हड्डियों की बजाय मेरी मांसपेशियों पर चली जाए।

दिन में मैं अपनी योगा मैट और एक किताब लेकर, दोपहर की धूप में मकर आसन (मगरमच्छ मुद्रा) में लेट जाती थी। अपनी पीठ को धूप में रखती थी। ऐसा करने से मेरी पीठ के निचले हिस्से में, जो पहले से बैम्बू स्पाइन बनी हुई थी, उसमें कर्व आने शुरू हुए। मुझे विटामिन डी और बी12 की कमी थी। पता चला कि मैग्नीशियम की कमी ही हमारे शरीर द्वारा सूर्य से आने वाली यूवीबी किरणों को अवशोषित करने और उन्हें विटामिन डी में बदलने की क्षमता को प्रभावित करती है। इसलिए मैंने रोजाना धूप सेवन, एक कटोरी भुने हुए लाल चने खाना शुरू कर दिया। यह प्रोटीन का सबसे सस्ता स्रोत

3. Eckhart Tolle, *The Power of Now: A Guide to Spiritual Enlightenment*

भी है। मैंने रोग प्रतिरोधक क्षमता बढ़ाने के लिए संतरे और मौसमी का रस लिया और सूजन कम करने के लिए अनानास का रस भी लिया। इसके साथ मुट्ठी भर मेवे और एक चम्मच कद्दू के बीज भी लिए। अपनी रीढ़ की हड्डी को धूप में रखकर धूप सेंकने से विटामिन डी स्तर में नाटकीय रूप से सुधार हुआ और इसके परिणामस्वरूप मेरे B 12 और खाद्य पदार्थों से पोषक तत्वों का अवशोषण भी बेहतर हुआ। मेरी पहली पुस्तक से एक प्रसिद्ध संदर्भ है, जो हमें हमारी बुनियादी बातों की याद दिलाता है:

हम कुछ और नहीं बल्कि
जटिल भावनाओं से घिरा एक पौधा हैं।
हमें फलने-फूलने के लिए धूप,
पानी और अच्छे वाइब्रेशन की ज़रूरत होती है।

व्यक्तिगत विकास चक्र

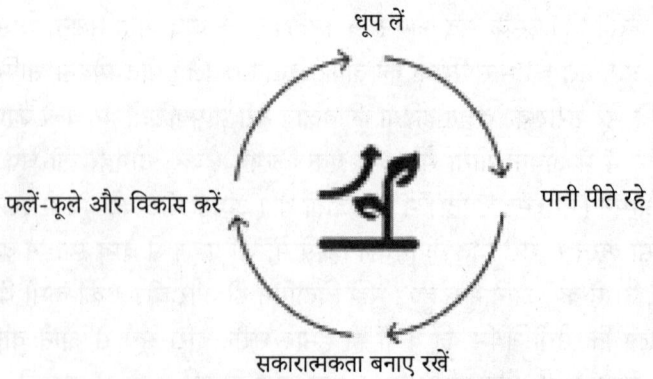

धूप लें

पानी पीते रहे

सकारात्मकता बनाए रखें

फलें-फूले और विकास करें

धूप में रहने और अपने वैनिटी बैग से सन लॉक हटाने के कारण मेरे विटामिन डी स्तर में नाटकीय रूप से बदलाव आया। बेशक, उन देशों में सनब्लॉक का

इस्तेमाल न करना जहाँ ओज़ोन परत पतली है, सही विकल्प नहीं हो सकता है। लेकिन आप हार्ड केमिकल्स से रहित जैविक प्लांट बेस्ड सनब्लॉक चुन सकते हैं।

जैसे-जैसे दिन और सप्ताह बीतते गए, दर्द धीरे-धीरे गायब होने लगा। बिना किसी दवा या उपचार के मेरी सूजन कम हो गई और मैं एंकिलोसिस स्पोंडिलोसिस को कम करने में सफल हो रही थी। मैं पहले से अधिक स्वस्थ और ऊर्जावान महसूस कर रही थी। मेरी किशोरावस्था से मुझे परेशान करने वाला दर्द एक शक्तिशाली वेक अप कॉल और इस शरीर या मन को कभी भी हल्के में न लेने का सबक था। जैसे ही मैंने अपने इरादे बदले, मेरा शरीर जिस तरह से बदलने लगा, वह मेरे लिए आश्चर्यजनक था।

शरीर का प्रकार वही है, रक्त का आनुवंशिक मार्कर वही है, लेकिन जब मैंने अपने इरादे बदले तो मेरे शरीर की प्रतिक्रिया बदल गई। मेरी सकारात्मक सोच, ध्यान, ऊर्जा आवृत्ति में बदलाव, अपनी जीवनशैली और आहार में सुधार और प्रकृति के करीब रहने के कारण मुझे ठीक होने में सहायता मिली। यह आवृत्ति और जीवनशैली उस ऊर्जा अवस्था के समान थी, जिसमें मैं किताब लिखते समय कंपन कर रही थी। लेकिन मैं इसके प्रभाव से अनजान थी। इस बार, मैंने उपचार की ऊर्जा आवृत्ति—थीटा और अल्फा तरंगों में वापस ट्यून करने का प्रयास किया, ताकि मेरा शरीर स्वयं ही उपचार का काम कर सके।

आधुनिक विज्ञान में भी ट्यूमर को सिकोड़ने और शरीर को ठीक करने के लिए ऊर्जा आवृत्ति का उपयोग करने के क्षेत्र में कई शोध किए गए हैं। यह अमेरिका में ऑन्कोलॉजी के क्षेत्र में अनुसंधान का एक उभरता हुआ क्षेत्र है, जहाँ लक्षित विद्युत-चुंबकीय क्षेत्र (ईएमएफ) का उपयोग करके नैदानिक परीक्षण किए गए हैं। एक अध्ययन में, वैज्ञानिकों ने लीवर और ब्रेस्ट कैंसर में ट्यूमर को सिकोड़ने के लिए 100 हर्ट्ज़ से 21 किलोहर्ट्ज़ वाली कम ऊर्जा रेडियो फ्रीक्वेंसी का उपयोग किया। इन फ्रीक्वेन्सीज ने कैंसर कोशिकाओं के मेटास्टेसिस और प्रसार को कम किया। स्वस्थ कोशिकाओं की तुलना में कैंसर कोशिकाओं की झिल्ली क्षमता बदल जाती है और वे ग्लाइकोलाइसिस की ओर

बढ़ जाती हैं। टार्गेटेड ईएमएफ ने रोगग्रस्त कोशिकाओं की कोशिकीय लय को बहाल करने में सहायता की।[4]

ध्वनि ईश्वर है

हिंदू और बौद्ध धर्म की दृष्टि में संपूर्ण ब्रह्मांड एक कंपन क्षेत्र है और ध्वनि ही ईश्वर है। इसे संस्कृत शब्द 'नाद ब्रह्म' के माध्यम से समझाया गया है। अध्यात्म में, हम अपनी मानसिक स्थिति, चेतना को बेहतर बनाने और अपने अंतर्मन को जागृत करने के लिए मंत्रों और प्रार्थनाओं से ध्वनि फ्रीक्वेन्सीज का उपयोग कर सकते हैं। आधुनिक विज्ञान के पास कई शोध और प्रमाण हैं, जो बताते हैं कि गुनगुनाना, गाना या मंत्रोच्चार करना वेगस नर्व को मजबूत कर सकता है, जिसका हमारे गट हेल्थ, मानसिक और भावनात्मक स्वास्थ्य पर प्रभाव पड़ सकता है।[5]

ध्वनि स्वयं को यांत्रिक तरंगों के रूप में व्यक्त करती है। यह जल, वायु और ठोस पदार्थों के माध्यम से संचार कर सकती हैं। इन ध्वनि कंपनों के माध्यम से ऊर्जा का अनुभव किया जा सकता है। उदाहरण के लिए, जानवर विशिष्ट आवृत्तियों पर संचार करने के लिए अकॉस्टिक साउंड इस्तेमाल करते हैं। हाथी अपने झुंडों को एक साथ रखने के लिए सिसेमिक कम्युनिकेशन (भूकंपीय संचार) का उपयोग करते हैं। भूकंपीय संचार को कंपन संचार भी कहा जाता है, जिसमें मिट्टी, पौधों, तनों और तालाबों के यांत्रिक कंपनों के माध्यम से संचार होता है। ये अकॉस्टिक तरंगों की तरह होती हैं, जो कई मील की दूरी तय कर सकती हैं। व्हेल पानी के नीचे सैकड़ों मील की दूरी तय करके अन्य व्हेलों तक संदेश पहुँचाने के लिए आवाज़ें निकाल सकती हैं।

पौधों की भी अपनी एक जटिल संचार प्रणाली होती है। इसमें उनकी जड़ें क्लिक की आवाज़ें निकालकर दूसरे पौधों से संवाद कर सकती हैं। अगली बार,

---

4. (स्रोत: https://pmc.ncbi.nlm.nih.gov/articles/PMC3845545/)
5. 2023 में 'तनाव निवारक के रूप में गुंजन (सरल भ्रामरी प्राणायाम)' शीर्षक से किए गए एक पायलट अध्ययन में पाया गया कि शारीरिक गतिविधि, भावनात्मक तनाव और नींद की तुलना में गुंजन सबसे कम तनाव सूचकांक उत्पन्न करता है।

जब आप ऊँचे पेड़ों के नीचे खड़े हों, तो अपनी आँखें बंद करके प्रकृति की आवाज़ पर ध्यान दें।[6] आपको पेड़ों की जड़ों और झींगुरों की क्लिक की आवाज़ें सुनाई दे सकती हैं। ऐसे आधुनिक उपकरण उपलब्ध हैं, जो पौधों द्वारा निकाले जाने वाली इन ध्वनियों को पकड़ सकते हैं। ये उपकरण पौधों में चालकता की ध्वनि को पकड़ सकते हैं और इस उतार-चढ़ाव वाली चालकता को संगीत में बदल सकते हैं। जब पौधों में चालकता बढ़ती है, तो इनके नोट्स का स्केल बढ़ता है और जब चालकता कम होती है, तो नोट्स का स्केल नीचे गिरता हैं। आप सचमुच पौधों की ध्वनियों से संगीत बना सकते हैं!

हीलिंग साउंड्स का संगीत

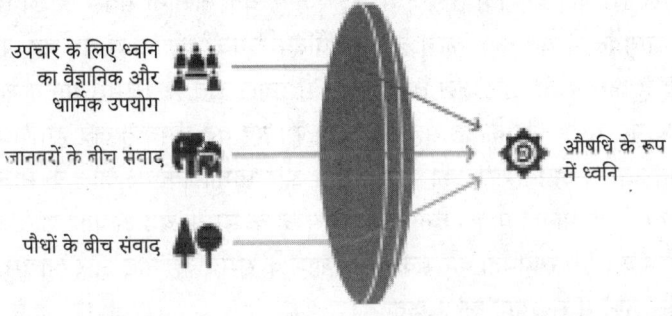

उपचार के लिए ध्वनि का वैज्ञानिक और धार्मिक उपयोग

जानवरों के बीच संवाद

पौधों के बीच संवाद

औषधि के रूप में ध्वनि

---

6. डॉ. मोनिका गैग्लियानो के नेतृत्व में किए गए शोध में पाया गया कि युवा मकई के पौधों की जड़ें लगभग 220 हर्ट्ज़ की नियमित क्लिक ध्वनियाँ उत्सर्जित करती हैं और इन ध्वनियों पर प्रतिक्रिया कर सकती हैं। प्रयोगों में, जब जड़ों को पानी में लटकाया गया, तो वे इस आवृत्ति सीमा के भीतर क्लिक ध्वनि के स्रोत की ओर बढ़ीं या झुकीं, जो उनके द्वारा उत्सर्जित क्लिक ध्वनि से मेल खाती है।

दवा का पहला स्रोत है ध्वनि

हम आवाज़ (ध्वनि) का प्रयोग कई तरह के उपचार के लिए भी कर सकते हैं। आप खुद को शांत करने, अपने स्वास्थ्य, मनोदशा, नींद में सुधार करने या उत्पादकता में भी सुधार करने के लिए एक विशिष्ट कंपन आवृत्ति का संगीत सुन सकते हैं।

0 हर्ट्ज़ से 200 हर्ट्ज़ तक की कंपन आवृत्तियाँ कम होती हैं। यह तनाव को कम कर सकती है, विश्राम और गहरी साँस लेने में सुधार कर सकती है। यह आपके पैरासिम्पेथेटिक तंत्रिका तंत्र को सक्रिय कर सकती है, जो विश्राम और पाचन का कार्य करता है। आप डीप बास नोट्स सुन सकते हैं, जो कम कंपन आवृत्ति पर कंपन करते हैं। इस आवृत्ति को सुबह और देर शाम, यानी सुबह 6 बजे से 10 बजे या शाम 6 बजे से 10 बजे के बीच बजाना सबसे अच्छा होता है। आयुर्वेद में यह कफ काल है। आयुर्वेदिक एनर्जी क्लॉक में यह वह समय होता है जब पृथ्वी और जल तत्व प्रकृति में प्रबल होते हैं, जिससे मानव शरीर भी धीमा, भारी और केंद्रित महसूस करता है। यह वह समय है जब हमें भोजन के माध्यम से अपने शरीर को या बातचीत और सामाजिक मेलजोल के माध्यम से अपनी आत्मा को पोषण देना चाहिए। सुबह के समय, यह आपको शांत और आराम करने में सहायता कर सकता है। शाम के समय यह नींद और आराम की स्थिति लाने में सहायता कर सकता है।

200 हर्ट्ज़ से 800 हर्ट्ज़ मध्य-श्रेणी की कंपन आवृत्तियाँ हैं, जो हृदय गति को कम करने और रक्तचाप संबंधी स्वास्थ्य समस्याओं को कम करने में सहायता कर सकती हैं।

800 हर्ट्ज़ से ज़्यादा की ध्वनि आवृत्तियाँ सतर्कता और एकाग्रता में सुधार लाती हैं और उत्पादकता में सुधार ला सकती हैं, लेकिन ज़्यादा होने पर ये तनाव पैदा कर सकती हैं।

साउंड फ्रीक्वेन्सीज का प्रभाव: आराम पहुँचाएँ, अलर्ट रखें

लो   हाई

लो फ्रीक्वेंसी: तनाव घटाए, रिलैक्स करे   मिड-रेंज फ्रीक्वेंसी: दिल की धड़कन और ब्लड प्रेशर कम करता है   हाई फ्रीक्वेंसी : सतर्कता और आपकी उत्पादकता बढ़ाता है

यहाँ कुछ साउंड फ्रीक्वेन्सीज (ध्वनि आवृत्तियाँ) दी गई हैं, जिन्हें आप अपनी आवश्यकता के मुताबिक सुन सकते हैं।

7.83 हर्ट्ज़ को पृथ्वी की धड़कन कहा जाता है। यह मानव मस्तिष्क की अल्फ़ा तरंगों के साथ तालमेल बिठाती है। यह हमारे शरीर को शांत रखने, विश्राम और मानसिक शान्ति में सुधार करने में सहायता करती है। यह तनाव कम करने, नींद की गुणवत्ता में सुधार करने और सर्केडियन लय, यानी हमारी नींद और जागने के चक्र को ठीक करने में सहायता करती है। जब आपको आराम करने की ज़रूरत महसूस हो, तो 7.83 हर्ट्ज़ की कोई भी प्लेलिस्ट सुनें और आपको तुरंत आराम महसूस होगा।

50 से 150 हर्ट्ज़ की आवृत्ति सॉफ्ट टिश्यू, मांसपेशियों, टेंडन और लिगामेंट्स उपचार को बेहतर करने में सहायता करती है। यह हड्डियों के विकास को बेहतर बना सकती है। चोट, सर्जरी, गठिया, फ्रैक्चर, दुर्घटनाओं और शारीरिक आघात से उबरने के दौरान इसे सुनना बेहतर है। बिल्ली की खर्राटों की आवृत्ति 25 हर्ट्ज़ से 150 हर्ट्ज़ के बीच होती है। शोध से पता चलता है कि यह हड्डियों के पुनर्जनन

को प्रोत्साहित कर सकती है और हड्डियों के घनत्व को बढ़ा सकती है[7]। बिल्ली की खर्राटों के सुखदायक कंपन दर्द के प्रति संवेदनशीलता को कम करने, सूजन कम करने और रोगियों को स्वास्थ्य लाभ के दौरान आराम प्रदान करने में सहायता कर सकते हैं। अध्ययनों से पता चला है कि बिल्ली पालने से हृदय रोग और स्ट्रोक का खतरा कम हो सकता है, क्योंकि उनकी खर्राटों का प्रभाव शांत होता है। बिल्ली को सहलाने से आराम और भावनात्मक कल्याण की भावनाएँ जागृत होती हैं।

सोलफेगियो स्केल की **174 हर्ट्ज़ आवृत्ति** को एक प्राकृतिक दर्दनाशक माना जाता है। यह शरीर में पुराने दर्द को कम करने में सहायता कर सकती है। इसका उपयोग पीठ दर्द, माइग्रेन, तनाव के उपचार और कोर्टिसोल के स्तर को कम करने के लिए किया जाता है। यह मांसपेशियों को आराम देने, रक्त परिसंचरण और कोशिकीय गतिविधि में सुधार करके ऊतकों की मरम्मत करने में सहायता कर सकती है। इससे अंगों और मांसपेशियों की रिकवरी में सहायता मिलती है। यह ध्वनि आवृत्ति शारीरिक सुरक्षा में सुधार करने में सहायता करती है और इसका उपयोग शारीरिक चोटों से उबरने के दौरान या बुज़ुर्गों और फाइब्रोमायल्जिया पीड़ित लोगों के लिए किया जा सकता है।

सोलफेगियो स्केल की **285 हर्ट्ज़ आवृत्ति** ऊतकों, अंगों और त्वचा उपचार में तेज़ी लाकर कोशिकीय मरम्मत में सहायता करती है। यह हमें शांत रखने, हमारी प्रतिरक्षा प्रणाली को बेहतर बनाने, नकारात्मकता को कम करने और अनुनाद के माध्यम से हमारी ऊर्जाओं को संतुलित करने में सहायता करती है। आप संक्रमण, चोट, फ्रैक्चर, घाव, त्वचा संबंधी समस्याओं जैसे सोरायसिस, एक्जिमा, रोसैसिया, पित्ती, जलन और निशान से उबरने के दौरान इस साउंड फ्रीक्वेंसी को बजा सकते हैं।

सोलफेगियो स्केल की **396 हर्ट्ज़ आवृत्ति** मूलाधार चक्र से जुड़ी है। यह ध्वनि आवृत्ति हमारे मूलाधार चक्र से अपराधबोध, चिंता और भय को दूर करने में सहायता करती है। अन्यथा यह पीठ के निचले हिस्से की समस्याओं को जन्म दे

7. स्रोत: Cat Purring + Bone Regeneration? — Somatic Soul Collective)

सकते हैं। यह हमारी भावनाओं को स्थिर करने, ध्यान केंद्रित करने की हमारी क्षमता में सुधार करने और हमारे पैरासिम्पैथेटिक तंत्रिका तंत्र को सक्रिय करने में सहायता करती है, जिससे हमारी लड़ने या भागने की प्रतिक्रिया कम होती है। यह हमारे भीतर साहस और आत्मविश्वास की भावनाओं को बढ़ाती है।

सोलफेगियो स्केल की **417 हर्ट्ज़ आवृत्ति** त्रिक चक्र से जुड़ी है। यह ध्वनि आवृत्ति वेगस तंत्रिका को उत्तेजित करने में सहायता करती है, जो हमारे पारासिम्पेथेटिक नर्वस से जुडी होती है और हमारे पंचन तंत्र को नियंत्रित करती है। यह हमारे पाचन स्वास्थ्य, आराम और पाचन प्रतिक्रिया से जुड़ी है। यह आघात और पिछली कंडीशनिंग को दूर करने, रुकी हुई ऊर्जा और रुकावटों को दूर करने और इस प्रकार हमारे जीवन में बदलाव लाने में सहायता कर सकती है। यह सचमुच हमें अपने जीवन को फिर से बेहतर बनाने में सहायता करती है। त्रिक चक्र और **417 हर्ट्ज़ आवृत्ति** जीवन के बदलावों, पुरानी आदतों को तोड़ने और हमारे पर्यावरण को शुद्ध करने से जुड़ी है। यह रचनात्मकता और यौन स्वास्थ्य को बेहतर बनाने में भी सहायता कर सकती है।[8]

432 हर्ट्ज़ आवृत्ति, जिसे वर्डीज़ ए भी कहा जाता है, हमारे शरीर को प्रकृति के साथ सामंजस्य बिठाने और ब्रह्मांड के साथ तालमेल बिठाने में सहायता करती है। ध्यान करते समय या प्रकृति में रहते हुए, प्रकृति के साथ अपने संबंध और चेतना को बेहतर बनाने के लिए इसे सुनना लाभदायक है। आधुनिक संगीत में प्रयुक्त 440 हर्ट्ज़ की तुलना में यह आवृत्ति मानव शरीर के लिए कहीं अधिक शांत और प्राकृतिक है।

---

8. ज़ुयु यांग एट अल. (हांगकांग विश्वविद्यालय) द्वारा एक व्यापक साहित्य समीक्षा में जप और सोलफेगियो आवृत्तियों पर साक्ष्यों का संश्लेषण किया गया है, जिसमें दर्द निवारण (174 हर्ट्ज़), भावनात्मक मुक्ति और आघात निवारण (417 हर्ट्ज़), रचनात्मकता और सकारात्मकता में वृद्धि (528 हर्ट्ज़), और विषहरण (741 हर्ट्ज़) जैसे लाभ दर्शाए गए हैं। स्रोत: https://ink.library.smu.edu.sg/sis_research/9963

सोलफेगियो स्केल की **528 हर्ट्ज़** को प्रेम आवृत्ति या चमत्कारी स्वर भी कहा जाता है। यह सौर आवृत्ति जाल चक्र से जुड़ी है। यह आवृत्ति डीएनए की कंपन अवस्था को प्रभावित करके उसकी मरम्मत में सहायता कर सकती है और नाइट्रिक ऑक्साइड के उत्पादन को उत्तेजित कर सकती है, जो कोशिकाओं की मरम्मत में सहायक होता है। हालाँकि इस आवृत्ति पर सीमित वैज्ञानिक शोध उपलब्ध है, फिर भी आप इस म्यूज़िक प्लेलिस्ट का उपयोग अपनी भावनाओं को ठीक करने, तनाव कम करने और अपने भीतर करुणा और प्रेम की भावनाओं को बढ़ाने के लिए कर सकते हैं। यह आपके आध्यात्मिक विकास को भी मज़बूत करने में सहायता कर सकती है।[9]

540 हर्ट्ज़ आवृत्ति, सोलफेगियो स्केल की एक और आवृत्ति है, जो हमारे भीतर खुशी और कृतज्ञता जैसी सकारात्मक और उत्साहवर्धक भावनाएँ पैदा कर सकती है। यह हमारे मूड और भावनात्मक स्वास्थ्य को बेहतर बनाने में सहायता करती है। यह उन उच्चतम कंपन आवृत्तियों में से एक है, जिसे मनुष्य अपने विचारों और कर्मों के माध्यम से स्वयं उत्पन्न और अनुभव कर सकता है। आगे के अध्याय में हम कृतज्ञता अभ्यास करेंगे और इसे कम-से-कम नब्बे दिनों तक जारी रखेंगे, जब तक कि यह एक आदत न बन जाए और आपके शरीर के कंपन के लिए एक नई सामान्य आवृत्ति न बन जाए।

सोलफेगियो स्केल की **639 हर्ट्ज़ आवृत्ति** हृदय चक्र से जुड़ी है। यह आवृत्ति रिश्तों, संवाद करने की हमारी क्षमता और भावनात्मक सामंजस्य को बेहतर बनाने में सहायता करती है। अगर आप किसी भी रिश्ते से जुड़ी समस्या से जूझ रहे हैं या अपने पारिवारिक संबंधों को मज़बूत करना चाहते हैं, तो यह संगीत आपके लिए बहुत अच्छा है।

---

9. 528 Hz Frequency and Stress Reduction Study (2018). Link: https://www.scirp.org/journal/paperinformation?paperid=87146

सोलफेगियो स्केल की **741 हर्ट्ज़** कंठ चक्र से जुड़ी है। यह हमारी खुद को अभिव्यक्त करने की क्षमता को बेहतर बनाने में सहायता करती है और थायराइड के लक्षणों को कम करने में सहायता कर सकती है। यह शरीर के विषहरण, मानसिक स्पष्टता और समस्या समाधान क्षमताओं में सुधार करने में सहायता कर सकती है।

सोलफेगियो स्केल से 852 **हर्ट्ज़ आवृत्ति** तृतीय नेत्र चक्र से जुड़ी है। इस आवृत्ति का संगीत सुनने से हमारे अंतर्ज्ञान को संतुलित करने, आध्यात्मिक जागृति को बढ़ावा देने और हमारी मानसिक स्पष्टता को बढ़ाने में सहायता मिल सकती है। ऐसे अध्ययन हैं, जो बताते हैं कि यह ध्वनि आवृत्ति हमारी ध्यान और एकाग्रता की क्षमता को भी बेहतर बना सकती है।

सोलफेगियो स्केल से 963 **हर्ट्ज़ आवृत्ति** क्राउन चक्र से जुड़ी है। यह उच्चतम और सबसे दिव्य आवृत्ति है, जो हमें ब्रह्मांड के साथ एकाकार होने और ईश्वर के साथ हमारे आध्यात्मिक संबंध को गहरा करने में सहायता करती है।

आप सुबह 2 बजे से सुबह 6 बजे के बीच 852 **हर्ट्ज़** और 963 **हर्ट्ज़ आवृत्ति** का संगीत सुन सकते हैं, जो ब्रह्म मुहूर्त के साथ संरेखित घड़ी है। आयुर्वेदिक एनर्जी क्लॉक में वात घड़ी, वह समय है जब प्रकृति और मानव शरीर में वायु और आकाश का प्रभुत्व होता है, जिससे हल्कापन का एहसास होता है और नई सीख, आत्म-निरीक्षण और ध्यान के लिए एक बेहतर वातावरण बनता है। यह यह गहन ध्यान, आत्म-जागरूकता को प्रोत्साहित करने और अपनी आध्यात्मिक साधना को गहरा करने का सबसे अच्छा समय है।

यहाँ विभिन्न ध्वनि आवृत्तियों की एक सूची दी गई है, जिन्हें आप विशिष्ट अंगों के स्वास्थ्य को ठीक करने के लिए सुन सकते हैं।

फ्रीक्वेंसी	शरीर का हिस्सा, चक्र	लाभ	स्रोत
7.83 हर्ट्ज़ संगीत	पूरा शरीर, दिमाग, सर्केडीयन लय	शांत करता है, सुकून देता है, मानसिक स्पष्टता, नींद चक्र में सुधार करता है	एअर्थ हार्टबीट (संगीत स्ट्रीमिंग प्लेटफॉर्म पर पाई जा सकती है)
20-150 हर्ट्ज़	(बिल्ली का खर्राटा)	वेगस नर्व, नर्वस सिस्टम, गैस्ट्रोइंटेस्टाईनल ट्रैक्ट पाचन में सुधार, रक्तचाप कम करना, अवसाद के लक्षणों को कम करना	2018 फ्रंटर्स इन साइकियाट्री स्टडी (डोनोवन हेल्थ)
40 हर्ट्ज़ (गामा तरंग)	ब्रेन, नर्वस सिस्टम	अल्जाइमर, पार्किंसंस, तंत्रिका संबंधी विकारों से उबरने में सहायता करता है, न्यूरोजेनेसिस को बढ़ावा देता है, संज्ञानात्मक स्वास्थ्य, स्मृति, दर्द से राहत में सुधार करता है	साइंटिफिक अमेरिकन स्टडी (हेल्थ एंड बास), जर्नल ऑफ नेचुरल साइंस, बायोलॉजी एंड मेडिसिन, स्पॉटिफाई
62-78 मेगाहर्ट्ज़	बॉडी रेजोनेंस	समग्र स्वास्थ्य बनाए रखता है, पूरे शरीर के ऊर्जा संतुलन में सुधार करता है	हेल्थ एंड बास

रोग निवारण 58 मेगाहर्ट्ज से शुरू होता है, इसलिए नीचे दी गई आवृत्तियाँ विशिष्ट अंगों और रोगों को ठीक करने में सहायता करती हैं			
100 - 200 हर्ट्ज़	हड्डियाँ, परिसंचरण, मधुमेह संबंधी अल्सर, चोटें	हड्डियों, घावों, मधुमेह अल्सर, चोटों, शिरापरक पैर अल्सर के उपचार में तेज़ी लाता है, रक्त प्रवाह में सुधार करता है	वाइब्रेशन थेरेपी स्टडीज (डवप्रेस)
150 हर्ट्ज़ (बिल्ली की खर्राटा)	ऊतक, मांसपेशियाँ, हड्डियाँ, कंडरा, स्नायुबंधन	चोटों, फ्रैक्चर, ऑस्टियोपोरोसिस गठिया, सर्जरी, दुर्घटनाओं से उबरना,	पीईएमएफ थेरेपी रिसर्च (Myreleaxation.online)
174 हर्ट्ज़	मस्कुलोस्केलेटल प्रणाली, सिर, पीठ के निचले हिस्से, रक्त परिसंचरण	पुराने दर्द, तनाव, माइग्रेन, पीठ के निचले हिस्से के दर्द से राहत	सोलफेगियो स्केल (आवरिंग, मेडीटेटीव माइंड)
285 हर्ट्ज़	त्वचा, आंतरिक अंग, ऊतक, प्रतिरक्षा प्रणाली	त्वचा के ऊतकों को ठीक करता है - एक्जिमा, सोरायसिस, पित्ती, जलन; अन्य ऊतकों, अंगों को ठीक करता है, प्रतिरक्षा प्रणाली में सुधार करता है	सोलफेगियो स्केल (heal and Bass, myrelaxation.online / spotify)

396 हर्ट्ज़	मूलाधार चक्र, अधिवृक्क ग्रंथियाँ, रीढ़, पैर	भय, अपराधबोध, चिंता को दूर करता है	सोलफेगियो स्केल (Brain MD, myrelaxation.online / spotify)
417 हर्ट्ज़	लिंक चक्र, प्रजनन अंग, गुर्दे	परिवर्तन को सुगम बनाता है, नकारात्मक रुकावटों को दूर करता है, प्रजनन क्षमता और गुर्दे के स्वास्थ्य में सुधार करता है	सोलफेगियो स्केल (BrainMD, HealthandBass, spotify)
528 हर्ट्ज़	सौर जाल चक्र, डीएनए, यकृत, अग्न्याशय, पाचन तंत्र	डीएनए, आनुवंशिक विकारों की मरम्मत, यकृत, अग्न्याशय और पाचन स्वास्थ्य के विषहरण में सुधार	लव फ्रीक्वेंसी (Donovan Health, BrainMD, Spotify)
639 हर्ट्ज़	हृदय चक्र, हृदय, फेफड़े, परिसंचरण तंत्र	रिश्ते और संचार कौशल में सुधार, हृदय चक्र को संतुलित करता है, प्रेम, करुणा और श्वसन स्वास्थ्य को बढ़ाता है	सोलफेगियो स्केल (meditative mind, BrainMD, Spotify)
741 हर्ट्ज़	गले का चक्र, थायरॉयड, श्वसन, कोशिकाएँ, अंग	चयापचय, गले की कार्यप्रणाली, श्वसन स्वास्थ्य में सुधार, कोशिकाओं और अंगों को विषमुक्त करता है	सोलफेगियो स्केल (Health & Bass, BrainMD, Spotify)
852 हर्ट्ज़	तृतीय नेत्र चक्र, पीनियल ग्रंथि, तंत्रिका तंत्र	अंतर्ज्ञान और जागरूकता जागृत करता है	सोलफेगियो स्केल (BrainMD, meditative mind, spotify)
963 हर्ट्ज़	क्राउन चक्र, मस्तिष्क, पिट्यूटरी ग्रंथि, पीनियल ग्रंथि	उच्च चेतना से जुड़ता है	सोलफेगियो स्केल (meditative Mind, BrainMD, spotify)

पिछली किताब *हील योर गट, माइंड एंड इमोशन* में हमने रोगों की मनोदैहिक उत्पत्ति और यह कैसे हमारे शरीर के विभिन्न चक्रों को अवरुद्ध करता है, जिससे शरीर के उस विशेष भाग में रोग उत्पन्न हो सकते हैं, इस पर चर्चा की है।

ध्वनि कंपन अनुनाद की अवधारणा के माध्यम से हमारे भौतिक शरीर को प्रभावित कर सकते हैं। हमारा शरीर इस ऊर्जा और कंपन आवृत्ति को अवशोषित करता है और इसे हमारे भीतर एक भौतिक रूप में प्रकट करता है।

संगीत उन घावों को भर सकता है,
जिन्हें दवाएँ छू नहीं सकतीं।

— **देबाशीष मृद**

संगीत और ध्वनि चिकित्सा हमारे शरीर को ऐसे तरीके से स्वस्थ करती है, जिसका वर्णन आधुनिक विज्ञान नहीं कर सकता। ऐसी कई तकनीकें और उपकरण हैं, जिनके माध्यम से आप इन उपचारात्मक ध्वनि आवृत्तियों के साथ तालमेल बिठा सकते हैं। आप अपने शरीर को स्वस्थ करने के लिए ध्वनि स्नान चिकित्सा शुरू कर सकते हैं, जिसमें गोंग, क्रिस्टल सिंगिंग बाउल, तिब्बती सिंगिंग बाउल, ड्रम, हैंड पैन और टंग ड्रम, ट्यूनिंग फोर्क, झंकार, कलिम्बा, श्रुति बॉक्स, प्रार्थना घंटियाँ, समुद्री ड्रम और रेन स्टिक या यहाँ तक कि स्वर यंत्र जैसे किसी भी वाद्य यंत्र का उपयोग किया जा सकता है।

आप काम पर, सोने से पहले, या परिवार के साथ रहते हुए, अपने भीतर आराम का एक आवरण बनाने के लिए विशिष्ट संगीत चुन सकते हैं। संगीत को पृष्ठभूमि में बजने दें और आप अपने ऊर्जा क्षेत्र को संचालित करें।

बीथोवेन का उपचारात्मक संगीत

क्या आप जानते हैं कि बीथोवेन सिम्फनी पुरानी बीमारियों को ठीक करने में सहायता कर सकती है। कुछ स्टडी के मुताबिक, बीथोवेन सिम्फनी भावनात्मक, हृदय स्वास्थ्य और कोशिकीय सामंजस्य को बेहतर बनाने में सहायता कर सकती है। ब्रिटिश कार्डियोवैस्कुलर सोसाइटी द्वारा किए गए एक अध्ययन से पता चला है कि बीथोवेन की सिम्फनी नंबर 9 जैसे 10 सेकंड की लय वाले संगीत को सुनने से

रक्तचाप कम करने, हृदय गति कम करने और इस प्रकार हृदय स्वास्थ्य में सुधार करने में सहायता मिल सकती है।[10]

बीथोवेन की सिम्फनी नंबर 5 कैंसर कोशिकाओं को भी प्रभावित कर सकती है। बीथोवेन के संगीत के संपर्क में आने पर स्तन कैंसर कोशिका रेखाएँ (एमसीएफ-7 और एमडीए-एमबी-231) एपोप्टोसिस (कोशिका मृत्यु) की प्रक्रिया के ज़रिए कैंसर कोशिकाओं के विनाश में वृद्धि देखी गई।[11]

शोधकर्ताओं ने बार-बार सिद्ध किया है कि शास्त्रीय संगीत कोशिकीय सामंजस्य, संरचना, कोशिका व्यवहार्यता और गतिशीलता को बदल सकता है। यहाँ तक कि जो मरीज़ क्रोनिक डिप्रेशन से पीड़ित थे और उपचार का असर नहीं कर पा रहे थे, वे भी शास्त्रीय संगीत के प्रति सकारात्मक प्रतिक्रिया दे पाए, जो अवसाद-रोधी के रूप में काम करता था। आप मूड सुधारने, डोपामाइन रिलीज़ करने और तनाव कम करने के लिए बीथोवेन का 'मूनलाइट सोनाटा' या 'सिम्फनी ऑफ़ फेट' सुन सकते हैं। इतिहासकारों का मानना है कि बीथोवेन ने खुद भी चुनौतीपूर्ण समय और मानसिक संकट से उबरने के लिए अपनी संगीत रचनात्मकता का इस्तेमाल थेरेपी के तौर पर किया होगा।

---

10. ब्रिटिश कार्डियोवैस्कुलर सोसाइटी द्वारा किए गए एक अध्ययन में यह दर्शाया गया है कि 10 सेकंड की लय वाले संगीत को सुनने से — जैसे कि बीथोवेन की सिम्फनी नंबर 9, विशेष रूप से तीसरा मूवमेंट — निम्न रक्तचाप और हृदय गति कम करने में मदद मिल सकती है।

यह अध्ययन मैनचेस्टर में उनके सम्मेलन में प्रस्तुत किया गया था।

द टेलीग्राफ द्वारा वर्णित और अन्य स्रोत द्वारा सारांशित शोध के अनुसार, अध्ययन में पाया गया कि ये प्रभाव ऐसे संगीत प्रकारों और लय के लिए सार्वभौमिक प्रतीत होते हैं, जो बीथोवेन की 9वीं सिम्फनी को हृदय स्वास्थ्य के लिए संभावित रूप से प्रभावी संगीत के उदाहरण के रूप में उजागर करता है।

स्रोत Source: https://www.techtimes. com/articles/59065/20150610/ your-heart-loves-music-operasandclassical-music-can-lower-your-blood-pressure.htm

11. ब्राज़ील के रियो डी जेनेरो के संघीय विश्वविद्यालय में किए गए एक अध्ययन में पाया गया कि स्तन कैंसर कोशिकाओं (विशेष रूप से MCF-7 कोशिका रेखा) को बीथोवेन की सिम्फनी संख्या 5 के संपर्क में लाने से प्रयोगशाला स्थितियों में इन कैंसर कोशिकाओं की जीवन क्षमता लगभग 20% कम हो गई, स्वस्थ कोशिकाओं को कोई नुकसान पहुँचाए बिना। यह प्रभाव ज्योर्जी लिगेटी के "एटमॉस्फेयर्स" के साथ भी लगभग 20% कम देखा गया, जबकि मोजार्ट के दो पियानो के लिए सोनाटा में यह प्रभाव नहीं दिखा। स्रोत:https://stemnews.am/en/2414

एक रोचक कहानी है।

लुडविग वान बीथोवेन बहरे थे। अपने बीसवें साल में उन्हें टिनिटस और ऊँचे सुर सुनने में दिक्कत होने लगी। चालीस की उम्र तक वे पूरी तरह से बहरे हो गए थे, लेकिन उन्होंने इस दौरान अपनी कुछ सर्वश्रेष्ठ संगीत रचना जारी रखी। प्रश्न है कि उन्होंने यह संगीत कैसे रचा? क्या इस संगीत की रचना करते समय वे ऊर्जा, कंपन और आवृत्ति के दायरे में काम कर रहे थे, अपने भौतिक शरीर की सीमाओं और सुनने की कमी से परे जाकर? यह सच है। उन्होंने कंपन को महसूस करने और अपने दिमाग में संगीत की कल्पना करने के लिए एक पियानो का इस्तेमाल किया। उन्होंने विभिन्न ध्वनि सुरों के कंपन और आवृत्ति को महसूस करके संगीत की रचना की।

म्यूजिक स्ट्रीमिंग प्लेटफ़ॉर्म पर मेडिटेशन प्लेलिस्ट आपको अपनी पसंद की आवृत्ति चुनने की सुविधा देती है। वस्तुतः प्रत्येक आवृत्ति के लिए एक संगीत प्लेलिस्ट उपलब्ध है। नियमित रूप से विभिन्न आवृत्तियों को सुनने से हमारे शरीर और मन से नकारात्मकता दूर हो सकती है। आपको स्थिर और केंद्रित कर सकती है। आपके भावनात्मक उपचार, मानसिक स्पष्टता और एकाग्रता में सुधार कर सकती है।

तिब्बती सिंगिंग बाउल बहुध्वनिक स्वर उत्पन्न करते हैं, जो चक्रों को ठीक करने और हमारे शरीर में जमा रुकावटों और आघातों को दूर करने में सहायता करते हैं। यह गहरी आरईएम नींद की अवस्था में जाने और शरीर, मन और भावनाओं को ठीक करने में सहायता करता है।

शरीर के विभिन्न हिस्सों में समस्याओं के समाधान हेतु स्थानीय चिकित्सा हेतु **ट्यूनिंग फोर्क्स** को एक विशिष्ट आवृत्ति पर सटीक रूप से ट्यून किया जा सकता है। उपचारक तिब्बती बाउल, ट्यूनिंग फोर्क्स या गोंग का उपयोग उपचार को सुगम बनाने के लिए विभिन्न आवृत्तियों पर ट्यून करने के लिए करते हैं।

बाइनॉरल बीट्स लगभग 40 हर्ट्ज़ की आवृत्तियों को जोड़ती है और प्रत्येक कान में अलग-अलग आवृत्तियों को बजाती है, जो बेहतर ध्यान के लिए मस्तिष्क तरंगों को उत्तेजित करने या तनाव को कम करके नींद लाने में सहायता करती है।

कैंसर के उपचार में **साउंड बाथ (ध्वनि स्नान)** चिकित्सा तेज़ी से लोकप्रिय हो रही है। ऐसे अध्ययन और प्रमाण मौजूद हैं, जो बताते हैं कि कैंसर का उपचार करा रहे मरीज़, ध्वनि उपचार चिकित्सा के ज़रिए इन उपचारों पर बेहतर प्रतिक्रिया दे पाए। संगीत चिकित्सा मरीज़ों को सकारात्मक मनोदशा का अनुभव कराती है, उन्हें आराम देती है और दर्द से निपटने की उनकी क्षमता में सुधार करती है।

कोलन कैंसर से उबर चुके कलाकार ग्वाडालूप मारविला ने अपने स्वास्थ्य लाभ के लिए ध्वनि चिकित्सा और घंटियों का इस्तेमाल किया है। इससे उन्हें अपने भावनात्मक और मनोवैज्ञानिक दर्द को संतुलित करने में सहायता मिली।

हिस्टोट्रिप्सी एक नई तकनीक है, जिसे लीवर कैंसर के उपचार के लिए एफडीए द्वारा शुरू और अनुमोदित किया गया है। यह तकनीक ट्यूमर को तोड़ने के लिए केंद्रित अल्ट्रासाउंड तरंगों का उपयोग करती है और आशाजनक परिणाम देती है।

ध्वनि की उपचार शक्ति

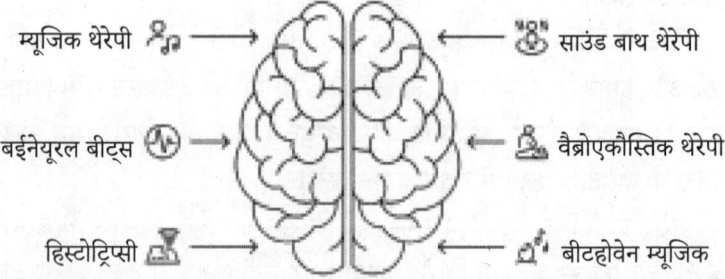

म्यूजिक थेरेपी → | ← साउंड बाथ थेरेपी

बईनेयूरल बीट्स → | ← वैब्रोएकौस्तिक थेरेपी

हिस्टोट्रिप्सी → | ← बीटहोवेन म्यूजिक

वाइब्रोएकॉस्टिक थेरेपी एक और समग्र, गैर-आक्रामक उपचार पद्धति है, जो दर्द को कम करने और मरीज़ को आराम देने के लिए 30 हर्ट्ज़ से 120 हर्ट्ज़ के बीच कम कंपन आवृत्तियों का उपयोग करती है। बिस्तर, कुर्सियाँ, चटाई या हाथ में पकड़े जाने वाले औज़ार जैसे उपकरण इस कम आवृत्ति वाली ध्वनि को शरीर के लिए भौतिक कंपन में बदल सकते हैं। वैट पार्किंसंस के रोगियों की

कठोरता को कम करके और मोटर नियंत्रण में सुधार करके उनके लक्षणों को बेहतर बनाने में सहायता कर सकता है। यह तंत्रिका कोशिकाओं को उत्तेजित कर सकता है, रक्त परिसंचरण में सुधार कर सकता है, सेरोटोनिन और एंडोर्फिन के उत्पादन को बढ़ावा दे सकता है और तनाव, चिंता, अवसाद, अनिद्रा और दर्द को कम कर सकता है। वैट थेरेपी फेफड़ों के कार्य और जल निकासी में सुधार करने और ब्रोन्कियल स्वास्थ्य समस्याओं को कम करने में भी सहायता कर सकती है।

मन की ऊर्जा जीवन का सार है

हमारा मन इस ब्रह्मांड में सिर्फ एक निष्क्रिय पर्यवेक्षक नहीं है। यह इस ब्रह्मांड का सह-निर्माता है। हमारा मन बाहरी वातावरण और इस ब्रह्मांड से जानकारी ग्रहण करता है। यह ब्रह्मांड के साथ संवाद भी कर सकता है। शुद्ध लक्ष्यों से, हम वास्तविकता को बदल सकते हैं और अपना भाग्य स्वयं बना सकते हैं। हमारा मन हमारे अनुभवों को आकार देता है। हमारे विचार हमारी वास्तविकता बन जाते हैं।

विचार हमारी उपचार प्रक्रिया में भी एक शक्तिशाली भूमिका निभाते हैं। यह शारीरिक, मानसिक और भावनात्मक रूप से हमारी भावनाओं पर सीधा प्रभाव डालते हैं। हम शक्तिशाली इरादों के माध्यम से अच्छे स्वास्थ्य को हासिल कर सकते हैं।

इसे आकर्षण का नियम या न्यूरोप्लास्टिसिटी कहा जाता है, जो मनोविज्ञान और तंत्रिका विज्ञान के तत्वों का मिश्रण है। न्यूरोप्लास्टिसिटी में, मस्तिष्क अपने कार्यात्मक मानचित्रों को पुनर्गठित कर सकता है, जिसे कॉर्टिकल रीमैपिंग कहा जाता है। नतीजतन, मस्तिष्क में शारीरिक परिवर्तन हो सकते हैं, जहाँ कॉर्टिकल की मोटाई में सुधार होता है और ग्रे मैटर का घनत्व बढ़ सकता है।

दरअसल, हमारा मस्तिष्क हमारी गतिविधियों के अनुसार लगातार बदलता और पुनर्गठित होता रहता है। जब हम ध्यान करते हैं, कोई नई भाषा सीखते हैं, कोई नया शौक अपनाते हैं, कोई नया कौशल अपनाते हैं, या कोई नया अनुभव प्राप्त करते हैं, तो हमारा मस्तिष्क अपने कार्यात्मक मानचित्रों को पुनर्गठित

करता है, नए संबंध बनाता है या पुराने संबंधों को मज़बूत करता है। हमारा मस्तिष्क पर्यावरणीय प्रभावों, मनोवैज्ञानिक तनाव, चोट, जलवायु परिवर्तन या प्राकृतिक आपदाओं जैसी बाहरी उत्तेजनाओं के प्रति भी खुद को बदल और पुनर्गठित कर सकता है। उदाहरण के लिए, 2020 की कोविड महामारी का वयस्कों और यहाँ तक कि इस दौरान पैदा हुए बच्चों के मनोविज्ञान पर भी गहरा प्रभाव पड़ा।

न्यूरोप्लास्टिसिटी तीन तरीकों से काम करती है।

1. **मौजूदा तंत्रिका मार्गों को मजबूत करना :** जब हम हर दिन लगातार एक एक्शन दोहराते हैं, जैसे कि हमारे दाँतों को ब्रश करना, स्नान करना, ध्यान करना, जप करना, किसी वाद्ययंत्र या खेल गतिविधि का अभ्यास करना आदि तो अक्सर उपयोग किए जाने वाले तंत्रिका कनेक्शन मजबूत हो जाते हैं। आपके तंत्रिका मार्ग आपके मांसपेशी समूहों के समान हैं, जितना अधिक आप उनका अभ्यास करते हैं, वे तंत्रिका संबंध मजबूत हो जाते हैं।

2. **नए तंत्रिका मार्गों का निर्माण :** जब हम कोई नई भाषा, नया गीत, नई किताबें पढ़ना, नए कौशल सीखना, गाड़ी चलाना या साइकिल चलाना सीखते हैं, तो हमारा मस्तिष्क न्यूरॉन्स के बीच नए कनेक्शन बनाता है। यह आपके मौजूदा प्ले किट में नए खिलौने या नए रंग जोड़ने जैसा है।

3. **अप्रयुक्त तंत्रिका मार्गों को हटाना :** जब हम किसी चीज़ का अभ्यास करना बंद कर देते हैं, तो हमारा मस्तिष्क उन तंत्रिका कनेक्शनों को हटा सकता है, जो उपयोगी नहीं है। उदाहरण के लिए, हम अब गुफाओं में रहने वाले व्यक्ति नहीं रहे और हमारे शिकार और संग्रहण कौशल, हमारे तंत्रिका मार्गों से हटा दिए गए होंगे। जैसे-जैसे हम विकसित होते हैं, वैसे-वैसे हमारा मस्तिष्क और तंत्रिका मार्ग भी विकसित होते हैं।

तंत्रिका तंत्र को बेहतर बनाना

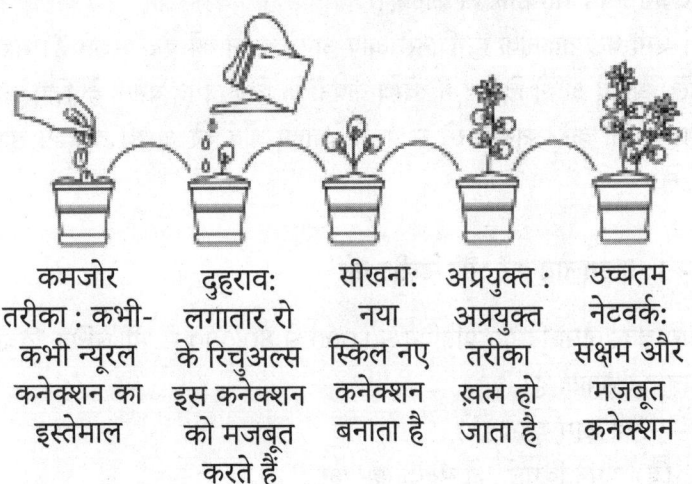

| कमजोर तरीका : कभी-कभी न्यूरल कनेक्शन का इस्तेमाल | दुहराव: लगातार रो के रिचुअल्स इस कनेक्शन को मजबूत करते हैं | सीखना: नया स्किल नए कनेक्शन बनाता है | अप्रयुक्त : अप्रयुक्त तरीका ख़त्म हो जाता है | उच्चतम नेटवर्क: सक्षम और मज़बूत कनेक्शन |

जब हम अपना इरादा मजबूत कर लेते हैं, तो हमारा मस्तिष्क नए तंत्रिका मार्ग बनाता है और हमारे द्वारा निर्धारित लक्ष्य को प्राप्त करने के लिए खुद को पुनर्गठित करता है। इसे कॉर्पोरेट जगत में रणनीति और मानसिक जगत में अभिव्यक्तियाँ कहा जाता है।

लेकिन याद रखें:

बिना कर्म के अभिव्यक्ति, आलसी आदमी का सपना है

अपने लक्ष्य को पाने के लिए, आपको अपने इरादों को निर्धारित कार्यों के साथ सुसंगत और अनुशासित तरीके से जोड़ना होगा। मजबूत इरादे और निर्धारित कार्य, दो शक्तिशाली उपकरण हैं, जो एक साथ मिलकर चमत्कार कर सकते हैं।

हमारे पास चुनाव करने की शक्ति है और हम अपनी ऊर्जा और इरादों से वास्तविकता को बदल सकते हैं। हम अपनी परिस्थितियों के शिकार नहीं हैं, बल्कि अपने भाग्य के सह-निर्माता हैं। यह हमारी व्यक्तिगत ज़िम्मेदारी है

कि हम किस ऊर्जा पर कंपन करें, अपने विचारों और भावनाओं को ध्यान से छाँटकर अपने भाग्य को आकार दें।

ऐसी कई तकनीकें हैं, जिनसे आप अपने कंपन को बढ़ा सकते हैं। सबसे पहले, आइए अपने दिमाग में स्वस्थ कंपनों के लिए जगह बनाने के लिए कुछ जगह खाली करें। शुरू करने से पहले, आइए बोर्ड को अच्छी तरह से साफ़ कर लें।

स्टेप 1: डाउनलोड करें और डिलीट करें

हमारा बंदर जैसा दिमाग प्रतिदिन 50,000 से 80,000 से भी अधिक विचार उत्पन्न कर सकता है!

हमें दो काम करने होंगे

(ए) अपने विचारों की संख्या कम करें,

(बी) अनावश्यक विचारों से छुटकारा पाएँ

एक सरल तकनीक, जिसमें हम सभी को महारत हासिल करनी होगी, वह है ध्यान यानी शून्य विचारों की अवस्था। लेकिन अगर आपको ध्यान करने में परेशानी होती है या आप तनाव और चिंता का अनुभव करते हैं, तो आप अपने अतिरिक्त विचारों को एक किताब में लिखकर डाउनलोड करना शुरू कर सकते हैं।

जब आप अपने विचारों को डाउनलोड करते हैं, तो आपका दिमाग कहता है, 'ओह, उसने इसे लिख लिया है, अब मुझे इसे याद रखने की ज़रूरत नहीं है'। यह आपके विचारों का दस्तावेज़ बनाने जैसा है। जब आपके कंप्यूटर की ड्राइव भर जाती है, तो आप उन फ़ाइलों को बाहरी हार्ड ड्राइव या पेन ड्राइव में स्थानांतरित कर देते हैं, जिनकी आपको आवश्यकता नहीं होती, और उन्हें अलग रख देते हैं। आपके पास अतिरिक्त फ़ाइलें एक बाहरी ड्राइव में सेव हैं, आपको उनकी हर दिन ज़रूरत नहीं है। लेकिन आप हर सुबह यह देखने के लिए अपनी हार्ड ड्राइव या पेन ड्राइव की जाँच भी नहीं करेंगे कि फ़ाइलें अभी भी वहाँ हैं या नहीं। आप जानते हैं कि डेटा संग्रहीत हो गया है और अब आपके

कंप्यूटर मेमोरी में खाली जगह बन गई है। इसी तरह, जब आप अपने विचारों को लिखते हैं, तो आपके दिमाग में तुरंत कुछ जगह खाली हो जाती है और अव्यवस्था कम हो जाती है। दिमाग पर अब उन बातों को बार-बार याद रखने का दबाव नहीं रहता।

स्टेप 2: अपने विचारों को कम करें और ऊर्जा बचाएँ

विचार ऊर्जा चूस लेते हैं। हर बार जब आपके मन में कई विचार आते हैं, तो आप ऊर्जा खो रहे होते हैं। जब आप अपने विचारों को कम करते हैं, तो आप ऊर्जा बचाते हैं। अपने मन को केंद्रित और स्थिर करके, आप किसी भी समय अपने मन में आने वाले विचारों की संख्या को कम कर सकते हैं। आप खुद को स्थिर करने के लिए 7.83 हर्ट्ज़ पर ट्यून कर सकते हैं। ध्यान करते समय उच्च आवृत्तियों को सुन सकते हैं। इसका उद्देश्य विचारों की संख्या को कम करना और उस बंदर मन को शांत करना है, जो एक विचार से दूसरे विचार पर कूदता रहता है। ध्यान अभ्यास से आता है, लेकिन आप संगीत बजाकर, बागवानी, मिट्टी के बर्तन बनाने, चित्रकारी, पढ़ने, लिखने, मंत्रोच्चार, प्रार्थना, मोमबत्ती की लौ पर ध्यान केंद्रित करके, ध्वनि स्नान चिकित्सा के माध्यम से भी ध्यान कर सकते हैं। ये विभिन्न गतिविधियाँ हैं, जो आपके मन को शांत करती हैं और ध्यान की अवस्था प्राप्त करने में सहायता करती हैं।

स्टेप 3: ज़मीन से जुड़ें

खुद को प्रकृति माँ के साथ स्थिर करें। आप जंगल में नंगे पैर घूमकर, लंबी पैदल यात्रा, ट्रैकिंग और प्राकृतिक पगडंडियों पर जाकर प्रकृति के साथ समय बिता सकते हैं। अगर आप शहर से बाहर नहीं जा सकते, तो आप घर पर ही बागवानी कर सकते हैं या अपने घर के लिए कुछ पौधे लगा सकते हैं। हरा रंग आँखों और दिमाग पर शांति का प्रभाव डालता है। यह आराम व बेहतर ध्यान केंद्रित करने में सहायता करता है।

ग्राउंडिंग या अर्थिंग एक ऐसी तकनीक है, जो शारीरिक संपर्क बनाकर पृथ्वी के प्राकृतिक विद्युत आवेश से जुड़ने की प्रक्रिया है। आप नंगे पैर चल सकते हैं,

ज़मीन पर लेट सकते हैं और शरीर को ज़मीन से इलेक्ट्रॉनों को अवशोषित करने दे सकते हैं। योग में, हम अंत में शवासन करते हैं, ताकि खुद को ग्राउंड कर सकें और शरीर में फँसी हुई ऊर्जा को मुक्त कर सकें। अर्थिंग हमें अपने शरीर में किसी भी अतिरिक्त सकारात्मक आवेश को बेअसर करने और उससे होने वाली सूजन को कम करने में सहायता करती है। यह हमारी नींद की गुणवत्ता में भी सुधार करने में सहायता करता है। हमारे रक्त प्रवाह और परिसंचरण में सुधार करता है, जिससे हम चोटों से जल्दी उबर पाते हैं।

कोविड के दौरान जब मैं क्वारंटाइन में थी, तो मैंने पूरा दिन ऑनलाइन पढ़ाने में बिताया। कैलिफोर्निया की एक छोटी लड़की थी, जो अपने अपार्टमेंट में अलग-थलग थी और भारत में अपने माता-पिता से अलग थी। उसके माता-पिता वरिष्ठ नागरिक थे और वह उनके पास जाकर उनके स्वास्थ्य को खतरे में नहीं डालना चाहती थी। सीमित मानवीय संपर्क के कारण वह गंभीर चिंता से गुज़र रही थी। मैंने उसे काले कपड़े पहनना बंद करने, ठंडे पानी से नहाने, स्वच्छ सफ़ेद कपड़े पहनने और जितना हो सके भूमि पर लेटे रहने को कहा। इससे उसके शरीर की अतिरिक्त ऊर्जा भूमि में पहुँच पाती थी। यह अतिरिक्त ऊर्जा बेचैनी, चिंता, ज़्यादा सोचने और यहाँ तक कि सूजन का कारण बन रही थी। अर्थिंग तकनीक का अभ्यास करने के सिर्फ़ पाँच दिनों में, वह अवसाद के लक्षणों से उबर गई। वह स्वस्थ और खुश दिख रही थी और अपनी नई भावनाओं के बारे में खुलकर बात कर रही थी। अर्थिंग तनाव कम करने में सहायता करती है और रक्त की चिपचिपाहट को बढ़ाकर हमारे हृदय और स्वास्थ्य को भी बेहतर बनाती है, जो अन्यथा हृदय पर असर डाल सकती है। ग्राउंडिंग हमारे कोर्टिसोल स्तर को कम करने में सहायता करती है, जो मोबाइल फोन की घंटी बजने, मैसेज और ईमेल अलर्ट, डोरबेल और काम की समय-सीमा जैसी बाहरी उत्तेजनाओं से लगातार बढ़ता रहता है। उच्च कोर्टिसोल स्तर तनाव पैदा कर सकता है, हमारी नींद की गुणवत्ता को प्रभावित कर सकता है और हमारी सर्केडियन लय को बाधित कर सकता है।

एक अध्ययन में, हल्के अल्ज़ाइमर रोग से पीड़ित प्रतिभागियों ने हफ़्ते में पाँच दिन, 30-30 मिनट तक भूमि पर ही रहने का अनुभव किया। 12 हफ़्तों की अवधि में उनकी नींद की गुणवत्ता में उल्लेखनीय सुधार हुआ।

स्टेप 4: अपने कंपन को बढ़ाएँ

अपने पास एक कृतज्ञता नोटबुक रखें। जिन चीज़ों के लिए आप आभारी हैं, उन्हें लिखें। यह आपको एहसास कराएगा कि आप अपनी ऊर्जा को अभाव से प्रचुरता की ओर ले जा रहे हैं। आप ब्रह्मांड को बता रहे हैं कि आप किस आवृत्ति पर कंपन कर रहे हैं। और ऐसा कर के आप अपने जीवन में किस प्रकार की घटनाओं को आकर्षित करना चाहते हैं। जब आप आभारी होते हैं, तो आप कृतज्ञता के लिए और अधिक चीज़ों को आकर्षित करते हैं।

स्टेप 5: मजबूत इरादे बनाएँ

आपको इस बारे में स्पष्ट होना चाहिए कि आप किस ऊर्जा आवृत्ति पर कंपन करना चाहते हैं। कल्पना करें कि आप किस लक्ष्य को प्राप्त करना चाहते हैं। अपने आप से लगातार यह दोहराएँ कि आप स्वस्थ और खुश हैं, प्रकृति के साथ सामंजस्य में हैं, एक प्रेमपूर्ण रिश्ते में हैं, आप अपने मस्तिष्क में सकारात्मक तंत्रिका मार्गों को मजबूत कर रहे हैं, जो अंततः कमजोर तंत्रिका मार्गों को पीछे छोड़ देंगे और यह आपकी वास्तविकता और व्यक्तित्व का एक हिस्सा बन जाएँगे। आप एक विज़न बोर्ड भी बना सकते हैं, जहाँ आप उन चीज़ों को लिखें जिन्हें आप अपने जीवन में हासिल करना चाहते हैं। आप अपने मस्तिष्क पर ज़ोर दे रहे हैं कि उसे किस मंज़िल या लक्ष्य तक पहुँचना है।

यह ऐसा है जैसे आप अपनी टीम के सदस्यों के लिए रणनीति बना रहे हैं और उन्हें योजना के अनुसार उसे लागू करने के लिए कह रहे हों। इसी तरह, मस्तिष्क आपसे कोई प्रश्नोत्तर या संदेह नहीं करता। वह बस आपकी रणनीति और निर्देशों का पूरी तरह से पालन करता है। समस्या यह होती है कि ज़्यादातर बार हमारे इरादे और विचार स्पष्ट नहीं होते, जिससे दिमाग के लिए उन्हें लागू करना मुश्किल हो जाता है। हम विचारों के बीच उछलते रहते हैं, सकारात्मक और नकारात्मक विचारों के बीच झूलते रहते हैं, चिंता करते हैं और ज़रूरत से ज़्यादा सोचते हैं, जिससे हमारे कंपन बिगड़ जाते

हैं। जब आप कोई लक्ष्य बनाएँ, तो खुद पर शक न करें। अपने अंतिम लक्ष्य पर केंद्रित रहें।

स्टेप 6: अपने लक्ष्य को पोषित करें

अब जब आपने अपने लक्ष्यों के बीज बो दिए हैं, तो उसे पोषित करने के लिए नियमित रूप से पानी देना सुनिश्चित करें। अपने मन को केंद्रित करें। खुद को शांत करें। सुनिश्चित करें कि आपका वातावरण सकारात्मकता से भरा हो और अपने आसपास केवल सकारात्मक लोग ही रहें। आपके दोस्तों और आपके साथ समय बिताने वाले लोगों का चुनाव आपके कंपन में एक महत्त्वपूर्ण भूमिका निभाता है। आप उन लोगों का योग हैं, जिनके साथ आप समय बिताते हैं। इसलिए उन रिश्तों को तोड़ने से न डरें, जो आपको थका देते हैं या उन दोस्तों से जो आपकी ऊर्जा पर नकारात्मक प्रभाव डालते हैं। स्ट्रिंग सिद्धांत याद है ना? दो तारों को एक-दूसरे के पास लाने पर वे अनुनाद के कारण एक ही आवृत्ति पर कंपन करेंगे। ऐसे लोगों से बचें जो गपशप करते हैं, आलोचना करते हैं या दूसरों को धमकाते हैं। इसके बजाय, अपने आपको ऐसे दयालु और सकारात्मक लोगों के बीच रखें, जो आपके कंपन को बढ़ाते हैं।

साथ ही, हर दिन एक दयापूर्ण काम करने की आदत डालें। याद रखें कि ऊर्जा का एक तरंग प्रभाव होता है। आपकी दयालुता और करुणा भरे काम का ब्रह्मांड में एक तरंग प्रभाव होगा। आपके द्वारा निर्मित ऊर्जा अंततः कई गुना बढ़कर मूल निर्माता के पास वापस आ जाएगी। अपनी ऊर्जा का बुद्धिमानी से निवेश करें। जैसा बोओगे, वैसा ही काटोगे।

स्टेप 7: ऊर्जा अवरोधों को दूर करें

शुद्ध और उच्च आवृत्ति वाली ऊर्जा हमारे चारों ओर प्रचुर मात्रा में मौजूद है। यह ऊर्जा हमारे जीवन के हर दिन हमारे भीतर स्वतंत्र रूप से प्रवाहित होती है। हमें बस यह सुनिश्चित करना है कि हमारे भीतर कोई अवरोध न हो, जो इस ऊर्जा प्रवाह को बाधित कर सके। अपचित भोजन या बृहदान्त्र में जमा अपशिष्ट जैसे शारीरिक अवरोधों को दूर करें। अनसुलझे विचारों और भावनाओं, नकारात्मक

यादों या अतीत के बोझ जैसे भावनात्मक अवरोधों को दूर करें। जब हम दर्द और आघात को अपने अंदर दबा लेते हैं, तो यह ऊर्जा प्रवाह में बाधा डालता है और बीमारियों तथा रोगों के रूप में जमा हो सकता है। नकारात्मक कंपन आवृत्ति आपकी उपचार क्षमता को बाधित या कमजोर कर सकती है।

ऊर्जा संतुलन प्राप्त करना

| विचारों को डाउनलोड करें | विचारों को कम करें | खुद को ग्राउंड करें | वाइब्रेशन बाधाएँ | इरादा मज़बूत बनाएँ | अपने मन के बगीचे को सिंचित करें | बाधाओं को हटाएँ |

हम अगले कुछ अध्यायों में इन ऊर्जा अवरोधों को दूर करने के अन्य उपचारात्मक साधनों के बारे में बात करेंगे।

अध्याय 2

अपने शरीर को स्वस्थ बनाएँ

मानव शरीर की ऊर्जा

हमारा शरीर हमारी ऊर्जा का भौतिक प्रकटीकरण है। यह मन और हमारे संकल्पों की ऊर्जा आवृत्ति को प्रतिबिम्बित करता है। हमारा शरीर वह माध्यम है, जिससे हमारी आत्मा वास्तविकता के तीसरे आयाम से जुड़ती है, उससे संवाद करती है और उसका अनुभव करती है। तीसरे आयाम को हम अपने शरीर के माध्यम से देखते हैं, महसूस करते हैं, स्पर्श करते हैं, सुनते हैं और अनुभव करते हैं। पृथ्वी का भौतिक क्षेत्र लंबाई, चौड़ाई और गहराई के तीन आयामों से व्यक्त होता है। वास्तविकता के तीसरे आयाम में हर चीज़ का एक भौतिक रूप होता है, जो पदार्थ से बना है और जिसका आयतन होता है। हम अपने भौतिक शरीर से प्रकृति और अपने पर्यावरण के सभी तत्वों के साथ अंतःक्रिया करते हुए जीवन प्रक्रिया का अनुभव करते हैं।

हम अपने पर्यावरण से ऊर्जा अवशोषित करते हैं। हम जो खाते हैं वह एक बाहरी चीज़ है, जो हमारे आँतरिक तंत्र को प्रभावित करती है। खाद्य पदार्थ कंपन आवृत्ति और उस स्थान की जैविक स्मृति को धारण करते हैं, जहाँ वे उगाए गए थे। वे फिर इसे आपके शरीर में आगे बढ़ाते हैं। जब हम उच्च कंपन वाले खाद्य पदार्थ खाते हैं, तो हम उच्च कंपन और स्वस्थ ऊर्जा पाते हैं। जब

48

हम कम कंपन वाले या नकारात्मक आवृत्ति वाले खाद्य पदार्थ खाते हैं, तो हम थक जाते हैं।

कंपन पोषण

कंपन पोषण एक ऊर्जा अवधारणा है। इसके अनुसार खाद्य पदार्थों की कंपन आवृत्ति हमारे शारीरिक, मानसिक और भावनात्मक स्वास्थ्य पर सीधा प्रभाव डालती है। आवृत्ति जितनी कम होगी, भोजन विषाक्त हो जाएगा, उसे पचाना, अवशोषित करना और आत्मसात करना कठिन हो जाएगा और हमारे स्वास्थ्य पर दुष्प्रभाव पड़ेगा। उच्च कंपन आवृत्ति वाले खाद्य पदार्थ हमारे शरीर को पोषण और उपचार प्रदान करते हैं, दुष्प्रभाव नहीं पैदा करते। यह हमारे मानसिक, भावनात्मक और आध्यात्मिक स्वास्थ्य में भी योगदान करते हैं। जब आप अधिक उच्च कंपन वाले खाद्य पदार्थ खाते हैं और कम कंपन वाले खाद्य पदार्थों का सेवन कम करते हैं या उनसे बचते हैं, तो आप अपनी चेतना को जागृत कर सकते हैं, अपनी सहज क्षमता और उच्च बौद्धिक क्षमता को बढ़ा सकते हैं।

उच्च-कंपन वाले खाद्य पदार्थ सकारात्मक ऊर्जा को प्रतिध्वनित करते हैं। ये ताज़ा और जैविक खाद्य पदार्थ हैं, जिन्हें प्राकृतिक रूप में खाया जा सकता है। इन्हें ताज़ा तोड़ा और काटा जाता है और ये सूर्य की ऊर्जा और पोषक तत्वों से भरपूर होते हैं। ये प्राकृतिक रूप से जैविक होते हैं और हानिकारक रसायनों और कीटनाशकों के उपयोग के बिना उगाए जाते हैं, जो खाद्य पदार्थों की कंपन ऊर्जा को कम प्रभावित कर सकते हैं। फल-सब्जी-अनाज वाले बाज़ार में जब आप जाएँगे, तो आपको उच्च कंपन का अनुभव होगा, क्योंकि यह जीवन और ताज़गी से भरपूर होते हैं। इस बाज़ार में उन सभी अच्छे कंपनों और जीवाणुओं का आदान-प्रदान और अवशोषण होता है, जो हमारे मूड और पाचन को बेहतर बनाता है। उच्च कंपन वाले खाद्य पदार्थ वे होते हैं, जिन्हें कारखानों में कृत्रिम भराव, प्रीजर्वेटिव, रंग, प्राकृतिक और अप्राकृतिक स्वादों के साथ न्यूनतम या बिना किसी प्रसंस्करण के किया गया हो। हल्का पकाना, उबालना, भाप देना, भूनना, किण्वन प्रसंस्करण के प्राकृतिक तरीके हैं, जो इन खाद्य पदार्थों की प्राकृतिक ऊर्जा को बरकरार रखते हैं और पाचन में सहायता करते हैं। हम अपनी

पाचन अग्नि को बढ़ाने और पोषक तत्वों को बेहतर ढंग से अवशोषित करने के लिए अनाज, दालें, बीन्स, मसूर और सब्ज़ियाँ पकाते हैं। उच्च कंपन वाले खाद्य पदार्थों में ताज़ी पत्तेदार हरी सब्ज़ियाँ, फल, जड़ी-बूटियाँ, मसाले और यहाँ तक कि किण्वित खाद्य पदार्थ भी शामिल हैं, जो अच्छे बैक्टीरिया को बढ़ाते हैं और गट हेल्थ के लिए बहुत अच्छे होते हैं।

भोजन की कंपन आवृत्ति

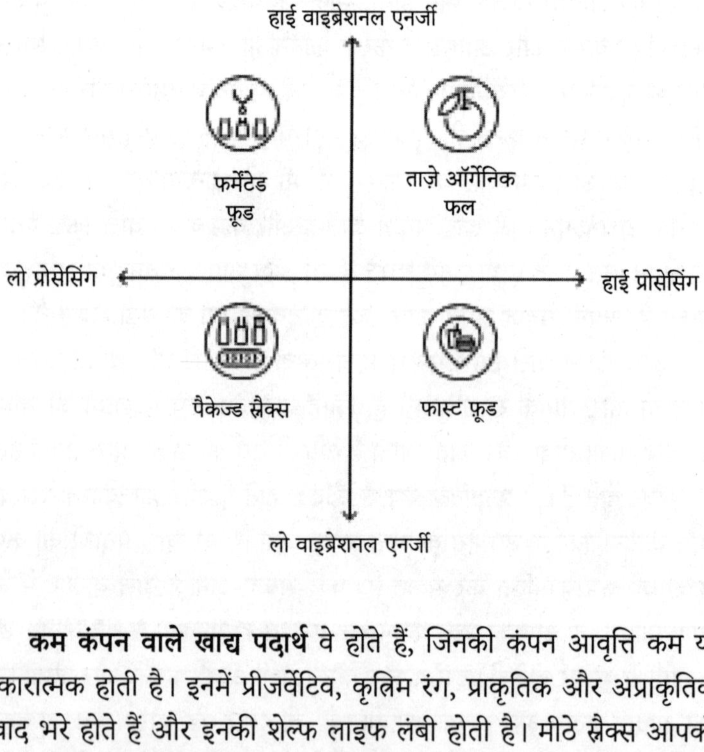

हाई वाइब्रेशनल एनर्जी
फर्मेंटेड फ़ूड
ताज़े ऑर्गेनिक फल
लो प्रोसेसिंग
हाई प्रोसेसिंग
पैकेज्ड स्नैक्स
फास्ट फ़ूड
लो वाइब्रेशनल एनर्जी

कम कंपन वाले खाद्य पदार्थ वे होते हैं, जिनकी कंपन आवृत्ति कम या नकारात्मक होती है। इनमें प्रीजर्वेटिव, कृत्रिम रंग, प्राकृतिक और अप्राकृतिक स्वाद भरे होते हैं और इनकी शेल्फ लाइफ लंबी होती है। मीठे स्नैक्स आपको तुरंत उत्तेजित कर सकते हैं, लेकिन बाद में अचानक थकान का अनुभव कराते हैं। आर्टिफिशियल एडीटिव वाले पैकेज्ड स्नैक्स, सोडियम से भरपूर डिब्बाबंद खाद्य पदार्थ और सूप, केमिकल प्रीजर्वेटिव वाले अत्यधिक प्रसंस्कृत खाद्य पदार्थ, फास्ट फूड और जंक फूड कम कंपन वाले खाद्य पदार्थ हैं। ये हमारी शारीरिक, मानसिक और भावनात्मक ऊर्जा को ख़त्म कर देते हैं। कारखानों में

बनने वाले और टिन, कैन और प्लास्टिक के कंटेनरों में परोसे जाने वाले इन अत्यधिक प्रसंस्कृत, कम कंपन वाले खाद्य पदार्थों से बचें, जो हमारे भोजन में माइक्रोप्लास्टिक और हानिकारक रसायन छोड़ते हैं।

सूर्य और पृथ्वी से प्राप्त खाद्य पदार्थ

सूर्य से प्राप्त खाद्य पदार्थ: आयुर्वेद और बायोफोटोन सिद्धांत के अनुसार, सूर्य से प्राप्त खाद्य पदार्थ वे पौधे होते हैं, जो भूमि से एक मीटर ऊपर उगते हैं और अधिकतम सौर ऊर्जा अवशोषित करते हैं। ये कच्चे, ताज़े, जैविक और जंगली पौधे होते हैं और अधिकतम सौर ऊर्जा संग्रहित करते हैं। फल, पत्तेदार सब्ज़ियाँ जैसे सूर्य से प्राप्त खाद्य पदार्थ, सूर्य की ऊर्जा को बायोफोटोन के रूप में संग्रहित कर सकते हैं, जो प्रकाश कण होते हैं। ये खाद्य पदार्थ हमारी जीवन शक्ति में सुधार करते हैं और हमारे शरीर को ऊर्जा प्रदान करते हैं। ये शरीर द्वारा आसानी से पच जाते हैं, अवशोषित, आत्मसात और चयापचयित हो जाते हैं, जिससे दिनभर अधिक ऊर्जा और जीवन शक्ति मिलती है, शरीर हल्का होता है और कफ (बलगम) असंतुलन कम होता है। ये उच्च मस्तिष्क केंद्रों को उत्तेजित कर सकते हैं और आध्यात्मिक विकास के लिए आदर्श हैं।

सूर्य से प्राप्त फलों में जामुन, नींबू, आम, पपीता, अनानास, अंगूर, अनार, खरबूजे, अंजीर आदि शामिल हैं। इनकी कंपन आवृत्ति 20-27 मेगाहर्ट्ज होती है। इन्हें अगर कच्चा खाया जाए, जैविक खेत में उगाया जाए, और धूप में पकाया जाए तो और भी बेहतर परिणाम मिलता है। इन फलों में बायोफोटोन की मात्रा अधिक होती है और अपने कच्चे रूप में इसमें 83,000+ यूनिट्स हो सकती हैं। ये फल हाइड्रेटिंग, एंटी-ऑक्सीडेंट और एंजाइम से भरपूर होते हैं। ये शरीर में पित्त और कफ असंतुलन को कम करते हैं और मानसिक शान्ति और हल्कापन में सुधार करते हैं। पित्त असंतुलन तब होता है, जब हमारे शरीर में अग्नि तत्व की अधिकता हो जाती है। इससे जलन, जीईआरडी, एच. पाइलोरी, एसिडिटी, संवेदनशील आँखें, पेट, छोटी आँत, त्वचा, बाल और यकृत को समस्या होती हैं। कफ असंतुलन हमारे शरीर में पृथ्वी और जल तत्व को बढ़ा देता है, जिससे भारीपन, बलगम की

अधिकता और सर्दी, खांसी, साइनस, एलर्जी, मोटापा, मधुमेह, कोलेस्ट्रॉल, थायरॉइड और ऐसे ही अन्य विकार जैसे लक्षण दिखाई देते हैं। हमारा शरीर स्वाभाविक रूप से इन रंगीन फलों की चाह रखता है। भारत में, सोमवार जैसे दिन फल उपवास के लिए समर्पित होते हैं। इन दिनों, मैं हमेशा अपने आपको ज़्यादा केंद्रित, चुस्त और तेज़ पाती हूँ, क्योंकि मेरा पेट हल्का और स्वस्थ रहता है। मैंने अपने जीवन को बदलने वाले कुछ सबसे महत्त्वपूर्ण निर्णय उन दिनों लिए हैं, जब मैंने फल, पानी या बिना पानी के उपवास किया था।

सूर्य से प्राप्त की गई सब्जियों में पत्तेदार सब्ज़ियाँ जैसे केल, लेट्यूस, ब्रोकली, तोरी, शिमला मिर्च, टमाटर, खीरा, भिंडी शामिल हैं। इनकी कंपन आवृत्ति 15-22 मेगाहर्ट्ज़ हो सकती है। पत्तेदार सब्ज़ियाँ उच्च बायोफ़ोटॉन ऊर्जा संग्रहित करती हैं। इनकी प्रकृति सूजनरोधी होती है और रक्त और लीवर को विषमुक्त करने में मदद करती है। अन्य सूर्य से प्राप्त सब्जियों में लौकी परिवार की सब्ज़ियाँ शामिल हैं। जैसे, करेला, तुरई, चिचिंडा आदि। ये हल्की और पचने में आसान होती हैं। जब ये सब्ज़ियाँ पक जाती हैं, तो ये पौधे से प्राकृतिक रूप से गिर जाती हैं और मनुष्यों को पोषण देती हैं। प्रकृति हमेशा इंसान को अनुपम उपहार देती रहती है।

सूर्य से प्राप्त अनाजों में क्विनोआ, ऐमारैंथ, बकव्हीट, बाजरा परिवार के अनाज शामिल हैं। जैसे, फॉक्सटेल बाजरा (काकुम/कंगनी), प्रोसो बाजरा (चेना/बर्री), सोरघम बाजरा (ज्वार), फिंगर बाजरा (रागी), पर्ल बाजरा (बाजरा), ब्राउनटॉप बाजरा (कोरले), बार्नयार्ड बाजरा (साँवा), लिटिल बाजरा (मोराईयो), कोदो बाजरा, बकव्हीट बाजरा (कुट्टू), ऐमारैंथ बाजरा (राजगिरा), फोनियो बाजरा, गिनी बाजरा आदि। ये ग्लूटेन-मुक्त अनाज हैं, बायोफोटोन से भरपूर हैं और परिष्कृत आटे, गेहूँ की तरह पाचन तंत्र में बलगम नहीं बनाते, जो पाचन प्रणाली को धीमा कर देता है। सूर्य से प्राप्त अनाज मैग्नीशियम, आयरन और सूक्ष्म खनिजों से भरपूर होते हैं। ये भारी भोजन के कारण सुस्ती के बिना अधिक ऊर्जा प्रदान करते हैं।

सूर्य से प्राप्त जड़ी-बूटियों में पवित्र तुलसी, पुदीना, अश्वगंधा, ब्राह्मी, नीम, सिंहपर्णी के पत्ते, बिछुआ आदि शामिल हैं। इनमें बायोफोटॉन की मात्रा अधिक होती है और ये एडाप्टोजेनिक प्रकृति के होते हैं, जो शरीर में तनाव

कम करने, मानसिक एकाग्रता और प्रतिरक्षा में सुधार करने में मदद करते हैं। ये अंगों को विषमुक्त करने में भी मदद करते हैं। जंगली जड़ी-बूटियाँ जैसे सिंहपर्णी, हिबिस्कस, बिछुआ बायोफोटॉन से भरपूर होते हैं।

इसी तरह, बादाम, सूरजमुखी के बीज, कद्दू के बीज, चिया, अलसी के बीज हैं। पोषक तत्वों की जैव उपलब्धता बढ़ाने के लिए इन्हें पहले से भिगोया, भुना और अंकुरित किया जा सकता है। अलसी के बीज में पाए जाने वाले ओमेगा-3 और सूरजमुखी के बीज और बादाम में पाए जाने वाले विटामिन ई की मात्रा प्रचुर होती है। इनमें न्यूरोप्रोटेक्टिव गुण होते हैं और ये ब्रेन हेल्थ और हार्मोनल स्वास्थ्य को बढ़ाते हैं।

सूर्य और पृथ्वी से प्राप्त खाद्य पदार्थ किसी दवा से कम नहीं

पृथ्वी से प्राप्त खाद्य पदार्थ वे होते हैं, जो भूमि से एक मीटर से भी कम ऊँचाई पर उगते हैं। जैसे बीन्स, ब्रोकली, गेहूँ या मिट्टी के नीचे उगने वाली जड़ वाली सब्ज़ियाँ जैसे गाजर, चुकंदर, मूली, मूंगफली, अदरक, प्याज, लहसुन आदि। इनमें संग्रहित ऊर्जा अधिक होती है और ये वात या एक्टोमॉर्फ शरीर वाले लोगों, एथलीटों और अधिक शारीरिक श्रम करने वालों के लिए आदर्श होते हैं। ये हमारे शरीर को पृथ्वी की ऊर्जा से जोड़ने में सहायता करते हैं। हालाँकि, कुछ साधु-संत, खासकर जैन साधु, जड़ वाली सब्ज़ियों का सेवन करने से परहेज़ करते हैं, क्योंकि वे मानते हैं कि ये प्रकृति में सुस्त होती हैं और उनके आध्यात्मिक विकास में बाधा डाल सकती हैं। उदाहरण के लिए, प्याज और लहसुन आपकी कामेच्छा को बढ़ा सकते हैं, जो आध्यात्मिक साधना में बाधा डालते हैं।

सौर ऊर्जा अवशोषण के आधार पर खाद्य पदार्थों का वर्गीकरण

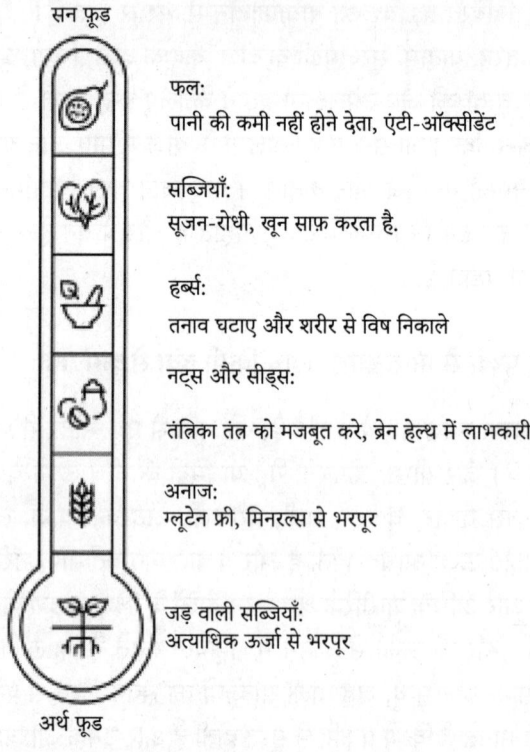

सन फूड

फल:
पानी की कमी नहीं होने देता, एंटी-ऑक्सीडेंट

सब्जियाँ:
सूजन-रोधी, खून साफ़ करता है.

हर्ब्स:
तनाव घटाए और शरीर से विष निकाले

नट्स और सीड्स:
तंत्रिका तंत्र को मजबूत करे, ब्रेन हेल्थ में लाभकारी

अनाज:
ग्लूटेन फ्री, मिनरल्स से भरपूर

जड़ वाली सब्जियाँ:
अत्याधिक ऊर्जा से भरपूर

अर्थ फूड

खाद्य पदार्थों की जीवन-शक्ति

प्राकृतिक तत्वों में सबसे अधिक जीवन-शक्ति होती है। इसमें 52 से 320 मेगाहर्ट्ज़ के बीच का वाइब्रेश्नल फ़ोर्स होता है। इनमें चुंबकीय प्रकाश ऊर्जा होती है। ये अपनी ऊर्जा सूर्य के प्रकाश से पाते हैं। इन जीवन शक्तियों में सूर्य का प्रकाश, जल, ताज़ी हवा, फाइटोप्लैंक्टन, क्लोरेला, स्पिरुलिना और व्हीटग्रास शामिल हैं। ये मानव शरीर के लिए सबसे अधिक पौष्टिक होते हैं। याद रखें, विटामिन डी का सबसे अच्छा स्रोत सूर्य का प्रकाश है और हाइड्रेशन का

सबसे अच्छा स्रोत पानी है। अपने घर के पौधे की कल्पना कीजिए। क्या होगा यदि आप उसे पानी देते रहें, लेकिन उसे बिल्कुल भी धूप न दें? वह पानी सूर्य की रोशनी की कमी के कारण जहरीला हो जाता है। इसी तरह, आप सबसे अधिक जैविक स्वस्थ खाद्य पदार्थ और पूरक आहार ले सकते हैं, लेकिन अगर आप पर्याप्त धूप में नहीं रहते हैं, तो आपका शरीर उन पोषक तत्वों को अवशोषित नहीं कर पाएगा। अपना 60 से 80% समय बाहर बिताने का लक्ष्य रखें, अच्छी तरह से हाइड्रेटेड रहें, समय मिलने पर लंबी सैर, लंबी पैदल यात्रा और ट्रेकिंग पर जाएँ।

सुपर फ़ूड में 15 से 52 मेगाहर्ट्ज़ के बीच उच्च जीवन-शक्ति होती है और ये क्षारीय प्रकृति के होते हैं। इन खाद्य पदार्थों में विटामिन, पोषक तत्व, खनिज और एंटीऑक्सीडेंट होते हैं। ये ऑक्सीडेटिव तनाव को कम करने, उम्र बढ़ने की प्रक्रिया को उलटने और बीमारियों को रोकने में मदद कर सकते हैं। इनमें नींबू, गूज बेरी, समुद्री खरपतवार, बादाम, जड़ी-बूटियाँ, नींबू, मोरिंगा, मैंगोस्टीन, रॉ कोको, कच्ची चॉकलेट, अश्वगंधा, त्रिफला, शतावरी जैसी आयुर्वेदिक जड़ी-बूटियाँ भी शामिल हैं। 10,000 से ज़्यादा जड़ी-बूटियों का हमें ज्ञान हैं, जो मनुष्यों के लिए उपलब्ध हैं।

पेड़ों से प्राप्त खाद्य पदार्थों में 5 से 15 मेगाहर्ट्ज़ के बीच उच्च जीवन शक्ति होती है। ये क्षारीय प्रकृति के होते हैं। ये खाद्य पदार्थ धरती से एक मीटर ऊपर उगते हैं। इन्हें सूर्य आधारित खाद्य पदार्थ भी कहा जाता है। इनमें सेब, केला, संतरा, अंगूर, आम, आड़ू, ब्लूबेरी, क्रैनबेरी, स्ट्रॉबेरी, लीची, अंगूर, चेरी, नाशपाती, नारियल, अनानास, रसभरी, एवोकाडो, खरबूजे जैसे ताजे फल; बादाम, खजूर, अखरोट जैसे कच्चे मेवे और कद्दू, सूरजमुखी, तिल, अलसी, एलोवेरा, चिया, मीठी तुलसी जैसे बीज, तुरई, करेला, तोरी, खीरा जैसी ताजी सब्ज़ियाँ आदि शामिल हैं। ये ऐसे खाद्य पदार्थ हैं, जो हमारे स्वास्थ्य की गुणवत्ता में सुधार करते हैं। ब्लू ज़ोन, जहाँ लोग 100 वर्ष से अधिक जीवित रहते हैं, एक ऐसे वनस्पति क्षेत्र का पालन करते हैं, जिसका 95% हिस्सा इन उच्च जीवन शक्ति वाले खाद्य पदार्थों से बना है।

धरती से प्राप्त खाद्य पदार्थों में 0 से 5 मेगाहर्ट्ज के बीच मध्यम जीवन शक्ति होती है। ये तटस्थ प्रकृति के होते हैं। ये खाद्य पदार्थ भूमि से एक मीटर

ऊपर या भूमि के नीचे उगते हैं और पकने पर कुछ पोषक तत्व खो देते हैं। इनमें राजमा, फूलगोभी, पत्तागोभी जैसी क्रूसिफेरस सब्ज़ियाँ, कद्दू, पालक, केल, बीन्स, मटर, मशरूम जैसी सब्ज़ियाँ जो भूमि से एक मीटर नीचे उगती हैं और आलू, शकरकंद, रतालू, गाजर, प्याज, लहसुन, चुकंदर, शलजम, मूली, चुकंदर, मूंगफली जैसी जड़ वाली सब्ज़ियाँ शामिल हैं।

पशुओं से प्राप्त उत्पादों की जीवन शक्ति शून्य मेगाहर्ट्ज़ या उससे कम होती है और ये अम्लीय प्रकृति के होते हैं। इनमें डेयरी उत्पाद जैसे दूध, दही, पनीर, मक्खन, व्हिप क्रीम, लार्ड, डेयरी से बने खाद्य पदार्थ जैसे कुकीज़, स्कोन, केक, पेस्टी, डोनट्स और अंडे शामिल हैं।

मांस की जीवन शक्ति सबसे कम होती है। यह शून्य या इससे भी कम मेगाहर्ट्ज़ हो सकती है। ये अम्लीय प्रकृति के होते हैं। इनमें मांस, समुद्री भोजन, मुर्गी जैसे खाद्य पदार्थ शामिल हैं। प्रोसेस्ड और पैकेज्ड खाद्य पदार्थ जैसे हॉट डॉग, बर्गर, पिज्जा आदि की जीवन शक्ति बहुत कम या नकारात्मक होती है। आपका शरीर इन्हें पचाने और शरीर से बाहर निकालने में अधिक ऊर्जा और जीवन शक्ति खर्च करता है।

फ़ूड लाइफ फ़ोर्स स्पेक्ट्रम

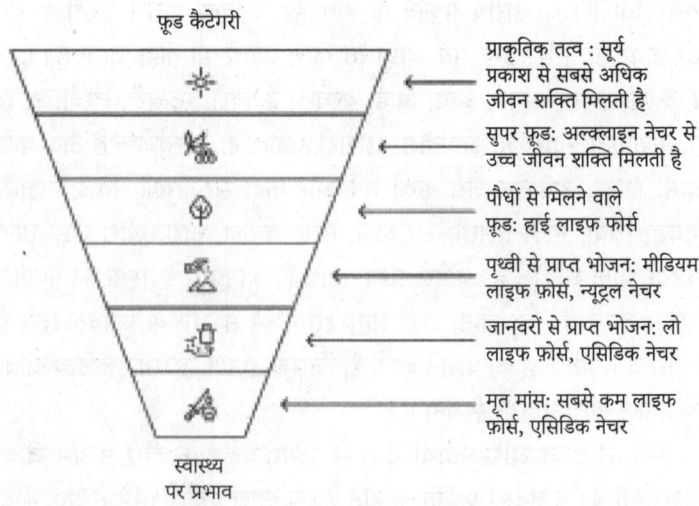

आइए विभिन्न खाद्य समूहों की कंपन आवृत्ति और हमारे शरीर पर उनके प्रभाव को समझते हैं, ताकि हम बेहतर चुनाव कर सकें और एक सामंजस्यपूर्ण जीवन जी सकें।

पानी की ऊर्जा

क्या आप जानते हैं कि आप जो पानी पी रहे हैं, वह लाखों वर्षों से मौजूद है। शायद यह हमारी पृथ्वी से भी पुराना है? आध्यात्मिक सिद्धांत कहते हैं कि विशाल जल निकाय ब्रह्मांड के किसी अन्य भाग से उत्पन्न हुए होंगे। पानी कई लाखों वर्ष पहले आया, जिससे जीवन अस्तित्व में आया। इस विचार का समर्थन करने वाली वैज्ञानिक समझ भी हमारे पास है। पृथ्वी का निर्माण लगभग 4.5 अरब वर्ष पहले हुआ था और पानी विभिन्न रूपों में पहले से मौजूद रहा है।[12] ठोस बर्फ, तरल पदार्थ और गैस के रूप में। ऐसे शोध भी हैं, जो बताते हैं कि पृथ्वी पर पानी की समस्थानिक संरचना अन्य धूमकेतुओं में पाए जाने वाले पानी के समान है। कुछ सिद्धांत बताते हैं कि आज हमारे पास महासागरों, नदियों और झीलों के रूप में जो पानी है, उसकी उत्पत्ति धूमकेतुओं और क्षुद्रग्रहों से हुई होगी, जो शुरुआती वर्षों के दौरान पृथ्वी से टकराए थे। पानी के अणु अत्यंत स्थिर होते हैं और लंबे समय तक मौजूद रह सकते हैं। इसलिए, आज हम जो पानी पीते हैं, उसमें ऐसे अणु और स्मृतियाँ हो सकती हैं, जो पृथ्वी पर जीवन की शुरुआत से ही मौजूद हैं।[13]

---

12. इल्से क्लीव्स और मिशिगन विश्वविद्यालय के उनके सहयोगियों द्वारा 2014 में साइंस में प्रकाशित एक अध्ययन में पूरे सौर मंडल में पानी में हाइड्रोजन के मुकाबले ड्यूटेरियम (भारी हाइड्रोजन) के अनुपात का विश्लेषण किया गया। उन्होंने निष्कर्ष निकाला कि पृथ्वी का लगभग 30% से 50% पानी सूर्य और सौर मंडल से पहले बना था, जिसकी उत्पत्ति गैस और धूल के उस आणविक बादल से हुई, जिसने सूर्य और ग्रहों को जन्म दिया। स्रोत https:// www.latimes.com/science/sciencenow/la-sci-sn-old-water-on-earth-20140923-story.html
13. अटाकामा लार्ज मिलीमीटर/सबमिलीमीटर एरे (ALMA) का उपयोग करके ग्रह-निर्माण डिस्क में पानी के अवलोकन प्राथमिक तारे V883 ओरियोनिस (लगभग 1,300 प्रकाश वर्ष दूर) के आसपास से हमारे सौर मंडल के धूमकेतुओं में मौजूद पानी से काफी मिलती-जुलती रासायनिक संरचना दिखाई दी। यह एक सीधा संबंध प्रदान करता है, जो दर्शाता है कि पानी अंतरतारकीय

पानी उन जगहों की यादों और ऊर्जाओं को संग्रहीत करता है, जहाँ से वह गुज़रा है। इसमें उन पदार्थों की स्मृतियाँ होती हैं, जो पहले उसमें मिले थे। यह तथ्य प्रसिद्ध जापानी वैज्ञानिक डॉ. मासारू इमोटो ने सिद्ध किया था। उनके प्रयोग के अनुसार, पानी हमारे विचारों, शब्दों, संगीत और नीयत पर प्रतिक्रिया कर सकता है और उस ऊर्जा के आधार पर क्रिस्टल जैसी संरचनाएँ बना सकता है, जिसके संपर्क में वह आया है।

हमारे विचार, भावनाएँ, शब्द और संगीत ऊर्जा के रूप में अभिव्यक्त होते हैं, जो पानी की आणविक संरचना को प्रभावित करते हैं। डॉ. मासारू के प्रयोग में सकारात्मक ध्वनियों और दयापूर्ण शब्दों के संपर्क में आने पर जब पानी जमा तो उसमें सुंदर क्रिस्टल जैसी संरचनाएँ बनी। इन्हें सूक्ष्मदर्शी से देखा जा सकता है। 'धन्यवाद' या 'मैं तुमसे प्यार करता हूँ' जैसे सकारात्मक शब्दों के संपर्क में आने पर पानी के अणुओं ने सुंदर और एक समान क्रिस्टल बनाए। जबकि 'मैं तुमसे नफरत करता हूँ' या 'तुम बदसूरत हो' जैसे नकारात्मक शब्दों या विचारों के संपर्क में आने वाले पानी ने विकृत, अनियमित संरचना वाले क्रिस्टल बनाए।

जल स्मृति का अध्ययन करने के लिए एक और प्रयोग डॉ. बर्नड क्रॉपलिन और रेजिन सी. हेंशेल ने किया था। इस प्रयोग में पानी की बूंदों को गुलाब और सूरजमुखी जैसे विभिन्न फूलों के संपर्क में लाया गया। जब पानी की बूंदों की जाँच डार्क-फील्ड माइक्रोस्कोपी के तहत की गई, तो उनमें अलग-अलग क्रिस्टलीय पैटर्न थे। इससे पता चलता है कि पानी अपने में डूबे फूल की विशेषताओं को याद रख सकता है। पानी की संरचना भी पानी भरने वाले व्यक्ति के आधार पर बदलती है। इसे जल स्मृति कहा जाता है, जहाँ पानी उस घटक की कंपन आवृत्ति और स्मृति को ग्रहण कर लेता है, जो उसमें डाला गया था या जिसके संपर्क में पानी आया था।

सीवेज में गिरने वाली बारिश की बूंद पीने के लिए अनुपयुक्त हो जाती है, जबकि स्वच्छ जल की धारा में गिरने वाली बूंद शुद्ध रहती है। पानी स्मृतियों को

माध्यम से लगभग अपरिवर्तित रूप से विरासत में मिला था, और इस प्रकार सूर्य के बनने से अरबों वर्ष पहले से मौजूद था। स्रोत:
https://skyandtelescope.org/astronomy-news/water-earth-predates-solar-system/

संजोए रखता है और अपने पर्यावरण, शब्दों, विचारों, भावनाओं और ऊर्जा के संपर्क में आने से उसे जानकारी मिलती है। अगर आपके पास प्राकृतिक झरनों और पहाड़ी पानी तक पहुँच नहीं है, तब भी आप पानी की संरचना बदल सकते हैं। आप चाहे तो घर पर ही पानी को ऊर्जावान बना सकते हैं, ताकि आपकी चिकित्सा और स्वास्थ्य लाभ में मदद मिल सके।

पानी की आणविक संरचना को प्रभावित करने वाले कारक

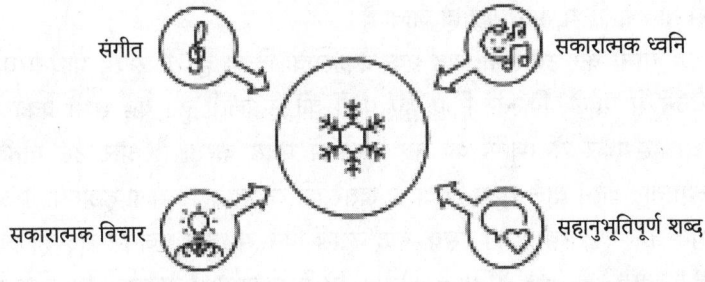

संगीत
सकारात्मक ध्वनि
सकारात्मक विचार
सहानुभूतिपूर्ण शब्द

मैं हर सुबह यही करती हूँ। यह एक लंबी प्रक्रिया लग सकती है, लेकिन यकीन मानिए, जैसे-जैसे समय बीतता जाएगा, आपको यह काम एक मेडिटेशन जैसा लगने लगेगा।

एक अच्छा वाटर फ़िल्ट्रेशन सिस्टम लगाएँ: एक अच्छी गुणवत्ता वाला वाटर फ़िल्टर सिस्टम लें, जो पानी से फ्लोराइड और अन्य केमिकल्स को हटा दे। आप एक रिवर्स ऑस्मोसिस फ़िल्टर या अल्क्लाइन वॉटर फ़िल्टर ले सकते हैं। फ्लोराइड को एडीएचडी, हड्डी के कैंसर, समन्वय और एकाग्रता में कमी, थायरॉयड, न्यूरोडेवलपमेंट विकारों से जोड़ा गया है और यह सीधे पिट्यूटरी ग्रंथि और आईक्यू लेवल को प्रभावित करता है।

प्लास्टिक की बोतलबंद पानी खरीदने से बचें। पानी की एक प्लास्टिक की बोतल हमारे पानी में सूक्ष्म प्लास्टिक के 240,000 नैनो कण छोड़ देती है, जो हमारे अंतःस्रावी ग्रंथियों को नुकसान पहुँचाती है। यह विभिन्न प्रकार के कैंसर को जन्म दे सकती है। इस समय में सूक्ष्म प्लास्टिक से होने वाली बीमारियों का

सबसे बड़ा खतरा हम सभी को है। यहाँ तक कि गर्म पानी में डूबे आपके टी बैग भी उन रसायनों को छोड़ते हैं, जिन्हें बैग पर छिड़का गया है, ताकि वे पानी में पिघल न जाएँ।

मेरे पास एक वॉटर फिल्टर है, जिसमें पेन ड्राइव के ज़रिए संगीत बजता है। इसमें उच्च आवृत्ति वाले आध्यात्मिक संगीत होते हैं। यह हमें सुनाई नहीं देता, फिर भी यह फ़िल्टर में रखे पानी में दिन-रात लगातार बजता रहता है। यह पानी की आणविक संरचना और स्मृति को बदल देता है, जैसा कि डॉ. मासारू के प्रयोग से सिद्ध होता है। यह पानी अपनी ऊर्जा बदलने की एक सरल प्रक्रिया से पवित्र, दिव्य और शुद्ध हो जाता है।

पानी को उबालना: यह एक वैकल्पिक क्रिया है। मैं सुबह प्रार्थना करने बैठने से पहले, फ़िल्टर किए हुए पानी को उबालती हूँ। यह सभी प्रकार के अस्वास्थ्यकर रोगाणुओं को नष्ट करने में मदद करता है और उस पानी में लगातार बढ़ने वाले सूक्ष्म जीवों के खतरे को रोकता है। उबला हुआ पानी आठ घंटे तक शुद्ध रहता है। इसके बाद उसमें फिर से जीव प्रजनन शुरू हो जाता है। उबालने के बाद, मैं पानी को एक मिट्टी के बर्तन में डालकर ठंडा होने देती हूँ। मिट्टी का बर्तन पानी को क्षारीय भी बनाता है और कैंसर कोशिकाएँ क्षारीय वातावरण में जीवित नहीं रह सकतीं। जब तक मैं काम के लिए तैयार होती हूँ, तब तक पानी ठंडा हो चुका होता है। मैं इस पानी से दो स्टील की बोतलें भरती हूँ और इसे जहाँ भी जाती हूँ, साथ ले जाती हूँ। मैं इसे दूसरे शहर में भी साथ लेकर चली जाती हूँ। मैं रेस्टोरेंट या होटलों से अपने लिए गुनगुना पानी मंगवाती हूँ और अपनी बोतल में भर लेती हूँ। दो साल से ज़्यादा हो गए हैं, मैंने पानी की एक भी प्लास्टिक की बोतल नहीं खरीदी है। कभी-कभी हवाई अड्डों पर किस्मत अच्छी होती है और मुझे पानी की काँच की बोतलें मिल जाती हैं। लेकिन अपनी पानी की बोतल साथ ले जाना मेरी जीवनशैली और आदत का एक अभिन्न अंग बन गया है और इसने मेरे स्वास्थ्य में नाटकीय बदलाव ला दिया है।

अपने पानी को अच्छी भावना से ऊर्जावान बनाएँ: सुबह-सुबह मैं अपनी प्रार्थना, ध्यान और जप के लिए अड़तालीस मिनट का समय लेती हूँ। मेरी चाची ने मुझे एक छोटा चाँदी का गिलास उपहार में दिया था। उसी गिलास में मैं उबला हुआ पानी भर लेती हूँ, जो रात भर संगीत से ऊर्जावान बनाया गया है। मैं इस

पानी में इलायची के दाने डाल देती हूँ। इस गिलास को प्रार्थना करते हुए अपने सामने रख लेती हूँ। प्रार्थना के बाद, मैं अपने दिन की शुरुआत शुभ संकल्पों से भरे इस पानी से करती हूँ। उच्च ऊर्जा आवृत्ति वाले पानी आपके शरीर के बाकी हिस्सों में मौजूद जल को अपनी आवृत्ति बदलने की याद दिला सकती है। स्ट्रिंग सिद्धांत याद है? आपके शरीर के बाकी सभी जल अणु उस आवेशित जल की उच्च कंपन आवृत्ति पर कंपन करना शुरू कर सकते हैं, जिससे आपने अपना दिन शुरू किया था। यही वह सिद्धांत है, जिसका उपयोग मंदिर, गिरजाघर और मस्जिद जैसे कई धार्मिक स्थल पवित्र जल को ऊर्जावान बनाने और लोगों को आशीर्वाद देने के लिए करते हैं। आप हर सुबह अपने आप को उस जल का आशीर्वाद प्राप्त कर सकते हैं, जो दिन भर के लिए आपके अपने सकारात्मक संकल्पों से ऊर्जावान बनाया गया है।

अगर आपके पास प्रार्थना करने का समय नहीं है, तो आप एक गिलास पानी के साथ उच्च कंपन आवृत्ति या बीथोवेन की सिम्फनी (5 या 9) जैसा उपचारात्मक संगीत भी बजा सकते हैं और प्यास लगने पर पी सकते हैं। इसका आपके शरीर पर वैसा ही प्रभाव पड़ता है, जैसा औषधीय जल का पड़ता है।

प्रतिदिन जल शुद्धिकरण चक्र

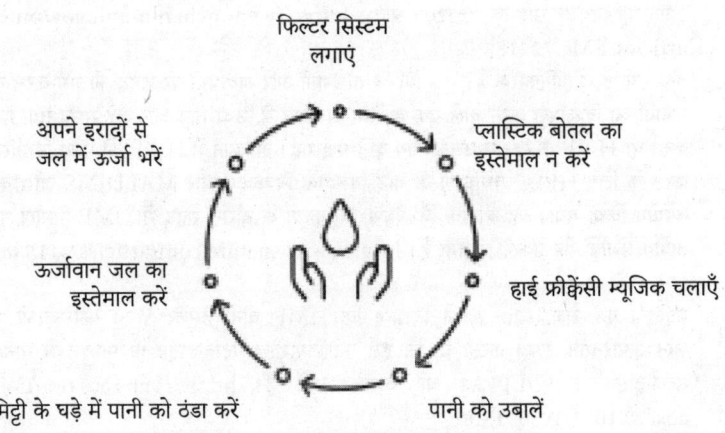

शहद की ऊर्जा

सभी खाद्य पदार्थों में शहद की कंपन आवृत्ति सबसे ज़्यादा, 54 मेगाहर्ट्ज़ होती है। फूल मिट्टी और सूर्य की ऊर्जा, पानी और पोषक तत्वों को अमृत में बदल देती हैं। मधुमक्खियाँ इसे इकट्ठा करती हैं, पचाती हैं और शहद में परिवर्तित करती हैं। यह हमारे शरीर को पोषण देता है, बलगम को बाहर निकालता है और शरीर को स्वस्थ बनाता है। शहद बोतलबंद होने तक, सूर्य की ऊर्जा के संपर्क में रहता है। इसमें नमी की मात्रा बेहद कम और अम्लता ज़्यादा होती है, जिससे बैक्टीरिया और फफूँदी का जीवित रहना असंभव हो जाता है। बैक्टीरिया और फफूँदी की विषाक्तता के कारण हमारे शरीर में होने वाली अधिकांश बीमारियों को अदरक, काली मिर्च, हल्दी, दालचीनी के साथ शहद के सेवन से ठीक किया जा सकता है। शहद औषधि है, भोजन नहीं। लेकिन गर्म करने पर वही औषधीय शहद मानव शरीर के लिए विषाक्त और ज़हरीला हो सकता है। गर्म करने पर शहद हाइड्रॉक्सी मिथाइल फ़ुरफ़्यूरल नामक एक रसायन छोड़ता है, जो एक संभावित ग्रेड 2 कार्सिनोजेन[14] है। हाइड्रॉक्सी मिथाइल फ़ुरफ़्यूरल और इसके मेटाबोलाइट्स की हाई डोज में उत्परिवर्तन या जीनोटॉक्सिक क्षमता[15] होती है। आप जो एक चम्मच शहद खाते हैं, उसे बनाने में मधुमक्खी को अपना पूरा जीवन लगा देना पड़ता है। यह एक दुर्लभ खाद्य पदार्थ है, इसलिए इसका सेवन ज़िम्मेदारी से करें।

---

14. ऊष्मा-जनित विषैले पदार्थ: 5-हाइड्रॉक्सीमिथाइलफुरफुरल के विषैले पहलू, इंटरनेशनल जर्नल ऑफ मॉलिक्यूलर साइंसेज, 2020। स्रोत : https://www.ncbi.nlm.nih.gov/pmc/articles/PMC7221839/

15. क्या गर्म शहद हानिकारक है? — विभिन्न तापमानों और अवधियों पर शहद को गर्म करने के प्रभावों का विश्लेषण करने वाले एक हालिया अध्ययन में, उच्च ताप और लंबे समय तक गर्म करने पर HMF के स्तर में उल्लेखनीय वृद्धि पाई गई। अध्ययन में HMF की मात्रा निर्धारित करने के लिए HPLC पृथक्करण के बाद विलायक निष्कर्षण और MALDIMS जाँच का उपयोग किया गया। यह व्यापक विश्लेषण प्रसंस्करण के दौरान शहद में HMF निर्माण पर तापीय प्रभावों पर प्रकाश डालता है। https://www.nature.com/articles/s41538-025-00431-w

    मोनियन एट अल. (2012) ने दिखाया कि HMF चीनी हैम्स्टर V79 कोशिकाओं में जीन उत्परिवर्तन उत्पन्न करता है, जो इस प्रतिक्रियाशील मेटाबोलाइट के माध्यम से मानव सल्फोट्रांसफेरेज़ SULT1A1 को व्यक्त करते हैं। https://pubs.acs.org/doi/abs/10.1021/tx300150n

फलों, मेवा और बीज की ऊर्जा

फलों की कंपन आवृत्ति सबसे अधिक 20 से 27 मेगाहर्ट्ज़ होती है। फल को अगर कच्चा खाया जाए, जैविक खेत में उगाया जाए और धूप में पकाया जाए, तो यह आवृत्ति और भी अधिक हो जाती है। इनमें पोषक तत्व प्रचुर मात्रा में होते हैं और ये ऊर्जा प्रदान करते हैं। फलों को सूर्य-आधारित खाद्य पदार्थ कहा जाता है और ये पौधे के सबसे पौष्टिक हिस्से होते हैं। पौधा सूरज की रोशनी, पानी और पोषक तत्वों को अवशोषित करता है। उनका चयापचय करता है और उन्हें फल में परिवर्तित करता है। फलभक्षी जीवों का पाचन तंत्र सबसे हल्का होता है। हमारे शरीर को फलों से पोषक तत्वों को पचाने, अवशोषित करने में तीन घंटे से भी कम समय लगता है। ये ऊर्जा प्रदान करने वाले खाद्य पदार्थ हैं, जो बच्चों और बीमारी से उबर रहे रोगियों को दिए जाने वाले खाद्य समूह हैं। फल खनिजों, विटामिन, एंटीऑक्सीडेंट, फ्लेवोनोइड्स और फाइटोन्यूट्रिएंट्स से भरपूर होते हैं। फल हमारी मृत्यु दर कम कर सकते हैं। ये कोरोनरी हृदय रोग और मधुमेह जोखिम को कम करते हैं। स्तन कैंसर जैसे विभिन्न प्रकार के कैंसर के जोखिम को कम करते हैं और संज्ञानात्मक स्वास्थ्य में सुधार करते हैं।

मेवा और बीजों की कंपन आवृत्ति 10 से 15 मेगाहर्ट्ज़ होती है। जब इन्हें इनके मूल रूप में, बिना नमक डाले या भूने खाया जाता है, तब इनकी आवृति बढ़ जाती है। जब आप इन्हें भूनते हैं या नमक डालते हैं, तो इनकी कंपन आवृत्ति कम हो जाती है। मेवों में फाइटिक एसिड, पौधों का प्राकृतिक रक्षा तंत्र, को कम करने के लिए आप मेवों और बीजों को रात भर या एक घंटे के लिए भिगो सकते हैं। मेवे और बीज प्रोटीन का अच्छा स्रोत हैं और दैनिक प्रोटीन की आवश्यकता पूरी करने में मदद करते हैं।

सब्ज़ियों और साबुत अनाज की ऊर्जा

ताज़ी सब्ज़ियों की कंपन आवृत्ति भी 15 से 22 मेगाहर्ट्ज़ तक होती है। ये ऊर्जा से भरपूर होती हैं। ये हमारे शरीर को शारीरिक गतिविधियों को चलाने के लिए पोषक तत्व, खनिज और रफेज प्रदान करती हैं। सब्जियों को उबाल कर, भांप

में पका कर या हल्का पका कर ही खाएँ, ताकि आसानी से पाचन हो सके। याद रखें कि पौधे नहीं चाहते कि कोई उन्हें खाए, इसलिए अगर आप उन्हें कच्चा खाते हैं, तो वे हमारे शरीर में गैस छोड़ते हैं, ताकि वे अपने शिकारी को नुकसान पहुँचा सकें। दुर्भाग्य से ऐसे मामलों में हम खुद ही यानी इंसान ही शिकारी होता है। आप ब्रोकली, हरी मटर, आर्टिचोक, स्क्वैश, पालक, केल, कोलार्ड ग्रीन्स, अजवाइन, पत्तागोभी, फूलगोभी, ब्रसेल्स स्प्राउट्स, फ्रेंच बीन्स, टमाटर, नींबू, खीरा, शतावरी, गाजर और कई अन्य फल खा सकते हैं। यह सूची अंतहीन है। स्थानीय रूप से उगाए गए मौसमी फल और सब्ज़ियों का सेवन करें, क्योंकि इनमें स्थानीय बैक्टीरिया होते हैं, जो हमारे पेट के स्वास्थ्य, पाचन और प्रतिरक्षा में सहायक होते हैं। हमारे शरीर को सब्ज़ियों से पोषक तत्वों को पचाने और अवशोषित करने में लगभग छह घंटे लगते हैं।

जब साबुत अनाज को बिना प्रोसेस्ड किए खाया जाता है, तब इसकी कंपन आवृत्ति 5 से 10 मेगाहर्ट्ज़ के बीच होती है। प्रोसेस्ड अनाज में कंपन आवृत्ति कम या बिल्कुल नहीं होती है। पीसने की प्रक्रिया के दौरान इसका चोकर नष्ट हो जाता है। इस वजह से अधिकांश विटामिन और खनिज ख़त्म हो जाते हैं। प्रोसेस्ड अनाज खाने पर आपके पास केवल एंडोस्पर्म बचता है, जो स्टार्च होता है। ये लंबे समय में मोटापा, वज़न बढ़ना, टाइप 2 डायबिटीज़ का ख़तरा, हृदय रोग, आँत संबंधी स्वास्थ्य समस्याएँ समेत कई अन्य स्वास्थ्य समस्याओं का ख़तरा बढ़ा सकते हैं। प्रोसेस्ड अनाज आँत के स्वास्थ्य के लिए नुकसानदायक होते हैं। लेकिन, साबुत और अनप्रोसेस्ड अनाज शरीर के लिए पौष्टिक और स्वास्थ्यवर्धक होते हैं। ये भूमध्यसागरीय एशियाई, दक्षिण अमेरिकी, अफ़्रीकी आहार से लेकर हर आहार का हिस्सा हैं और दुनिया भर की खाद्य संस्कृति का हिस्सा हैं। ये ज़रूरी पोषक तत्व, **बी कॉम्प्लेक्स विटामिन**, माइक्रो मिनरल्स, फ़ाइबर, कार्बोहाइड्रेट और प्रोटीन प्रदान करते हैं, को बिगाड़ते हैं। इन सबका हमारे शरीर को मांसपेशियों, ऊतकों, दांतों, नाखूनों और बालों के निर्माण के लिए आवश्यकता होती है। आप बराबर मात्रा में विभिन्न प्रकार के अनाज चुन सकते हैं। अच्छा यह होगा कि अपनी रसोई में हमेशा कार्बोहाइड्रेट के सात और प्रोटीन के सात स्रोत रखें। प्रतिदिन एक प्रकार का अनाज खाएँ और इसे हफ़्ते में एक बार दोहराएँ। इस तरह आप महीने में केवल चार बार अनाज का

सेवन करेंगे। आप विभिन्न प्रकार के अनाज खाएँगे और इस प्रकार अपने शरीर को पोषण देंगे। हमारे शरीर को साबुत अनाज से पोषक तत्वों को पचाने और अवशोषित करने में लगभग 18 घंटे लगते हैं।

कार्बोहाइड्रेट: आप चावल की विभिन्न किस्मों का सेवन कर सकते हैं। जैसे, सफ़ेद चावल, लाल चावल, काला चावल, भूरा चावल, बासमती चावल, उबला चावल, चिपचिपा चावल, जापानी चावल, रिसोट्टो चावल। अपने भोजन में प्रतिदिन एक से दो कप बाजरा शामिल करें। आप विभिन्न प्रकार के बाजरा जैसे फॉक्सटेल बाजरा (काकुम/कंगनी), प्रोसो बाजरा (चेना/बर्री), सोरघम बाजरा (ज्वार), फिंगर बाजरा (रागी), पर्ल बाजरा (बाजरा), ब्राउनटॉप बाजरा (कोरले), बार्नयार्ड बाजरा (सानवा), लिटिल बाजरा (मोरायो), कोदो बाजरा, बकव्हीट बाजरा (कुट्टू), अमरंथ बाजरा (राजगिरा), फोनियो बाजरा और गिनी बाजरा में से कोई एक चुन सकते हैं। प्रोसेस्ड कार्बोहाइड्रेट, जैसे मैदा, सफ़ेद चावल, पास्ता, पिज्ज़ा, बर्गर, पेस्ट्रीज, केक, कुकीज, स्वीट्स आदि से बचें, क्योंकि वे खाने के बाद ब्लड शुगर लेवल बढ़ाते हैं।

पौधे से मिलने वाले प्रोटीन को सबसे हेल्दी माना जाता है। वजह यह है कि इनमें पशु-आधारित प्रोटीन की तरह कोई अवशेष या कोशिकीय रोग नहीं होते। इन्हें रात भर भिगोकर रखें और फाइबर प्राप्त करने के लिए इन्हें सब्ज़ियों के साथ पकाएँ। आप कई तरह की फलियाँ, दालें आदि भी ले सकते हैं। जैसे, राजमा, काली दाल, छोले, मसूर दाल, मूंग दाल, तूअर दाल, चना दाल, राजमा, मोठ दाल, काला चना और काली मसूर।

डेयरी, अंडे, मांस और समुद्री भोजन की ऊर्जा

डेयरी और अंडों की कंपन आवृत्ति 3 से 7 मेगाहर्ट्ज के बीच होती है। ये खाद्य पदार्थ सूजन पैदा करने वाले भी होते हैं। हमारा शरीर पशु-आधारित प्रोटीन की तुलना में पादप-आधारित प्रोटीन को बेहतर तरीके से पचाता है। अंडे को प्रोटीन का एक आसान स्रोत माना जाता है, लेकिन इनमें कोलेस्ट्रॉल भी होता है। एक अंडे में 200 मिलीग्राम कोलेस्ट्रॉल होता है। जबकि प्रतिदिन 300 मिलीग्राम से कम कोलेस्ट्रॉल का सेवन सीमित करने की सलाह दी जाती है। दिन में दो

अंडे खाने से आपका कोलेस्ट्रॉल का दैनिक सेवन तुरंत बढ़ जाएगा। हालाँकि अंडे प्रोटीन का एक आसान स्रोत लग सकते हैं, लेकिन हार्वर्ड, स्टैनफोर्ड जैसे कई प्रमुख संस्थान बेहतर स्वास्थ्य, कम सेचुरेटेड फैट और पुरानी बीमारियों के कम जोखिम के लिए फलियाँ, मेवे, बीज, साबुत अनाज जैसे पौधे आधारित प्रोटीन सेवन की सलाह देते हैं। मुझे याद है कि हमारी एक क्लाइंट, जो एक बड़ी बहुराष्ट्रीय कंपनी की मुख्य वित्तीय अधिकारी थी, को पौधे आधारित आहार पर रखा गया था। उसके शरीर की कई बीमारियाँ ठीक हो गईं और पहली बार उसका वजन सात किलोग्राम कम हुआ। लेकिन जैसे ही उन्होंने अपने आहार में अंडे शामिल किए, एक महीने में केवल दस बार अंडे खाने से ही उनका कोलेस्ट्रॉल बढ़ गया।[16]

मैं कई कारणों से डेयरी उत्पादों की सलाह नहीं देती। गायों को दूध उत्पादन बढ़ाने के लिए ग्रोथ बोवाइन हार्मोन के इंजेक्शन दिए जाते हैं। इसके अलावा, बीमारियों से बचाव के लिए कई तरह के एंटीबायोटिक्स दिए जाते हैं, क्योंकि उन्हें कई जानवरों के साथ बंद जगहों में रखा जाता है। गायें बेहद संवेदनशील जीव होती हैं और जब उन्हें बछड़ों से अलग किया जाता है, तो वे दूध में कोर्टिसोल, मवाद, रक्त और हार्मोन छोड़ती हैं। दुनिया भर के ज़्यादातर स्त्री रोग विशेषज्ञ, जिन्होंने बीमारियों में पोषण की भूमिका को समझा है, पीसीओएस, पीसीओडी, हार्मोनल स्वास्थ्य समस्याओं, फाइब्रॉएड, सिस्ट, एंडोमेट्रियोसिस या बांझपन जैसी बीमारियों के लिए तुरंत दूध और डेयरी उत्पादों को आहार से हटाने की सलाह देंगे।

इसके अलावा, हार्वर्ड द्वारा 12 साल तक किया गया एक दिलचस्प अध्ययन था। इसमें उन्होंने 78,000 महिलाओं का अध्ययन किया और पाया कि जो महिलाएँ प्रतिदिन एक या एक से ज़्यादा गिलास दूध पीती थीं, उनमें कूल्हे के

---

16. हार्वर्ड पब्लिक हेल्थ, व्यक्तिगत स्वास्थ्य और पर्यावरणीय स्थिरता दोनों के लिए, आहार में पादप प्रोटीन जैसे बीन्स, दालें, मेवे, बीज, सोया (टोफू, एडामे, टेम्पेह) और साबुत अनाज को शामिल करने के महत्व पर ज़ोर देता है। ये खाद्य पदार्थ प्रोटीन के अलावा, फाइबर और स्वस्थ वसा सहित महत्वपूर्ण पोषक तत्व भी प्रदान करते हैं। स्रोत:
https://www.health.harvard.edu/healthbeat/planning-a-plant-based-diet

फ्रैक्चर की घटना उन महिलाओं की तुलना में ज़्यादा थी, जो शायद ही कभी दूध पीती थीं। एक और स्वतंत्र स्वीडिश अध्ययन में पाया गया कि ज़्यादा दूध का सेवन हड्डियों के फ्रैक्चर की घटनाओं में ज़्यादा वृद्धि से जुड़ा था। इसके अलावा, 41 अन्य रैंडम टेस्ट में पाया गया कि कैल्शियम के अधिक सेवन का शरीर के वजन या शरीर की चर्बी पर कोई खास असर नहीं पड़ता। जापान जैसे देशों में जहाँ डेयरी उत्पादों का सेवन कम है, लेकिन शारीरिक गतिविधि ज़्यादा है, वहाँ कूल्हे के फ्रैक्चर की दर कम देखी गई।[17]

हालाँकि, डेयरी उत्पादों को कैल्शियम के बेहतरीन स्रोत के रूप में बताया जाता रहा है, लेकिन ज़रूरी नहीं कि वे शरीर द्वारा अवशोषित हो जाएँ। डेयरी उत्पादों से कैल्शियम की अवशोषण दर लगभग 30% है।

इसका कारण यह है कि पशु से प्राप्त प्रोटीन के प्रत्येक 40 ग्राम सेवन से हमारा शरीर मूत्र के रास्ते 50 मिलीग्राम कैल्शियम निकाल देता है।[18] इस प्रकार, जो लोग अधिक मात्रा में पशु प्रोटीन का सेवन करते हैं, उनमें कैल्शियम की कमी और यहाँ तक कि मूत्र में कैल्शियम जमा होने का जोखिम भी अधिक होता है। आयुर्वेद में पशु प्रोटीन को तामसिक माना जाता है। यह हमारी जीवन ऊर्जा को कम कर सकता है।

आप पत्तेदार साग, कोलार्ड साग, बादाम, टोफू और तिल जैसे कैल्शियम युक्त खाद्य पदार्थों को अपने आहार में शामिल कर सकते हैं। तिल कैल्शियम के सर्वोत्तम स्रोतों में से एक हैं। प्रत्येक 100 ग्राम तिल में 975 मिलीग्राम कैल्शियम होता है, जबकि 100 मिलीलीटर दूध में 125 मिलीग्राम कैल्शियम होता है। यानी, तिल में दूध की तुलना में 7-10 गुना अधिक कैल्शियम होता है। आप तिल को रात भर भिगोकर उनसे दूध भी निकाल सकते हैं। आप इससे हेल्दी मीठे व्यंजन जैसे तिल को गुड़ में लपेटकर खा सकते हैं।

---

17. दूध, आहार कैल्शियम, और महिलाओं में हड्डियों के फ्रैक्चर: एक 12-वर्षीय संभावित अध्ययन। स्रोत: https://pubmed.ncbi.nlm.nih. gov/9224182.
18. अमेरिकन जर्नल ऑफ क्लिनिकल न्यूट्रिशन में प्रकाशित 1998 के एक अध्ययन में पाया गया कि अधिक पशु प्रोटीन का सेवन पुरुषों और महिलाओं दोनों में मूत्र में कैल्शियम उत्सर्जन में वृद्धि से संबंधित है, जिससे पता चलता है कि आहार में पशु प्रोटीन की अधिकता, विशेष रूप से सल्फर युक्त अमीनो एसिड से भरपूर, मूत्र में कैल्शियम की कमी को बढ़ा सकती है। स्रोत: https://pubmed.ncbi.nlm.nih.gov/9497187/

डेयरी उत्पादों की जगह नारियल दूध, बादाम दूध जैसे वनस्पति आधारित दूध का भी सेवन कर सकते हैं। इनकी कंपन आवृत्ति 10 से 27 मेगाहर्ट्ज़ तक होती है और दीर्घकालिक दुष्प्रभावों के बिना अधिक स्वास्थ्य लाभ प्रदान करते हैं। ऑक्सालेट के उच्च सेवन से बचने के लिए बादाम दूध का सेवन सीमित मात्रा में (प्रतिदिन 10-15 बादाम) करें। आप प्रतिदिन एक से दो गिलास नारियल दूध का सेवन कर सकते हैं। ओट मिल्क का सेवन सीमित करना ही बेहतर है, क्योंकि यह कार्बोहाइड्रेट से भरपूर अनाज है और यह आपके शुगर लेवल को बढ़ा सकता है। सोया दूध से बचना ही बेहतर है, क्योंकि यह प्रोसेस्ड सोया होता है और इसका दूध निकालने के लिए रसायनों का इस्तेमाल करने वाली फ़ैक्टरी प्रक्रिया से इसे गुजारा जाता है। अगर आपके पास ऑर्गेनिक सोया उपलब्ध है, तो आप घर पर बना सोया दूध और टोफू खा सकते हैं।

मांस और समुद्री भोजन में ऊर्जा की कमी के कारण इसकी कंपन आवृत्ति 0 से 5 मेगाहर्ट्ज़ के बीच होती है। याद रखें, जानवरों को कैंसर होता है, पौधों को नहीं। जानवरों को भी इंसानों की तरह ही कई तरह की जटिल बीमारियाँ होती हैं। जैसे थायराइड, मधुमेह, कैंसर, रक्तचाप, सूजन, संक्रमण, मवाद, मानसिक स्वास्थ्य समस्याएँ, आघात आदि। वे जिस तरह से बाड़े में रखे जाते हैं और जब उन्हें काटा जाता है, तब वे कोर्टिसोल छोड़ते हैं। वे इस नकारात्मक स्मृति को अपने शरीर में जमा कर लेते हैं। जब आप मांस खाते हैं, तो आप उस जानवर की रोगग्रस्त कोशिकाओं, उन दर्दनाक यादों और आघातों से उत्पन्न नकारात्मक ऊर्जाओं को भी ग्रहण करते हैं, जिनसे जानवर गुज़रा था। हमारे शरीर को इन सभी रोगग्रस्त कोशिकाओं और नकारात्मक ऊर्जा से लड़ने के लिए कड़ी मेहनत करनी पड़ती है। इसे पचाने के क्रम में रोगाणुओं और संक्रमणों से हमारा शरीर लड़ता है। यही कारण है कि हार्वर्ड, स्टैनफोर्ड, अमेरिकन कैंसर सोसाइटी, अमेरिकन हार्ट एसोसिएशन, दुनियाभर के ब्लू ज़ोन, जहाँ सौ साल से ज़्यादा जीने वाले लोगों की आबादी है, आयुर्वेद, प्राकृतिक चिकित्सा आदि पौधों से प्राप्त भोजन को प्राथमिकता देते हैं। शरीर वनस्पति-आधारित खाद्य पदार्थों को पचाने में कम ऊर्जा और समय खर्च करता है। हमारे शरीर को पशु-आधारित खाद्य पदार्थों से पोषक तत्वों को पचाने और अवशोषित करने में लगभग अड़तालीस से बहत्तर घंटे लगते हैं, जो लंबे समय में हमारी आँतों पर

दबाव डालता है। जैसे-जैसे हमारी उम्र बढ़ती है, हमारे लिए स्वाभाविक रूप से वनस्पति-आधारित आहार अपनाना आसान हो जाता है।[19]

डिब्बाबंद और प्रोसेस्ड फ़ूड की कंपन आवृत्ति 0 हर्ट्ज़ होती है। असल में ये मृत खाद्य पदार्थ होते हैं, जो बस आपका पेट भरके भूख मिटाते हैं, लेकिन हमारी उपचार प्रक्रिया में योगदान नहीं देते।

जब आप बीमार हों या उपचार या आध्यात्मिक यात्रा पर हों, तो अपने दैनिक आहार में संपूर्ण खाद्य वनस्पति आधारित आहार शामिल करें। इसमें मध्यम आकार के दो कटोरे फल, मध्यम आकार की दो कटोरी सब्जी और दो कटोरे बाजरा, साबुत अनाज, फलियाँ और दालें शामिल होनी चाहिए।

जब आप खाना खाते हैं, तो अपने आप से एक सरल प्रश्न पूछें:

क्या मैं स्वस्थ रहने के लिए भोजन कर रहा हूँ
या अपनी बीमारी को चारा दे रहा हूँ?

इस प्रश्न के उत्तर से आप जान सकेंगे कि आप क्या खाते हैं, खाना कहाँ से पाते हैं, कैसे उसे संग्रहीत करते हैं और कैसे पकाते हैं। दीर्घायु और अच्छे स्वास्थ्य का रहस्य पौधा-आधारित आहार, खेत से लेकर मेज तक के खाद्य पदार्थ, पृथ्वी और सूर्य से प्राप्त खाद्य पदार्थ हैं। अगर आप अपनी खान-पान की आदतों को आयुर्वेदिक एनर्जी क्लॉक के अनुरूप ढाल सकते हैं, तो आप अपने पाचन को बेहतर बना पाएँगे। पोषक तत्व को अवशोषित कर पाएँगे और बिना किसी परेशानी के चयापचय कर पाएँगे। हमने पिछली पुस्तक में विस्तार से चर्चा की है कि अपने शरीर के प्रकार की पहचान कैसे करें। यानी, आपके शरीर का बायोलॉजिकल प्रिंट, आपके शरीर के लिए विशिष्ट तत्व और बेहतर स्वास्थ्य

---

19. पादप-आधारित आहार के लाभों पर शोध:
 हार्वर्ड टी.एच. चैन स्कूल ऑफ पब्लिक हेल्थ: https://www.health. harvard.edu/blog/what-is-a-plant-based-diet-and-why-shouldoutry-it-2018092614760 अमेरिकन कैंसर सोसाइटी: https://www.cancer.org/cancer/riskprevention/diet-physical-activity/acs-guidelines-nutritionphysicalactivity-cancer-prevention/guidelines.html स्टैनफोर्ड सेंटर ऑन लॉन्गविटी: https://longevity.stanford.edu/research-update-on-diet/

बनाए रखने के लिए अपने आहार को कैसे डिज़ाइन करें। अगर आपने पिछली किताब नहीं पढ़ी है, तो मैं आपसे आग्रह करूँगी कि आप इस किताब का प्रीक्वल पढ़ने पर विचार करें, क्योंकि यह व्यक्तिगत पोषण की नींव रखता है।

भोजन का वाइब्रेशनल फ्रीक्वेंसी स्वास्थ्य और ऊर्जा स्तर को प्रभावित करता है

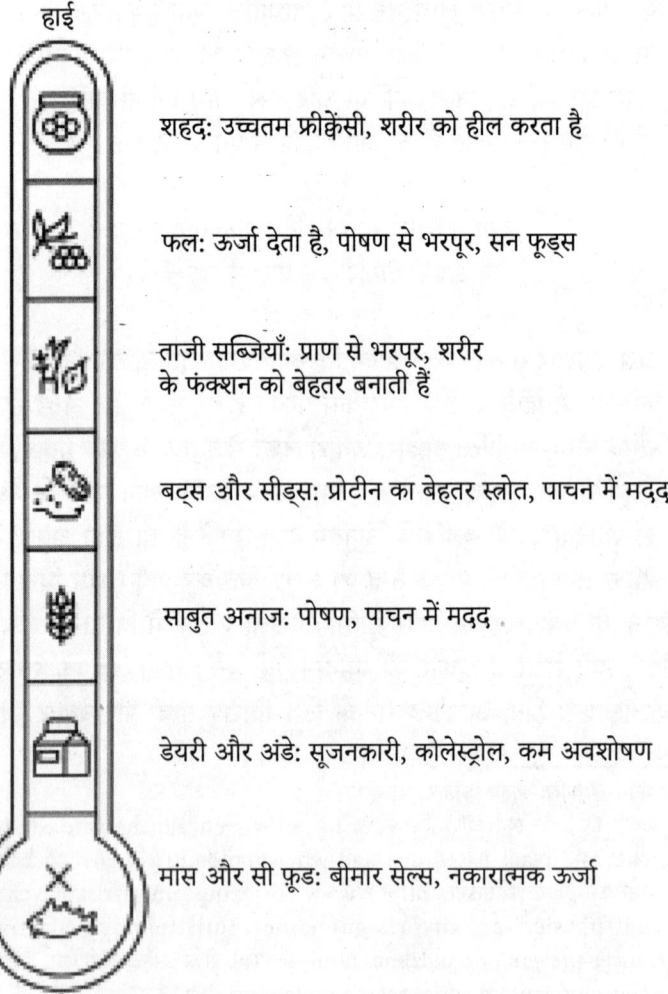

हाई
शहद: उच्चतम फ्रीक्वेंसी, शरीर को हील करता है
फल: ऊर्जा देता है, पोषण से भरपूर, सन फूड्स
ताजी सब्जियाँ: प्राण से भरपूर, शरीर के फंक्शन को बेहतर बनाती हैं
बट्स और सीड्स: प्रोटीन का बेहतर स्त्रोत, पाचन में मदद
साबुत अनाज: पोषण, पाचन में मदद
डेयरी और अंडे: सूजनकारी, कोलेस्ट्रोल, कम अवशोषण
मांस और सी फूड: बीमार सेल्स, नकारात्मक ऊर्जा
लो

ऐसे फूड्स चुनें जो स्वास्थ्य और जीवन शक्ति दे

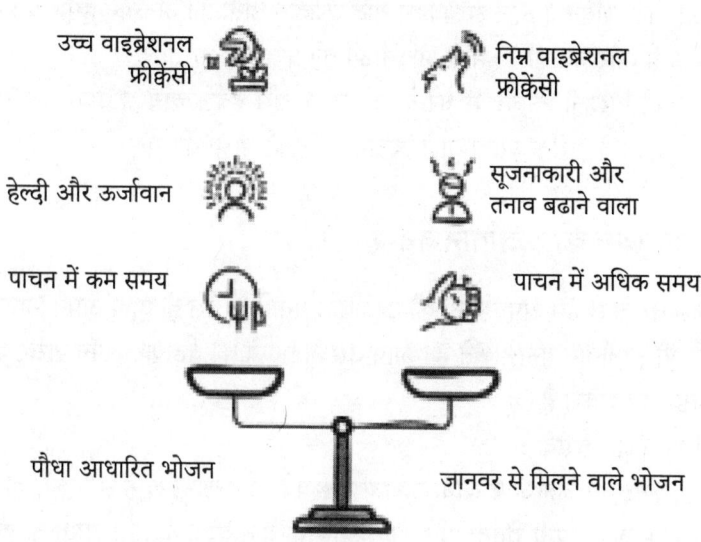

उच्च वाइब्रेशनल फ्रीक्वेंसी

निम्न वाइब्रेशनल फ्रीक्वेंसी

हेल्दी और ऊर्जावान

सूजनाकारी और तनाव बढाने वाला

पाचन में कम समय

पाचन में अधिक समय

पौधा आधारित भोजन

जानवर से मिलने वाले भोजन

पौधा-आधारित खाना कैसे खाएँ, ताकि ब्लोटिंग (पेट फूलना) न हो

बेहतर पाचन के लिए सब्ज़ियों को हल्का पकाएँ, उबालें, भाप में पकाएँ या भून लें। जब आप सब्जी आदि कच्चा खाते हैं, तो वे आपके शरीर में गैस छोड़ते हैं, ताकि वे परजीवी को निष्क्रिय कर सकें। खाना पकाने की प्रक्रिया के दौरान, हम उन फाइटोकेमिकल्स को शरीर से बाहर निकाल पाते हैं। मसाले और जड़ी-बूटियाँ हमारे पाचन स्वास्थ्य को बेहतर बनाती हैं। ये हमें अधिक सौर ऊर्जा और जीवन शक्ति प्रदान करती हैं, जिससे रोग-प्रतिरोधक क्षमता बढ़ती है। आपका पेट भोजन को पचाने में जितना कम समय लगाता है, उसे आपके दूसरे मस्तिष्क कार्य करने के लिए उतना ही अधिक समय मिलता है, जिससे आपको अपना काम करने के लिए सहज बुद्धि मिलती है। याद रखें, पिछली किताब से हम पहले

ही समझ चुके हैं कि हमारे पेट का हमारे मानसिक, भावनात्मक और आध्यात्मिक स्वास्थ्य पर क्या प्रभाव पड़ता है। आपका पेट आपका दूसरा दिमाग है। यहीं पर हमारी भावनाएँ और अधिकांश यादें संग्रहीत होती हैं। अंतर्ज्ञान हमारे पेट से आता है और यह सीधे हमारी भावनाओं को प्रभावित करता है।

मैंने पिछली किताब में घर के बने पानी और हर्बल चाय से अपने पेट को ठीक करने के तरीके बताने वाले व्यंजन की चर्चा साझा की थी।

अपने खाने को ऊर्जावान बनाएँ

जिस तरीके से हम अपने पानी को ऊर्जावान बनाते हैं, वैसे ही आप अपने भोजन को भी ऊर्जावान बना सकते हैं। आप उसकी कंपन को बढ़ाकर अपने शरीर को स्वस्थ कर सकते हैं।

तीन आसान तरीके :

कृतज्ञता: जब आप खाना पकाना शुरू करें और खाना खाने से पहले, थोड़ी देर साँस लें। अपनी चेतना और आस-पास के वातावरण के प्रति जागरूक हों। उन किसानों के प्रति कृतज्ञता व्यक्त करें, जिन्होंने इस भोजन को उगाने के लिए अपना खून-पसीना एक किया। प्रकृति माँ के प्रति कृतज्ञता व्यक्त करें, जो उन्होंने हमें प्रचुर मात्रा में खाद्य पदार्थ प्रदान किया है। उन सभी लोगों के प्रति कृतज्ञता व्यक्त करें, जिन्होंने इस भोजन को आप तक पहुँचाया। उन हाथों के प्रति भी आप कृतज्ञ हों, जिन्होंने भोजन तैयार किया। मुझे खाना बनाते समय बैकग्राउंड में म्यूजिक बजाना बहुत पसंद है। यह एक बेहतर माहौल बनाने में मदद करता है। यह हमारे मूड और भोजन पर भी असर डालता है। दलिया, एक कटोरी सूप या सिर्फ़ एक कटोरी सलाद जैसा साधारण भोजन भी आपके शरीर, मन और आत्मा के लिए स्वादिष्ट और पौष्टिक बन जाएगा। यह सरल कार्य आपके भोजन को ऊर्जावान बना देगा!

सचेतन भोजन: खाते समय, अपनी उँगलियों से भोजन की बनावट और गर्माहट को महसूस करें। अपनी नजर, गंध और श्रवण इंद्रियों का उपयोग करके भोजन के स्वाद और रंगों को समझें। इससे आपका मस्तिष्क और आँत भोजन के साथ बेहतर ढंग से जुड़ पाते हैं। सचेतन होकर खाने से यह भोजन

के साथ आपके जुड़ाव को बढ़ाती है और हर निवाले को अधिक पौष्टिक और आनंददायक बनाती है।

प्रकृति से जुड़ें: अपने बच्चों को खाद्यान्न बाज़ार, खेतों में ले जाएँ। उन्हें दिखाएँ कि उनका उत्पाद कैसे उगाया जाता है। इससे कृतज्ञता की भावना पैदा होती है और उन्हें बाहरी वातावरण और प्रकृति से बेहतर ढंग से जुड़ने में मदद मिलती है। मिट्टी में खेलने से बैक्टीरिया का आदान-प्रदान होता है, जिससे आँत का स्वास्थ्य और बैक्टीरिया की विविधता भी बढ़ती है। इससे खाद्य इंटोलेरेंस कम होती है। हम खाद्य पदार्थों के प्रति इंटोलेरेंट होते जा रहे हैं, क्योंकि हमारे पास उस विशेष भोजन को पचाने के लिए आवश्यक बैक्टीरिया की कमी होती है। उदाहरण के लिए, शहरों में रहने वालों में लैक्टेज नामक बैक्टीरिया की कमी होती है, जिससे उन्हें लैक्टोज (दूध) पचाने में मुश्किल होती है।[20] दूसरी तरफ, ग्रामीण इलाकों में रहने वाले लोग मवेशियों के साथ बैक्टीरिया का आदान-प्रदान करते रहते हैं। प्रकृति में समय बिताने से आपकी ऊर्जा, कंपन, प्रकृति के साथ जुड़ाव और आपके गट हेल्थ में सुधार होता है।

उच्च कंपन वाले खाद्य पदार्थ लेने से शरीर और मन को पोषण मिलता है। ताज़े, जैविक खाद्य पदार्थों का चयन करें। कारखानों में प्रोसेस्ड या पैक खाद्य पदार्थ को ना कहे। ऐसे खाद्य पदार्थ चुनें, जो खेत से खाने की मेज तक पहुँचते हैं। ऐसे वनस्पति-आधारित खाद्य पदार्थ चुनें, जो सूर्य की ऊर्जा और पृथ्वी के कंपन से भरपूर हों। उच्च कंपन वाले खाद्य पदार्थ चुनकर, आप खाद्य पदार्थों के साथ अपने जुड़ाव को और भी बेहतर बनाते हैं और हर दिन अधिक जीवंत महसूस करेंगे!

---

20. ''ग्रामीण और शहरी बच्चों के एक समूह में दूध लैक्टोज़ असहिष्णुता से अंधेपन के लिए अध्ययन।' स्रोत: https://pubmed.ncbi.nlm.nih.gov/6892751/

ऊर्जावान भोजन का चक्र

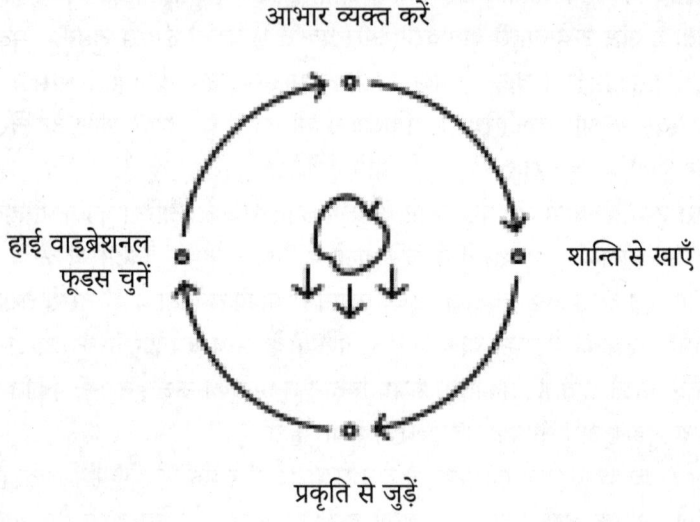

रंगों के आधार पर खाद्य पदार्थों की ऊर्जा

प्रकृति हमसे संवाद करने के लिए रंगों का भी इस्तेमाल करती है। यहाँ खाद्य पदार्थों के कलर कोड और उनसे मिलने वाले पोषक तत्व की जानकारी दी गई हैं।

शरीर को स्वस्थ रखने के लिए रेनबो (इंद्रधनुष) कलर कोड का इस्तेमाल करें।

हरी सब्ज़ियाँ सल्फोराफेन, आइसोसाइनेट और इंडोल्स का एक समृद्ध स्रोत होती हैं। इनमें कैंसर को रोकने वाले केमिकल्स होते हैं। पालक, अजवाइन, केल, धनिया, करी पत्ता, रोमेन, लेट्यूस, कीवी, हरी शिमला मिर्च, बीन्स, मटर और लौकी जैसी सब्ज़ियाँ ऐसी ही हैं। इनमें ल्यूटिन, ज़ेक्सैंथिन, आइसोफ्लेवोन्स और ईजीसीजी भी होते हैं। ये आँखों, धमनियों, फेफड़ों के हेल्थ, लीवर फंक्शन, सेल्स हेल्थ, घाव भरने और मसूड़ों के हेल्थ को बेहतर बनाने में मदद करते हैं।

पीली और नारंगी सब्जियों में बीटा क्रिप्टोथैनक्सिन, बीटा कैरोटीन और अल्फा कैरोटीन नामक फाइटोन्यूट्रिएंट्स की उच्च मात्रा होती है, जो इंट्रासेल्युलर कम्युनिकेशन का समर्थन करते हैं। ये हृदय रोग की संभावना को कम करते हैं, प्रतिरक्षा शक्ति में सुधार करते हैं। गाजर, संतरे, पपीता, केला और पीली शिमला मिर्च इसके उदाहरण हैं।

नीले और बैंगनी खाद्य पदार्थों में एंथोसायनिन की मात्रा अधिक होती है, जो उम्र बढ़ने की दर को कम करने में मदद कर सकते हैं। ये रक्त के थक्के बनने से रोकते हैं। इस तरह ये हार्ट हेल्थ बेहतर बनाते हैं। ये आपके ब्रेन हेल्थ और संज्ञान में सुधार करते हैं। ब्लूबेरी, शहतूत, बैंगनी गोभी, बैंगन, काले अंगूर और ऐसे ही खाद्य पदार्थ हैं। इन खाद्य पदार्थों में रेस्वेराट्रोल, एंथोसायनिडिन, फेनोलिक्स और फ्लेवोनोइड्स भी होते हैं, जो हार्ट, ब्रेन, बॉन हेल्थ के लिए अच्छे होते हैं। ये कैंसर से लड़ने और स्वस्थ रखने की प्रक्रिया में भी मदद करते हैं।

स्वास्थ्य का रंगीन प्लेट

सफेद और ब्राउन सब्जियाँ
इसमें एंटी-ऑक्सीडेंट और कैल्शियम होता है, हड्डी और हार्ट हेल्थ में मदद करता है
हरी सब्जियाँ
कैंसर रोकने वाले केमिकल्स से भरपूर, कई हेल्थ फंक्शन में मदद
लाल सब्जियाँ
लाइकोपीन और कैरोटेनोइड्स से भरपूर, हार्ट और लंग्स की सुरक्षा
पीली और नारंगी सब्जियाँ
फाइटोन्यूत्रिएन्ट्स से भरपूर, इम्यून फंक्शन को समर्थन देता है
बैंगनी और नीले फूड्स
एंथोसाय्नेनिस से भरपूर, जो उम्र बढ़ने की प्रक्रिया को धीमा करते है. हार्ट और ब्रेन हेल्थ को सपोर्ट करते हैं

लाल रंग की सब्जी में बहुत अधिक मात्रा में कैरोटीनॉयड होती है, जो एक शक्तिशाली सफाई करने वाला एजेंट है। यह फ्री रेडिकल्स को नष्ट करता है। इनमें लाइकोपीन भी होता है, जो हृदय और फेफड़ों की बीमारी को रोकने में मदद करता है और प्रोस्टेट कैंसर से बचाता है। पके हुए टमाटर, लाल शिमला मिर्च, लाल अंगूर, लाल मिर्च, चौलाई के साग (लाल साग), स्ट्रॉबेरी, अनार, चेरी और आलूबुखारे इसके शानदार उदाहरण हैं। इनमें एलाजिक एसिड, क्वेरसेटिन, हेस्परिडिन और एंथोसायनिडिन होते हैं, जो डीएनए स्वास्थ्य, यूरिनरी ट्रैक्ट, प्रोस्टेट और हार्ट हेल्थ में सुधार करते हैं।

मशरूम जैसी सफ़ेद और भूरी सब्जियों में क्वेरसेटिन और केम्पफेरोल जैसे एंटीऑक्सीडेंट फ्लेवोनोइड होते हैं। लहसुन, सफ़ेद गोभी, काजू में एलिसिन, क्वेरसेटिन, इंडोल, ग्लूकोसाइनोलेट्स होते हैं। इनमें दूध की तुलना में सात से आठ गुना अधिक कैल्शियम होता है।

आकार के आधार पर खाद्य पदार्थों की ऊर्जा

यहाँ उन खाद्य पदार्थों की सूची दी गई है, जो मानव अंगों से मिलते-जुलते हैं:

प्रकृति ने ऐसे सुपरफूड बनाए हैं, जिनका आकार मानव शरीर अंग जैसा होता है और वे उस अंग विशेष के बेहतर हेल्थ के लिए इस्तेमाल किए जा सकते हैं। प्रकृति ऊर्जा, रंगों, आकृतियों और कंपनों के माध्यम से हमारी आँतरिक प्राकृतिक बुद्धि से संवाद करती है। यह हम पर निर्भर है कि हम उन संदेशों को समझें और प्रकृति की शक्ति से अपने शरीर को स्वस्थ करें।

टमाटर को काटने पर, उसका इंटरनल सेक्शन हार्ट शेप जैसा होता है। टमाटर लाइकोपीन का एक समृद्ध स्रोत हैं, जिसमें कैंसर से लड़ने वाले गुण होते हैं। यह हृदय रोग के जोखिम को कम करता है। पकाने से टमाटर में लाइकोपीन की जैविक उपलब्धता बढ़ जाती है।

अखरोट की संरचना इन्सान के दिमाग जैसी होती है। यह ओमेगा-3 फैटी एसिड, एंटीऑक्सीडेंट और विटामिन ई से भरपूर होता है, जो संज्ञानात्मक

स्वास्थ्य को बेहतर बनाने और ब्रेब फंक्शन में मदद करता है। आप हर सुबह अपने आहार में एक अखरोट अवश्य लें।

सेंटेला के पत्ते (गोटू कोला) का आकार भी मानव मस्तिष्क जैसा होता है। इनमें तंत्रिका-सुरक्षात्मक गुण होते हैं। इनमें एशियाटिकोसाइड, मैडेकासोसाइड जैसे कंपाउंड होते हैं, जो संज्ञानात्मक स्वास्थ्य, मेमोरी पॉवर और ध्यान केंद्रित करने की क्षमता में सुधार करते हैं।

गाजर को काटने पर यह आँख जैसी दिखती है। गाजर बीटा कैरोटीन से भरपूर होती है, जिसे शरीर विटामिन ए में बदल देता है। यह आईज हेल्थ को बेहतर बनाने में मदद करता है और रतौंधी तथा मैकुलर डिजनरेशन को ठीक करता है। यह प्रकाश संवेदनशीलता और त्वचा की टैनिंग कम करने में भी मदद कर सकता है।

मशरूम को अगर आप काटेंगे, तो यह हमारे कानों के जैसा दिखेगा। ये विटामिन डी का एक उत्कृष्ट स्रोत है, जो बोन हेल्थ में सुधार करता है।

बौहिनिया का पत्ता थायरॉयड ग्रंथि जैसा दिखता है। ये फ्लेवोनोइड्स का एक समृद्ध स्रोत है, जिसमें एंटीऑक्सीडेंट गुण होते हैं। रिसर्च से पता चलता है कि बौहिनिया का पत्ता हाइपरथायरायडिज्म के कारण होने वाले थायरॉयड फॉलिक्युलर एट्रोफी को ठीक कर सकता है।

ब्राज़ील नट्स: अगर आप दो ब्राज़ील नट्स को एक साथ रखते हैं, तो यह लगभग थायरॉयड ग्रंथि जैसा दिखता है। ये सेलेनियम का एक समृद्ध स्रोत हैं, जो थायरॉइड ग्रंथि को ठीक करने में मदद करता है। अगर आपको हाइपो थायरॉइड के लक्षण हैं, तो प्रतिदिन दो ब्राजील नट्स का सेवन ज़रूर करें।

हेल्दी फ़ूड की आकार के हिसाब से समानता

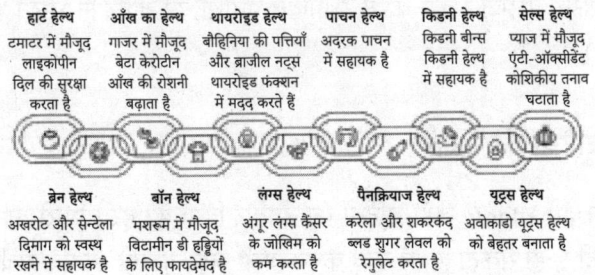

हार्ट हेल्थ
टमाटर में मौजूद लाइकोपीन दिल की सुरक्षा करता है
आँख का हेल्थ
गाजर में मौजूद बेटा केरोटीन आँख की रोशनी बढ़ाता है
थायरोइड हेल्थ
बौहिनिया की पत्तियाँ और ब्राजील नट्स थायरोइड फंक्शन में मदद करते हैं
पाचन हेल्थ
अदरक पाचन में सहायक है
किडनी हेल्थ
किडनी बीन्स किडनी हेल्थ में सहायक है
सेल्स हेल्थ
प्याज में मौजूद एंटी-ऑक्सीडेंट कोशिकीय तनाव घटाता है
ब्रेन हेल्थ
अखरोट और सेन्टेला दिमाग को स्वस्थ रखने में सहायक है
बॉन हेल्थ
मशरूम में मौजूद विटामीन डी हड्डियों के लिए फायदेमंद है
लंग्स हेल्थ
अंगूर लंग्स कैंसर के जोखिम को कम करता है
पैनक्रियाज हेल्थ
करेला और शकरकंद ब्लड शुगर लेवल को रेगुलेट करता है
यूट्रस हेल्थ
अवोकाडो यूट्रस हेल्थ को बेहतर बनाता है

अंगूर का गुच्छा हमारे फेफड़ों में मौजूद हवा के छिद्र (एल्वियोली) जैसा दिखता है। अंगूर रेस्वेराट्रॉल का एक समृद्ध स्रोत हैं और इनमें एंटीऑक्सीडेंट गुण होते हैं। यह फेफड़ों के स्वास्थ्य को बेहतर बनाते हैं और फेफड़ों के कैंसर के खतरे को कम करते हैं।

अदरक हमारे पेट के आकार जैसा होता है और इसमें पाचन गुण, सूजनरोधी और रोगाणुरोधी गुण होते हैं। ये मतली के लक्षणों को कम करने, पाचन में सुधार और पेट को आराम देने में मदद करते हैं।

करेला अग्न्याशय के आकार जैसा होता है। करेले में हाइपोग्लाइसेमिक गुण होते हैं, जो इंसुलिन संवेदनशीलता में सुधार करते हैं और ब्लड शुगर लेवल को नियंत्रित करने में मदद करते हैं। इसमें चारेंटिन और पॉलीपेप्टाइड-पी नाम के कंपाउंड होते हैं, जो हमारे शरीर में इंसुलिन की नकल करते हैं और इस प्रकार पैनक्रियाज (अग्न्याशय) को ठीक करते हैं।

शकरकंद हमारे अग्न्याशय के आकार जैसा होता है। ये पोषक तत्वों, विटामिन और खनिजों जैसे मैंगनीज और बीटा कैरोटीन का एक समृद्ध स्रोत हैं, जो ब्लड शुगर लेवल को नियंत्रित करने में मदद करते हैं।

राजमा हमारी किडनी के आकार जैसा होता है। ये फाइबर, प्रोटीन और पोषक तत्वों का एक समृद्ध स्रोत हैं, जो किडनी फंक्शन को बेहतर बनाते हैं।

एवोकाडो: यह गर्भाशय के आकार जैसा दिखता है। फोलेट और विटामिन ई से भरपूर, ये गर्भाशय हेल्थ को बेहतर बनाने और सर्वाइकल डिस्प्लेसिया जोखिम को भी कम करने में मदद करते हैं।

प्याज: यह मानव कोशिकाओं के आकार जैसा दिखता है। ये एंटीऑक्सीडेंट का एक समृद्ध स्रोत हैं। ये मानव कोशिकाओं में ऑक्सीडेटिव स्ट्रेस को कम करने, शरीर में सूजन कम करने, विषाक्त पदार्थों को बाहर निकालने में मदद करते हैं।

जड़ी-बूटियों की ऊर्जा

प्रकृति ने हमें शानदार जड़ी-बूटियों का उपहार दिया है। हर बीमारी का इलाज जड़ी-बूटी से हो सकता है। मैं उच्च कंपन वाली जड़ी-बूटियों की एक सूची साझा

कर रही हूँ, जिन्हें आसानी से प्राप्त किया जा सकता है और घर पर प्रतिदिन सेवन किया जा सकता है।

तुलसी: दुनियाभर में आसानी से पाई जाने वाली इस जड़ी-बूटी को अधिकांश संस्कृतियों में पवित्र माना जाता है। तुलसी हृदय चक्र को उत्तेजित करती है और माना जाता है कि यह हमारे घरों में प्रेम, खुशी, शांति और स्वास्थ्य लाती है। घर में तुलसी का पौधा अवश्य लगाएँ। इसे अपने घर की पूर्व दिशा में रखें, ताकि यह सूर्य ऊर्जा को अवशोषित कर सके। आप अपने पास्ता, सलाद में तुलसी पत्ते का इस्तेमाल कर सकते हैं। आप इसकी चाय भी बना सकते हैं। तुलसी में शांत करने वाले गुण होते हैं, जो मन को शांत करने और आपकी समग्र ऊर्जा को बढ़ाने में मदद कर सकते हैं। अधिकांश पारंपरिक हिंदू घरों में, तुलसी के पौधे को घर के बीच में खुले आसमान के नीचे रोपा जाता है। महिलाएँ इस पौधे को पानी देने और पौधे के पत्ते का सेवन करने से पहले स्नान और खुद को शुद्ध करती हैं। तुलसी संज्ञानात्मक स्वास्थ्य में सुधार के लिए भी जानी जाती है। यह एंटी-ऑक्सीडेंट, एंटी-माइक्रोबियल कंपाउंड और सूजन-रोधी गुणों का एक समृद्ध स्रोत है। यह हमारी प्रतिरक्षा प्रणाली और श्वसन स्वास्थ्य को बेहतर बनाने, तनाव कम करने और मानसिक स्वास्थ्य में सुधार करने में मदद करता है। तुलसी में यूजेनॉल और रोज़मैरिनिक एसिड जैसे फाइटोकेमिकल्स भी होते हैं, जो एक शक्तिशाली क्लींजिंग एजेंट है। यह हमारे शरीर में फ्री रेडिकल्स को नष्ट करता है और ऑक्सीडेटिव तनाव को कम करता है। यह ब्लड शुगर लेवल को नियंत्रित करने, हृदय स्वास्थ्य और पाचन स्वास्थ्य में सुधार करने, लीवर की रक्षा करने, घावों को तेजी से भरने में मदद करने और रेडियेशन नुकसान से बचाने में भी मदद कर सकता है।[21]

लैवेंडर: यह नींद में सुधार और शरीर को आराम देने के लिए इस्तेमाल की जाने वाली जड़ी-बूटी है। यह हमारे नेत्र चक्र के लिए उपयोगी है। यह औषधि हमारे अंतर्ज्ञान और आध्यात्मिक जागरूकता में भी सुधार कर सकती है। आप

---

21. तुलसी के लाभ निम्नलिखित स्रोतों में सूचीबद्ध हैं:

https://health.clevelandclinic.org/benefits-of-basil

https://www.webmd.com/diet/health-benefits-basil

https://www.thepharmajournal.com/archives/2023/vol12issue6/PartO/12-5-358-289.pdf

अपनी चाय में लैवेंडर का उपयोग कर सकते हैं या नींद की गुणवत्ता में सुधार के लिए या ध्यान के दौरान अपने तकिए के कवर, गर्दन और कलाई पर इसके तेल का इस्तेमाल कर सकते हैं। लैवेंडर तनाव, अवसाद और अनिद्रा के लक्षणों को कम करने में भी मदद कर सकता है। इसमें ऐंठन-रोधी गुण होते हैं और यह सिरदर्द और मासिक धर्म के दर्द को कम करने में मदद कर सकता है। इसमें रोगाणुरोधी गुण होते हैं, जो घावों को ठीक करने में मदद कर सकते हैं। इसमें सूजन-रोधी गुण होते हैं, जो शरीर में ऑक्सीडेटिव स्ट्रेस को कम करने में मदद करते हैं।

रोज़मेरी: यह एक शक्तिशाली जड़ी बूटी है। यह हमारे संज्ञानात्मक स्वास्थ्य और स्मरणशक्ति को बेहतर बनाने में मदद करती है। इसमें कार्नोसिक एसिड जैसे एंटीऑक्सीडेंट गुण होते हैं, जो ऑक्सीडेटिव तनाव को कम करने और कैंसर जोखिम को कम करने में मदद करते हैं। रोज़मेरी स्मरणशक्ति और मानसिक शान्ति में सुधार करने में मदद कर सकती है। इसमें सफाई के गुण होते हैं, जो हमारे शरीर और कमरे में नकारात्मक ऊर्जा को कम करने में मदद कर सकते हैं। आप नकारात्मक ऊर्जा को दूर करने और अपनी भावनाओं को संतुलित करने के लिए अपने डिफ्यूज़र या बाथटब में इसकी कुछ बूंदें डाल सकते हैं। मुझे अपने हेयर टॉनिक में रोज़मेरी तेल बहुत पसंद है। यह नए बालों के विकास को बढ़ाता है। आप रोज़मेरी की चाय भी बना सकते हैं। पाचन में सहायता के लिए आप अपने सलाद में रोज़मेरी मिला सकते हैं।

सेज: सेज हर चिकित्सक की पसंदीदा जड़ी-बूटी है। सेज एंटीऑक्सीडेंट से भरपूर होती है, जो ऑक्सीडेटिव तनाव को कम करने में मदद करती है। यह विटामिन ए, सी, और के से भी भरपूर होती है, जो हमारे समग्र स्वास्थ्य को बेहतर बनाती है। इसमें रोगाणुरोधी गुण होते हैं, जो दाँतों की मैल को कम कर सकते हैं और ओरल हेल्थ में सुधार कर सकते हैं। यह रजोनिवृत्ति के लक्षणों में राहत देता है। यह हमारे संज्ञानात्मक स्वास्थ्य और स्मरणशक्ति में सुधार कर सकता है। चिकित्सक अक्सर इस जड़ी-बूटी का उपयोग कमरे को नकारात्मक ऊर्जा से मुक्त करने और उसे शुद्ध करने के लिए करते हैं। शरीर को भीतर से शुद्ध करने के लिए आप अपनी हर्बल चाय में सेज मिला सकते हैं।

पुदीना: पुदीना इरिटेबल बाउल सिंड्रोम (आईबीएस) के लक्षणों को कम करने, सिरदर्द और तनाव को कम करने, साइनस दूर करने में मदद करता है। यह हमारी साँसों को ताज़ा करने और ओरल बैक्टीरिया को ख़त्म करने में भी मदद करता है। यह आपकी चाय, सलाद और सूप में डालने के लिए एक ताज़ा जड़ी-बूटी है, जो मुँह में स्वाद भर देती है। यह आपकी इंद्रियों को उत्तेजित करती है, आपके ऊर्जा स्तर में सुधार करती है, और आपके मस्तिष्क को सतर्क, केंद्रित बनाती है।

अदरक: इसमें सूजनरोधी गुण होते हैं। यह गठिया और मांसपेशियों के दर्द को कम करने में मदद करते हैं। यह खाने से शुगर लेवल को कम करने, इंसुलिन संवेदनशीलता में सुधार, ब्लड शुगर लेवल को नियंत्रित करने और पाचन में सहायता कर सकता है। यह मतली, मोशन सिकनेस लक्षणों को भी कम करने में मदद करता है और गर्भावस्था और कीमोथेरेपी के दौरान भी फायदेमंद होता है। अदरक में एक हॉट एनर्जी होती है, जो आपकी अग्नि (पाचन अग्नि) और आपके चयापचय को उत्तेजित करने में मदद करती है। इस तरह, यह वजन घटाने में भी सहायक होती है। यह आपके ऊर्जा स्तर को बढ़ा सकता है और समग्र जीवन शक्ति में सुधार कर सकता है।

कैमोमाइल: यह एक शक्तिशाली जड़ी-बूटी है, जो त्रिक चक्र को उत्तेजित करती है। यह नींद में सुधार करती है, अनिद्रा का इलाज करती है और शरीर पर शांत प्रभाव डालती है। यह तनाव को कम करने, हमारी नसों को शांत करने और पेट फूलने और गैस को कम करके हमारे जठरांत्र संबंधी स्वास्थ्य को आराम पहुँचाने में मदद करती है। कैमोमाइल में सूजन-रोधी गुण भी होते हैं जो गठिया की सूजन को कम करने में मदद करते हैं। यह त्वचा संबंधी समस्याओं में भी सुधार करता है।

थाइम: इसमें रोगाणुरोधी गुण होते हैं, जो बैक्टीरिया और फंगस से लड़ने में मदद करते हैं। यह खाँसी और श्वसन संक्रमण को कम करने में मदद करते हैं। यह एंटीऑक्सीडेंट से भी भरपूर होता है, जो शरीर में ऑक्सीडेटिव तनाव से लड़ने में मदद करता है। यह स्वास्थ्य और स्फूर्ति को बढ़ावा देता है और आपके पके हुए भोजन में मिलाने के लिए एक बेहतरीन स्वाद है। आप इसे अपने क्लींजिंग उत्पादों में भी इस्तेमाल कर सकते हैं।

यूकेलिप्टस: आप इसका इस्तेमाल श्वसन संबंधी स्वास्थ्य समस्याओं, सर्दी, खाँसी, साइनस और एलर्जी से राहत पाने के लिए कर सकते हैं। यह श्वसन स्वास्थ्य में सुधार करता है। यह जीवाणुरोधी और रोगाणुरोधी है। आप अपने डिफ्यूज़र में इसकी कुछ बूँदें डाल सकते हैं।

हर्ब्स की ऊर्जा और उसके लाभ

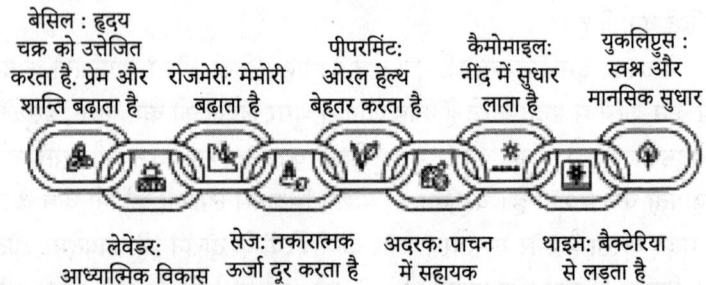

बेसिल : हृदय चक्र को उत्तेजित करता है. प्रेम और शान्ति बढ़ाता है
रोजमेरी: मेमोरी बढ़ाता है
पीपरमिंट: ओरल हेल्थ बेहतर करता है
कैमोमाइल: नींद में सुधार लाता है
युकलिप्टस : स्वश्न और मानसिक सुधार
लेवेंडर: आध्यात्मिक विकास
सेज: नकारात्मक ऊर्जा दूर करता है
अदरक: पाचन में सहायक
थाइम: बैक्टेरिया से लड़ता है

आप अपने भोजन के स्वाद और ऊर्जा को बेहतर बनाने के लिए अपने भोजन में तुलसी, रोज़मेरी, थाइम जैसी जड़ी-बूटियाँ मिला सकते हैं। आप रात में मानसिक शान्ति पाने और तनाव घटाने के लिए लैवेंडर, कैमोमाइल और पेपरमिंट से बनी हर्बल चाय पी सकते हैं। आप हवा को शुद्ध करने और अपने घर की कंपन आवृत्ति को बेहतर बनाने के लिए घर पर ही अपनी जड़ी-बूटियाँ उगा सकते हैं।

मसालों की ऊर्जा

अपने गुणों के कारण कई मसाले बीमारियों को दूर करने में सक्षम हैं। अपने इसी गुण के कारण, उत्तर भारत में मसालों के लिए ही विश्व की कई संस्कृतियों का आगमन हुआ। अगर आप अपने दैनिक भोजन में मसालों को शामिल करते हैं, तो आप बीमारियों की शुरुआत को रोक सकते हैं। मसालों में एक्टिव कम्पाउंड होते हैं, जिनमें एंटीऑक्सीडेंट गुण होते हैं। ये ऑक्सीडेटिव तनाव को कम करने में मदद करते हैं। साथ ही, इनमें सूजनरोधी और रोगाणुरोधी गुण होते हैं, जो बीमारियों से लड़ने में मदद करते हैं।

आपकी रसोई आपकी फार्मेसी है।
मसाले और जड़ी-बूटियाँ आपकी दवा हैं।

जैसे, हल्दी में पाया जाने वाला करक्यूमिन और लौंग में पाया जाने वाला यूजेनॉल जैसे एक्टिव कम्पाउंड फ्री रेडिकल्स को निष्क्रिय करने में मदद करते हैं। अदरक में पाया जाने वाला जिंजरोल रोगजनकों से लड़कर और प्रतिरक्षा को बढ़ाकर पुरानी बीमारियों के जोखिम को कम करता है। अजवायन में पाया जाने वाला थाइमोल संक्रमण से लड़ने में मदद करता है।

मसाले (कम्पाउंड)	मानव शरीर के अंग, चक्र	लाभ
हल्दी (करक्यूमिन)	मूलाधार चक्र (स्थिरता), सौर जाल चक्र (ऊर्जा), यकृत, जोड़, मस्तिष्क, पाचन तंत्र, हृदय एंटीऑक्सीडेंट गुण	ऑक्सीडेटिव तनाव को कम करने और कैंसर, अल्जाइमर, हृदय रोग के जोखिम को कम करने में मदद करते हैं। एंटी-इंफ्लेमेटरी गुण जोड़ों के दर्द, गठिया, पुरानी सूजन को कम करने में मदद करते हैं। डिटॉक्सीफाई करता है और यकृत स्वास्थ्य को बेहतर बनाता है, सूजन, अपच और गैस्ट्रिक अल्सर को कम करता है।

अदरक (जिंजरोल्स, शोगाओल्स)	सौर जाल चक्र, पाचन, चयापचय, पेट, मांसपेशियाँ, प्रतिरक्षा प्रणाली, श्वसन तंत्र	सूजनरोधी गुण मांसपेशियों में दर्द, गठिया, मासिक धर्म में ऐंठन, मोशन सिकनेस, मतली और कीमोथेरेपी के कारण होने वाली उल्टी को कम करता है। सर्दी, खाँसी और श्वसन संबंधी स्वास्थ्य समस्याओं से लड़ने में मदद करता है।
दालचीनी (सिनामेल्डिहाइड)	हृदय चक्र (परिसंचरण और गर्मी), अग्न्याशय, हृदय, ओरल कैविटी	प्री-डायबिटीज़ और डायबिटीज़ के लिए रक्त शर्करा नियंत्रण और इंसुलिन संवेदनशीलता में सुधार करता है। एंटी-माइक्रोबियल गुण मुँह के बैक्टीरिया और संक्रमण से लड़ने में मदद करते हैं। एलडीएल कोलेस्ट्रॉल और ट्राइग्लिसराइड्स को कम करता है।
लाल मिर्च (कैप्साइसिन)	मूल चक्र (चयापचय, ऊर्जा), तंत्रिका तंत्र, हृदय, पाचन तंत्र	चयापचय में सुधार, वसा कम करना, वजन घटाने में सहायक, तंत्रिका दर्द को कम करता है, गठिया और न्यूरोपैथी से उबरने में मदद करता है, रक्त परिसंचरण और हृदय स्वास्थ्य में सुधार करता है।

सिचुआन काली मिर्च (हाइड्रॉक्सी-α-शानशूल)	तंत्रिका तंत्र ओरल कैविटी	इसमें 50 हर्ट्ज़ आवृत्ति होती है, जो झुनझुनाहट पैदा कर सकती है और तंत्रिका सक्रियण में सुधार कर सकती है। दर्द निवारक गुण दर्द को कम करने में मदद करते हैं और एंडोर्फिन को उत्तेजित करते हैं। अस्वास्थ्यकर ओरल बैक्टीरिया और रोगजनकों से लड़ता है।
लौंग (यूजेनॉल)	गले का चक्र, दाँत, मसूड़े, जोड़, फेफड़े	दाँत दर्द, मसूड़ों के संक्रमण, मुँह से दुर्गंध और साँसों की दुर्गंध को ठीक करती है। सूजनरोधी गुण गठिया और श्वसन तंत्र की सूजन को कम करता हे।
स्टार ऐनीज़ (शिकिमिक एसिड)	तीसरा नेत्र चक्र (अंतर्ज्ञान), श्वसन प्रणाली, आँत, प्रतिरक्षा प्रणाली	फ्लू और श्वसन संबंधी स्वास्थ्य समस्याओं का उपचार करता है। पेट दर्द, सूजन और गैस को कम करता है।
अजवायन (थाइमोल, कार्वाक्रोल)	गले का चक्र, प्रतिरक्षा प्रणाली, आँत, त्वचा	जीवाणुरोधी गुण से संक्रमणों के उपचार में सहायक होती है। इसके सूजनरोधी गुण स्व-प्रतिरक्षा और दीर्घकालिक रोगों के जोखिम को कम करने में मदद करते हैं।

केसर (क्रोसिन, सैफ्रानल)	क्राउन चक्र (मनोदशा और अनुभूति), मस्तिष्क, आँखें, तंत्रिका तंत्र	अवसादरोधी गुण सेरोटोनिन और डोपामाइन के स्तर को बेहतर बनाने में मदद करते हैं और अवसाद के लक्षणों को कम करते हैं। आँखों के स्वास्थ्य को मैक्युलर डिजनरेशन से बचाता है।
सौंफ के बीज (एनेथोल)	हृदय चक्र (श्वसन और भावनात्मक संतुलन), फेफड़े, प्रजनन अंग, आँत	सर्दी, अस्थमा, ब्रोंकाइटिस में कफ साफ़ करते हैं। मासिक धर्म के दर्द को कम करते हैं, हार्मोनल स्वास्थ्य में सुधार करते हैं और रजोनिवृत्ति के लक्षणों का इलाज करते हैं।
पिमेंटो / ऑलस्पाइस (यूजेनॉल, क्वेरसेटिन)	त्रिक चक्र (रचनात्मकता और परिसंचरण), जोड़, मांसपेशियाँ, हृदय	मांसपेशियों में दर्द, बदन दर्द, गठिया और नसों के दर्द का इलाज करता है। ऑक्सीडेटिव तनाव से बचाता है।
बरबेरी (बरबेरीन)	त्रिक चक्र (रचनात्मकता, भावनाएँ), यकृत, पित्ताशय, हृदय स्वास्थ्य	जीवाणुरोधी, कवकरोधी, प्रोटोज़ोअल विरोधी गुण पाचन में सुधार, स्वास्थ्य में सुधार, रक्त शर्करा के स्तर को नियंत्रित करता है
तेज पत्ता (यूजेनॉल)	सौर जाल चक्र, पाचन तंत्र, त्वचा संक्रमण	रोगाणुरोधी और कवकरोधी गुण घाव भरने में सहायक होता है। इंसुलिन के कार्य और कोलेस्ट्रॉल के स्तर में सुधार करता है।

इलायची (सिनेओल)	हृदय चक्र, पाचन तंत्र, हृदय-संवहनी स्वास्थ्य, फाइटोन्यूट्रिएंट्स	रक्तचाप कम करती है। पाचन में सुधार करती है और साँसों की दुर्गंध कम करती है।
डिल वीड (कार्वोन)	त्रिक चक्र, प्रजनन और पाचन स्वास्थ्य	मासिक धर्म में ऐंठन कम करता है, पाचन में सहायता करता है। एंटी-माइक्रोबियल गुण संक्रमण से लड़ने में मदद करते हैं।

तेलों की ऊर्जा

हज़ारों सालों से विभिन्न संस्कृतियों में रोगों से निजात पाने और विभिन्न अंगों के उपचार में मदद के लिए तेलों का इस्तेमाल किया जाता रहा है। इनमें एक्टिव कम्पाउंड होते हैं, जो सूजन, ऑक्सीडेटिव तनाव को कम करने, रोग प्रतिरोधक क्षमता बढ़ाने और संक्रमणों व बीमारियों से लड़ने में मदद करते हैं। आप जलन से बचने के लिए इन तेलों को नारियल तेल जैसे किसी बेस कैरियर तेल के साथ मिलाकर अपनी त्वचा पर लगा सकते हैं या त्वचा में इसके अवशोषण को बेहतर बनाने के लिए इसे अरंडी के तेल के साथ मिला सकते हैं। युवा इंसान इन गुणकारी तेल की एक या दो बूँदें पानी में डालकर खाली पेट पी सकते हैं। बच्चे अपने नहाने के पानी में इसे मिला सकते हैं या डिफ्यूज़र में कुछ बूँदें डाल सकते हैं।

ऑयल	अंग/तंत्र	लाभ
लैवेंडर	तंत्रिका तंत्र, त्वचा	चिंता, तनाव और सिरदर्द कम करता है, नींद में सुधार करता है, सूजन कम करता है

पुदीना	पाचन तंत्र, श्वसन तंत्र	सिरदर्द कम करता है, ऊर्जा और मानसिक स्पष्टता में सुधार करता है, अपच और मतली को ठीक करता है, मांसपेशियों में दर्द कम करता है
नीलगिरी	श्वसन स्वास्थ्य	सर्दी, ब्रोंकाइटिस से राहत, श्वसन संबंधी स्वास्थ्य समस्याओं: अस्थमा, ब्रोंकाइटिस, घरघराहट से उबरने में मदद करता है, सूजन और दर्द कम करता है, प्राकृतिक कीटाणुनाशक
टी ट्री	त्वचा, प्रतिरक्षा तंत्र	इसमें एंटीसेप्टिक गुण होते हैं, जो मुँहासे, निशान, कटने, फंगल संक्रमण के इलाज में मदद करते हैं, प्रतिरक्षा प्रणाली को बढ़ावा देते हैं
लोबान	प्रतिरक्षा तंत्र, श्वसन तंत्र	सूजन कम करता है, विश्राम और प्रतिरक्षा प्रणाली में सुधार करता है

नींबू	पाचन तंत्र	इसमें रोगाणुरोधी गुण होते हैं, पाचन में सहायक, रोग प्रतिरोधक क्षमता, मनोदशा और ऊर्जा के स्तर में सुधार करता है।
रोज़मेरी	तंत्रिका तंत्र, पेशी तंत्र	याददाश्त और एकाग्रता में सुधार करता है, बालों के विकास को प्रोत्साहित करता है, मांसपेशियों के दर्द और पीड़ा को कम करता है।
कैमोमाइल	तंत्रिका तंत्र, पाचन तंत्र	चिंता, सूजन कम करता है और नींद की गुणवत्ता में सुधार करता है।
ओरेगैनो	प्रतिरक्षा तंत्र, श्वसन तंत्र	इसमें रोगाणुरोधी गुण होते हैं, जो संक्रमण से लड़ने में मदद करते हैं और श्वसन स्वास्थ्य में सुधार करते हैं।
क्लेरी सेज	प्रजनन तंत्र	हार्मोनल स्वास्थ्य में सुधार करता है, मासिक धर्म के दर्द को कम करता है और आराम करने में मदद करता है।
अदरक	पाचन तंत्र	पाचन में सुधार करता है, मतली के लक्षणों और सूजन को कम करता है।

देवदार	त्वचा, तंत्रिका तंत्र	आराम, मानसिक स्पष्टता और त्वचा के स्वास्थ्य में सुधार करता है।
बर्गमोट	तंत्रिका तंत्र, त्वचा	तनाव और चिंता को कम करता है, एक्जिमा जैसी त्वचा संबंधी समस्याओं से उबरने में मदद करता है।
इलंग इलंग	हृदय प्रणाली	रक्तचाप कम करता है, विश्राम और मनोदशा में सुधार करता है।
पचौली	त्वचा, तंत्रिका तंत्र	इसमें सूजनरोधी गुण होते हैं, त्वचा के स्वास्थ्य और भावनात्मक स्वास्थ्य में सुधार करता है।
चंदन	तंत्रिका तंत्र	इसमें शांत प्रभाव होता है, सूजनरोधी गुण होते हैं, ध्यान केंद्रित करने की क्षमता में सुधार करता है।
नेरोली	तंत्रिका तंत्र, त्वचा	तनाव और चिंता कम करता है, त्वचा के स्वास्थ्य में सुधार करता है।
सरू	संचार तंत्र, श्वसन स्वास्थ्य	रक्त परिसंचरण में सुधार करता है, श्वसन स्वास्थ्य में सुधार करता है।

थाइम	प्रतिरक्षा प्रणाली, श्वसन स्वास्थ्य	इसमें रोगाणुरोधी गुण होते हैं, श्वसन स्वास्थ्य में सुधार करता है और प्रतिरक्षा में सुधार करता है।

ऊर्जावान जड़ी-बूटियाँ और उनके लाभ

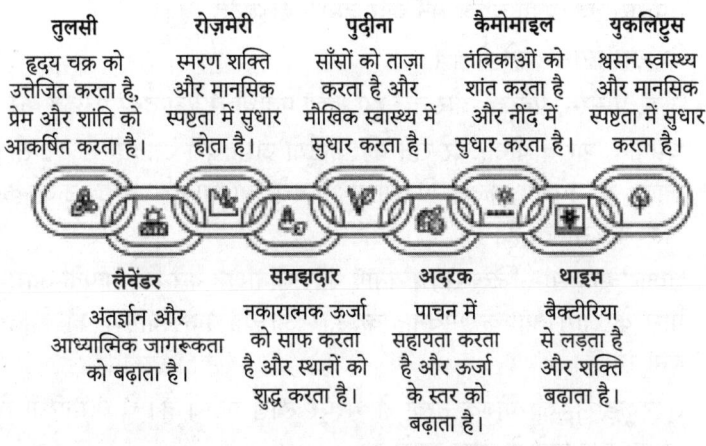

तुलसी
हृदय चक्र को उत्तेजित करता है, प्रेम और शांति को आकर्षित करता है।

रोज़मेरी
स्मरण शक्ति और मानसिक स्पष्टता में सुधार होता है।

पुदीना
साँसों को ताज़ा करता है और मौखिक स्वास्थ्य में सुधार करता है।

कैमोमाइल
तंत्रिकाओं को शांत करता है और नींद में सुधार करता है।

युकलिप्टुस
श्वसन स्वास्थ्य और मानसिक स्पष्टता में सुधार करता है।

लैवेंडर
अंतर्ज्ञान और आध्यात्मिक जागरूकता को बढ़ाता है।

समझदार
नकारात्मक ऊर्जा को साफ करता है और स्थानों को शुद्ध करता है।

अदरक
पाचन में सहायता करता है और ऊर्जा के स्तर को बढ़ाता है।

थाइम
बैक्टीरिया से लड़ता है और शक्ति बढ़ाता है।

प्रकृति की शक्ति से अपने शरीर को हेल्दी बनाए

आपका शरीर एक मंदिर है। आप अपने शरीर में जो कुछ भी डालते हैं, वही अंततः आपका भाग्य बन जाता है। जंक प्रोसेस्ड फ़ूड हमेशा बीमारी लाएगा। प्राण (जीवन का स्रोत) से भरपूर स्वस्थ भोजन आपको शारीरिक, मानसिक, भावनात्मक और आध्यात्मिक रूप से विकसित करेगा। किसी भी स्वास्थ्य समस्या के लिए, प्रकृति की ओर लौटें। मूल बातों पर लौटें:

- सुनिश्चित करें कि आपका खाना पौधों पर आधारित आहार हो।

- मांस, समुद्री भोजन, अंडे, डेयरी उत्पादों का सेवन करने से बचें।
- प्रतिदिन 2 कटोरी फल, 2 कटोरी सब्ज़ियाँ, 1 कटोरी सूप, 2-4 कटोरी साबुत अनाज, बाजरा, दालें, और मुट्ठी भर मेवे और बीज का सेवन करें।
- आयुर्वेदिक एनर्जी क्लॉक के अनुसार, अपने खाने का समय सुबह 8 बजे / 10 बजे से शाम 6 बजे तक, आठ से दस घंटे के बीच रखें।
- सूर्यास्त से सूर्योदय तक बारह से सोलह घंटे का इंटरमिटेंट फास्टिंग करें।
- सात से आठ घंटे की नींद ज़रूर लें, व्यायाम करें और कम-से-कम एक घंटे योग और श्वास क्रिया करें।
- उपचारात्मक फ्रीक्वेन्सीज सुनें और हमेशा हाइड्रेटेड रहें।
- देर रात स्नैक्स खाने से बचें।
- जंक, प्रोसेस्ड, पैकेज्ड और तले हुए खाद्य पदार्थों से पूरी तरह परहेज करें।
- धूम्रपान, शराब पीना, देर रात की पार्टियों जैसी बुरी आदतों से दूर रहें। फालतू के गपशप, कंटेंट, फ़िल्मों से भी बचें, जो आपकी अच्छी ऊर्जा को ख़त्म कर सकती हैं।
- सकारात्मक सामाजिक संबंध बनाएँ और सुनिश्चित करें कि आपके आस-पास के लोग आपके भावनात्मक और आध्यात्मिक स्वास्थ्य को बेहतर बना रहे हैं।
- सुपरफूड लें, जो पोषक तत्वों से भरपूर खाद्य पदार्थ हैं। ये बीमारियों से जल्दी ठीक होने में मदद करते हैं।

मैं कुछ सामान्य समस्याओं के लिए खाए जा सकने वाले खाद्य पदार्थों की एक सूची साझा कर रही हूँ।

रोग	सुपरफ़ूड और हर्ब्स	भोजन और अन्य उपाय
सर्दी	अदरक, शहद, हल्दी, तुलसी	एक चम्मच कच्चा शहद कद्दूकस किए हुए अदरक के साथ लें। अनानास, संतरा, नींबू के साथ अदरक की चाय, पुदीने के पत्ते, गाजर, लहसुन और अदरक से बना सब्जी का सूप पिएँ। नीलगिरी तेल की बूंदों से भाप लें।
खाँसी	अनानास, शहद, अदरक, मुलेठी	एक चम्मच कच्चा शहद कद्दूकस किए हुए अदरक के साथ लें। अनानास का रस, अदरक, काली मिर्च/दालचीनी पाउडर के साथ लें। हल्दी के साथ गर्म पानी पिएँ। अजवाइन के बीजों से भाप लें।
साइनस	लहसुन, हल्दी, पुदीना	एक कटोरी कच्चा सेब, गाजर का रस, अदरक, काली मिर्च, हल्दी पाउडर के साथ लें। गाजर, अदरक और लहसुन से बना सूप पिएँ। पुदीने की चाय की चुस्कियाँ लें। नमकीन पानी से नाक धोएँ और पुदीने के तेल से भाप लें।
एलर्जी	क्विनोआ, पालक, नीम	कच्चा खीरा, सेब, अजवाइन का रस, पालक का सूप और प्रोबायोटिक्स से भरपूर खाद्य पदार्थ जैसे कोम्बुचा, किम्ची, सॉकरक्राट पिएँ। ग्लूटेन, डेयरी, सोया, मेवे, मूंगफली से बचें।
सिरदर्द	पुदीना, अदरक, अश्वगंधा	हरा सेब, पालक का सूप, अदरक-नींबू की सब्जी, मैग्नीशियम युक्त खाद्य पदार्थ जैसे गहरे पत्तेदार साग, बादाम, कद्दू के बीज लें।

माइग्रेन	बादाम, पालक, ब्राह्मी	पैरों को एप्सम सॉल्ट के साथ गर्म पानी में रखें, माइग्रेन कम करने के लिए गर्दन के पिछले हिस्से पर ठंडी पट्टी रखें। कच्चा या पका हुआ सेब, उबली हुई पालक और केल से बना सूप लें। अदरक की चाय की चुस्कियाँ लें। मशरूम जैसे राइबोफ्लेविन (बी12) युक्त खाद्य पदार्थ लें। चॉकलेट, पनीर और मेवों से बचें।
सोरायसिस	अलसी, हल्दी, नीम	अजवाइन का जूस, खीरे का जूस, पालक से बना सूप लें। चिया सीड्स और अखरोट से ओमेगा 3 फैटी एसिड शामिल करें। ग्लूटेन, डेयरी, सभी किण्वित खाद्य पदार्थ, खट्टे खाद्य पदार्थ जैसे नींबू, टमाटर, इमली, संतरा, कीनू, नाइटशेड सब्ज़ियाँ, आलू, बैंगन, मिर्च से बचें। धूप में कम निकलें, बार-बार नहाने से बचें, एप्सम सॉल्ट से स्नान करें
एक्ज़िमा	नारियल तेल, एवोकाडो, एलोवेरा	अजवाइन का जूस, खीरे का जूस, पालक से बना सूप लें। ग्लूटेन, डेयरी, सभी किण्वित खाद्य पदार्थ, खट्टे खाद्य पदार्थ जैसे नींबू, टमाटर, इमली, संतरा, कीनू, नाइटशेड सब्ज़ियाँ, आलू, बैंगन, मिर्च से बचें। धूप में कम निकलें, बार-बार नहाने से बचें, एप्सम सॉल्ट से स्नान करें। त्वचा पर एलोवेरा, नारियल तेल लगाएँ।
पित्ती	क्विनोआ, कैमोमाइल	खीरे और पुदीने का जूस लें, कैमोमाइल चाय की चुस्कियाँ लें। ग्लूटेन, डेयरी, मसालेदार, तैलीय, किण्वित खाद्य पदार्थ, खट्टे खाद्य पदार्थ जैसे नींबू, टमाटर, इमली, संतरा, कीनू, नाइटशेड सब्ज़ियाँ, आलू, बैंगन, मिर्च से बचें। धूप में कम निकलें, बार-बार नहाने से बचें।

अपच	अदरक, अजवाइन	अनानास और अदरक का जूस लें। पपीते और कच्चे अनानास का एक कटोरा लें, सब्जियों के शोरबे से बना सूप जो पचाने में आसान हो, केले, खरबूजे, खीरे खाएँ, थोड़ा-थोड़ा खाएँ। सब्जा (मीठी तुलसी के बीज) को पानी में भिगोएँ और पूरे दिन घूँट-घूँट कर पिएँ। मसालेदार भोजन, खट्टे फल, कैफीन, शराब, तले हुए खाद्य पदार्थों से बचें।
एसिडिटी	केले, सौंफ	केल, पालक और अन्य पत्तेदार सब्जियों से बना सूप पिएँ, अनार, हरा सेब खाएँ। अपने आहार में अलसी के बीज, चिया के बीज शामिल करें, पुदीने की चाय की चुस्कियाँ लें। मीठे खाद्य पदार्थों, कार्बोहाइड्रेट युक्त खाद्य पदार्थों और तनाव से बचें।
पीसीओएस / पीसीओडी	दालचीनी, अलसी, शतावरी जड़ी बूटी	अजवाइन का जूस, खीरे का जूस, पालक से बना सूप लें। ग्लूटेन, डेयरी, सभी किण्वित खाद्य पदार्थ, खट्टे खाद्य पदार्थ जैसे नींबू, टमाटर, इमली, संतरा, कीनू, नाइटशेड सब्ज़ियाँ, आलू, बैंगन, मिर्च से बचें। धूप में कम निकलें, बार-बार नहाने से बचें, एप्सम सॉल्ट से स्नान करें। त्वचा पर एलोवेरा, नारियल तेल लगाएँ।
फाइब्रॉएड	हरी पत्तेदार सब्ज़ियाँ, अशोक जड़ी-बूटी	चुकंदर, गाजर और पत्तेदार हरी सब्जियों से बने सूप पिएँ। काली मिर्च के साथ गाजर का जूस पिएँ। ब्रोकली, ब्रसेल्स स्प्राउट्स खाएँ, फाइटोएस्ट्रोजन से भरपूर खाद्य पदार्थ जैसे पत्तागोभी, फूलगोभी, खजूर, आड़ू, सोया से बचें। ग्रीन टी की चुस्कियाँ लें। पेट के निचले हिस्से पर अरंडी का तेल लगाएँ।

सिस्ट	ब्रोकोली, हरी चाय, हल्दी	काली मिर्च के साथ क्रैनबेरी जूस पिएँ। ग्रीन टी की चुस्कियाँ लें, उच्च फाइबर वाले खाद्य पदार्थ शामिल करें। सीड साइकलिंग: मासिक धर्म चक्र के पहले 14 दिनों के दौरान 2 चम्मच कद्दू और अलसी के बीज और अगले 14 दिनों के दौरान 2 चम्मच सूरजमुखी और तिल के बीज का सेवन करें।
एंडोमेट्रियोसिस	एवोकैडो, अशोक जड़ी बूटी	चुकंदर और गाजर से बना सूप पिएँ। सेब, सूजनरोधी खाद्य पदार्थ जैसे बेरीज, जैतून का तेल, अलसी के बीज लें। अदरक, हल्दी, चिया सीड्स, अखरोट शामिल करें।
बांझपन	मैका जड़, जामुन, शतावरी	काली मिर्च, पत्तेदार साग, बेरीज, मेवे और बीजों के साथ अनार का जूस पिएँ अश्वगंधा, अलसी के बीज, चिया के बीज शामिल करें। बीज चक्रण: मासिक धर्म चक्र के पहले 14 दिनों के दौरान 2 चम्मच कद्दू और अलसी के बीज, और अगले 14 दिनों के दौरान 2 चम्मच सूरजमुखी और तिल के बीज का सेवन करें।
हार्मोनल असंतुलन	चिया बीज, नट्स, अश्वगंधा	3-4 आलूबुखारा और अंजीर रात भर भिगोकर खाएँ। आलूबुखारा का रस, चिया और अलसी के बीज पानी में भिगोकर लें। सुबह और रात को सोते समय गुनगुने पानी में 1 चम्मच घी डालकर पिएँ। दिन में एक बार त्रिफला चाय ले सकते हैं।

कब्ज	आलूबुखारा चिया बीज त्रिफला	गाजर और अदरक का रस पिएँ। दोपहर और रात के खाने के बाद एक छोटा केला लें, यह भोजन को पचाने और IBS ट्रिगर्स को रोकने में मदद करता है। अदरक की चाय, पुदीने की चाय पिएँ।
आईबीएस	केले	चुकंदर, गाजर और पत्तेदार हरी सब्जियों से बने सूप पिएँ। काली मिर्च के साथ गाजर का जूस पिएँ। ब्रोकली, ब्रसेल्स स्प्राउट्स खाएँ, फाइटोएस्ट्रोजन से भरपूर खाद्य पदार्थ जैसे पत्तागोभी, फूलगोभी, खजूर, आड़ू, सोया से बचें। ग्रीन टी की चुस्कियाँ लें। पेट के निचले हिस्से पर अरंडी का तेल लगाएँ।
गुर्दे की पथरी	नींबू का रस, तरबूज, गोक्षुर	यहाँ हाइड्रेशन ज़रूरी है। काली मिर्च के साथ तरबूज का जूस, नारियल पानी, नींबू का रस, क्रैनबेरी जूस पिएँ। पालक, चॉकलेट, मेवे और ज़्यादा नमक जैसे ऑक्सालेट युक्त खाद्य पदार्थों से बचें।
टॉन्सिल	शहद, गर्म नमक का पानी, तुलसी	गर्म तरल पदार्थ, सब्ज़ियों का शोरबा, हर्बल चाय पिएँ। गर्म पानी और हल्दी से गरारे करें। अदरक और काली मिर्च के साथ संतरे का जूस पिएँ। अदरक और नींबू की चाय की चुस्कियाँ लें। मसालेदार और खट्टे खाद्य पदार्थों से बचें।
टॉन्सिल	शहद, गर्म नमक का पानी, तुलसी	गर्म तरल पदार्थ, सब्ज़ियों का शोरबा, हर्बल चाय पिएँ। गर्म पानी और हल्दी से गरारे करें। अदरक और काली मिर्च के साथ संतरे का जूस पिएँ। अदरक और नींबू की चाय की चुस्कियाँ लें। मसालेदार और खट्टे खाद्य पदार्थों से बचें।

सूजन	बेरीज़, जैतून का तेल, हल्दी	गर्म पानी में हल्दी पिएँ, अदरक की चाय की चुस्कियाँ लें। काली मिर्च के साथ अनानास का जूस पिएँ। अपने आहार में बेरी, जैतून का तेल, अखरोट, चिया बीज शामिल करें।
पानी का जमाव	खीरा, अजवाइन, सिंहपर्णी	क्रैनबेरी जूस, अजवाइन, अजमोद का जूस, खीरे का जूस पिएँ। तरबूज़ खाएँ, सिंहपर्णी की चाय की चुस्कियाँ लें। सोडियम का सेवन कम करें, प्रसंस्कृत खाद्य पदार्थों और रिफाइंड कार्बोहाइड्रेट से बचें।
दस्त	केले, चावल, अनार	केला, सेब (जिसमें पेक्टिन होता है), कटहल, अनार खाएँ और सफ़ेद चावल का मांड पिएँ, जो मल को बाँधने में मदद करते हैं। दही जैसे प्रोबायोटिक्स शामिल करें, और पानी में इलेक्ट्रोलाइट्स के साथ अच्छी तरह से हाइड्रेटेड रहें।
पित्ताशय की पथरी	सेब, जैतून का तेल, हल्दी	सेब, नाशपाती, एलोवेरा का जूस पिएँ। गुड़हल की चाय और सिंहपर्णी की चाय का आनंद लें। चुकंदर का सूप, जैतून का तेल और आर्टिचोक शामिल करें।
मधुमेह	करेला दालचीनी गुड़मार (जिम्नेमा)	अजवाइन, अदरक, नींबू और अजमोद का रस पिएँ। स्ट्रिंग बीन चाय (पानी में उबली हुई स्ट्रिंग बीन) का आनंद लें। प्याज, लहसुन, ब्लैकबेरी, शकरकंद, करेला, कंगनी (लोमड़ी की पूंछ) बाजरा, दालचीनी और काली मिर्च का सेवन करें। स्टार्चयुक्त खाद्य पदार्थों से बचें।

थायरॉइड	समुद्री शैवाल, ब्राज़ील नट्स, अश्वगंधा	क्रैनबेरी जूस पिएँ। अपने आहार में दो ब्राज़ील नट्स, आलूबुखारा, समुद्री शैवाल, आयोडीन युक्त नमक और अश्वगंधा शामिल करें। डेयरी उत्पाद और पत्तागोभी, फूलगोभी, ब्रोकली जैसी क्रूसिफेरस सब्ज़ियों से परहेज़ करें।
कोलेस्ट्रॉल	एवोकाडो, अर्जुन	सेब, केल का सूप पिएँ और पानी में उबले मेथी के दानों का घूँट-घूँट करके सेवन करें। उच्च फाइबर वाली सब्ज़ियाँ, फलियाँ और फल शामिल करें। लहसुन, और अलसी व अखरोट से प्राप्त ओमेगा 3 फैटी एसिड शामिल करें।
हृदय स्वास्थ्य	बेरीज़, नागफनी	चुकंदर का सूप पिएँ और नींबू की चाय का घूँट लें। अनार, बेरीज़ और पत्तेदार सब्ज़ियाँ लें। अपने आहार में नागफनी की चाय और लहसुन शामिल करें। सोडियम युक्त खाद्य पदार्थों, संतृप्त और प्रसंस्कृत खाद्य पदार्थों से बचें।
रक्तचाप	चुकंदर, डार्क चॉकलेट, अर्जुन	पोटैशियम युक्त खाद्य पदार्थ जैसे केला, शकरकंद, पालक और मैग्नीशियम युक्त खाद्य पदार्थ जैसे डार्क चॉकलेट और बादाम लें। चुकंदर का सूप, चुकंदर का जूस पिएँ, नींबू की चाय का घूँट लें और अनार का सेवन करें। सोडियम का सेवन सीमित करें।
हाई क्रिएटिनिन लेवल	क्रैनबेरी, तरबूज, गोक्षुरा	जलयोजन महत्त्वपूर्ण है। नींबू पानी, खीरा, जूस, क्रैनबेरी जूस, अजमोद का जूस पिएँ। सोडियम का सेवन सीमित करें।

जब मैं एंकिलोसिस स्पॉन्डिलाइटिस से उबर रही थी, तब मुझे पता चला कि न्यूरोलॉजिकल दर्द, मस्कुलोस्केलेटल समस्या सिर्फ गलत पोस्चर के कारण नहीं है, बल्कि विटामिन डी और बी12 की कमी भी इसका एक बहुत बड़ा कारण हैं। कम धूप, इनडोर जीवनशैली, प्रदूषित ओजोन परत आदि कई कारण है, जिसके कारण हम स्वस्थ यूवीबी किरणों को अवशोषित नहीं कर पाते हैं। जबकि इसी की मदद से हमारा शरीर विटामिन डी में परिवर्तित कर सकता है। लेकिन, यहाँ एक दिलचस्प तथ्य है। विटामिन डी और बी12 की कमी वास्तव में मैग्नीशियम की कमी से शुरू होती है। मैग्नीशियम हमें विटामिन डी और बी12 को अवशोषित करने में मदद करते हैं। यह हमारे मेलाटोनिन को भी नियंत्रित करता है। यहाँ कुछ प्राकृतिक सप्लीमेंट्स दिए गए हैं। याद रखें, आपका लक्ष्य पाचन और पोषक तत्वों को अवशोषित करने में सुधार करना है

हर्बल सप्लीमेंट्स

पोषक तत्वों की कमी	मूल कारण	पौधा-आधारित फ़ूड सप्लीमेंट्स	आयुर्वेदिक हर्ब्स
आयरन	खराब आहार, रक्त की कमी, गर्भावस्था	दालें, छोले, क्विनोआ, और पालक, धनिया या सीताफल जैसे स्रोत	अश्वगंधा, मोरिंगा, स्पिरुलिना
विटामिन A	फलों और सब्जियों का अपर्याप्त सेवन	गाजर, शकरकंद, पालक	आँवला
आयोडीन	आहार में आयोडीन की कमी	समुद्री शैवाल (नोरी, केल्प), आयोडीन युक्त नमक, स्ट्रॉबेरी	कंचनरा गुग्गुलु
विटामिन बी12	अवशोषण न होना	पोषक खमीर, किण्वित खाद्य पदार्थ, समुद्री शैवाल	किण्वित खाद्य पदार्थ

कैल्शियम	अवशोषण न होना, उच्च प्रोटीन सेवन	बादाम, टोफू, पत्तेदार साग, तिल	अश्वगंधा, शतावरी
जिंक	आहार में विविधता की कमी	कद्दू के बीज, दाल, चना	गुडुची (टिनोस्पोरा कॉर्डिफ़ोलिया)
विटामिन डी	सूर्य के प्रकाश के संपर्क में न आना, सनब्लॉक का अत्यधिक उपयोग	तिल के तेल से शरीर की मालिश करें और धूप में बैठें, मशरूम	सूर्य के संपर्क में
फोलेट (विटामिन बी9)	हरी पत्तेदार सब्ज़ियों की कमी	पालक, दालें, एवोकाडो	शतावरी
मैग्नीशियम	खराब आहार	मेवे (खासकर बादाम), बीज	अश्वगंधा

विभिन्न बर्तनों की ऊर्जा

जिन बर्तनों में आप खाना पकाते और रखते हैं, वे प्राण (जीवन का स्रोत), भोजन की ऊर्जा को बढ़ाते हैं। ये बर्तन पोषक तत्वों की जैविक गुणवत्ता में भी सुधार करते हैं। मैं कुछ सबसे ज़्यादा इस्तेमाल होने वाले बर्तनों के बारे में बता रही हूँ।

कांसे के बर्तनों में जीवाणुरोधी गुण होते हैं। इसमें खाना पकाने पर हमारी रोग प्रतिरोधक क्षमता बेहतर होती है। ये पाचन में भी सुधार करते हैं, सूजन कम करते हैं, अम्लता कम करते हैं और समग्र गट हेल्थ को बढ़ावा देते हैं। कांसे के बर्तनों में पकाए और रखे गए भोजन से खनिजों की जैविक गुणवत्ता में भी सुधार हो सकता है। सदियों से, भारत के पारंपरिक घरों में खाना पकाने के लिए

कांसे का इस्तेमाल किया जाता रहा है। आयुर्वेद में, कांसे के बर्तन तीनों दोषों को संतुलित करने, भोजन के सात्विक गुणों, शुद्धता और स्वास्थ्य में सुधार करने में मदद करते हैं। आप रात में तिल के तेल से अपने पैरों की मालिश करने के लिए कांसे की छड़ी का भी इस्तेमाल कर सकते हैं। इससे आपके पैरों के रोमछिद्रों से विषाक्त पदार्थ बाहर निकल जाते हैं।

तांबे के बर्तनों में रोगाणुरोधी गुण होते हैं। यह भोजन को शुद्ध करते हैं और इसमें रखे पानी और भोजन को सकारात्मक रूप से आयोनाइज भी कर सकते हैं। कई घरों में एक आम प्रथा है कि रात भर एक साफ़ तांबे के गिलास में पानी भरकर रखा जाए, क्योंकि इससे पानी गर्म और शुद्ध हो जाता है। तांबे के बर्तन पित्त, पाचन, चयापचय, मिनरल्स अवशोषण में सुधार करते हैं, वजन घटाने और विषहरण में सहायक होते हैं। ये हार्ट हेल्थ को बेहतर बनाने, कोलेस्ट्रॉल स्तर को नियंत्रित करने और ब्लड सर्कुलेशन को बेहतर बनाते हैं। तांबे की विषाक्तता से बचने के लिए हर दिन नींबू और गर्म पानी से अपने तांबे के बर्तनों को साफ़ करें।

पीतल के बर्तनों में सूजन-रोधी और क्षारीय गुण होते हैं, जो पाचन में सुधार करते हैं, पेट के अतिरिक्त अम्ल को निष्क्रिय करते हैं और सूजन को कम करते हैं। ये बर्तनों में रखे भोजन और पानी को शुद्ध करने में भी मदद करते हैं। टमाटर, नींबू जैसे खट्टे खाद्य पदार्थों को कांसे, तांबे और पीतल के बर्तनों में पकाने से बचें, क्योंकि ये अम्लीय हो जाते हैं।

मिट्टी के बर्तन खाना पकाने के लिए सबसे अच्छे माने जाते हैं। मिट्टी में प्राकृतिक इन्सुलेशन होता है, जो स्वाद बढ़ाता है, पोषक तत्वों को बरकरार रखता है, पाचन में सुधार करता है और खाद्य पदार्थों की मिनरल्स गुणवत्ता को बढ़ाता है। मिट्टी की छिद्रयुक्त प्रकृति नमी को बेहतर बनाता है। खाना पकाने के दौरान मिट्टी के बर्तन हल्के रिसाव से खाद्य पदार्थों को एक अद्भुत स्वाद प्रदान करती है। शुरुआत में यह एक मुश्किल लग सकता है, लेकिन जब से मैंने मिट्टी के बर्तनों में दाल, चावल और सब्ज़ियाँ पकाना शुरू किया है, यह एक ऐसी आदत बन गई है, जिसे छोड़ना अब मेरे लिए मुश्किल है।

लोहे के बर्तन आयरन और हीमोग्लोबिन अवशोषण को बेहतर बनाने में मदद करते हैं। ये शरीर को मज़बूत और ऊर्जावान बनाते हैं। आयुर्वेद

में घी के पोषण मूल्य और लाभों को बढ़ाने के लिए इसे लोहे के बर्तनों में रखने की सलाह दी जाती है। अगर आपको एनीमिया या कम हीमोग्लोबिन की समस्या है, तो लोहे के बर्तन कारगर उपाय हो सकते हैं। आप रोटी, क्रेप या डोसा पकाने के लिए लोहे की कड़ाही और तवे का इस्तेमाल कर सकते हैं।

काँच एक नॉन-रिएक्टिव पदार्थ है, जिससे उसमें पके हुए खाद्य पदार्थों का पोषण मूल्य बरकरार रहता है। काँच में खाना पकाने से स्वाद और पोषक तत्व बरकरार रहते हैं। यह टमाटर और नींबू जैसे अम्लीय खाद्य पदार्थों के लिए भी सुरक्षित है। काँच के बर्तन मिलना थोड़ा मुश्किल लग सकता है, लेकिन आप पानी उबालने और चाय बनाने के लिए काँच की केतली ले सकते हैं।

लकड़ी एक नॉन-रिएक्टिव पदार्थ है, जिसमें प्राकृतिक ऊर्जा होती है। लकड़ी गर्मी बनाए रखने में मदद करती है। यह हमारे भोजन में मिट्टी जैसा स्वाद जोड़ती है। आप अपनी रसोई में लकड़ी के चम्मच, स्पैचुला, कटिंग बोर्ड का इस्तेमाल कर सकते हैं।

पत्थर में एक ज़मीनी ऊर्जा होती है। यह गर्मी को अच्छी तरह से बरकरार रखता है और खाने का स्वाद बढ़ाता है। आप इडली-डोसा का घोल, चटनी और डिप पीसने के लिए पत्थर वाले ग्राइंडर का इस्तेमाल कर सकते हैं। आप गुआकामोल और मसालों को हाथ से पीसने के लिए पत्थर के ओखल और मूसल का इस्तेमाल कर सकते हैं। पत्थर खाने का स्वाद बढ़ाता है। आप करी और सूप पकाने के लिए पत्थर के बर्तनों का भी इस्तेमाल कर सकते हैं।

टेफ्लॉन कोटेड नॉन-स्टिक बर्तनों, एल्युमीनियम के बर्तनों, प्लास्टिक के कंटेनरों से बचें, क्योंकि ये लंबे समय में स्वास्थ्य के लिए गंभीर खतरा पैदा करते हैं। गर्म होने पर, टेफ्लॉन और नॉन-स्टिक कोटिंग हानिकारक धुएँ छोड़ते हैं, जिससे फ्लू जैसे लक्षण पैदा होते हैं। इसे टेफ्लॉन फ्लू कहा जाता है। खाना पकाने के दौरान एल्युमीनियम भोजन में घुल सकता है, जिससे एल्युमीनियम आयन की खपत बढ़ जाती है, जो न्यूरोटॉक्सिसिटी, अल्जाइमर रोग, मनोभ्रंश, गुर्दे की क्षति और हड्डियों के विकारों से जुड़ा है। प्लास्टिक के कंटेनर हानिकारक रसायनों जैसे बीपीए (बिस्फेनॉल ए), फथलेट्स और अन्य अंतःस्रावी विघटनकारी पदार्थों को सोख सकते हैं, जो हार्मोनल स्वास्थ्य, प्रजनन

क्षमता को नुकसान पहुँचा सकते हैं और कैंसर और चयापचय संबंधी विकारों के जोखिम को बढ़ा सकते हैं।

भोजन पकाने की ऊर्जा

लकड़ी के चूल्हे पर खाना पकाने से खाने का स्वाद बढ़ जाता है। प्राकृतिक धुआँ खाने का स्वाद बढ़ाता है। लकड़ी के चूल्हे पर खाना पकाने से ऊर्जा बढ़ती है। खाने में नमी और पोषक तत्व बरकरार रहते हैं। इसमें अस्वास्थ्यकर कैलोरी कम होती है और यह पर्यावरण के अनुकूल भी है। कैंपिंग और हाइकिंग के दौरान कभी-कभार लकड़ी के चूल्हे पर खाना खाने का प्लान कर सकते हैं। आप किसी बेहतर रेस्टोरेंट से लकड़ी के चूल्हे पर बने पिज्जा या ब्रेड का भी मजा ले सकते हैं।

गैस चूल्हे पर खाना पकाना एक सुरक्षित विकल्प है। यह इस्तेमाल किए जाने वाले बर्तनों के मामले में काफ़ी लचीलापन और अनुकूलनशीलता प्रदान करता है। आप खाना पकाने और इन सामग्रियों से मिलने वाले मिनरल्स बेनिफिट बढ़ाने के लिए मिट्टी, कांसा, पीतल, लोहे की कड़ाही, स्टील, काँच, पत्थर से बने विभिन्न प्रकार के बर्तनों का उपयोग कर सकते हैं।

इलेक्ट्रिक प्लेट एक सुरक्षित, यूज में आसान और स्वच्छ विकल्प है। यह खाना पकाने के दौरान तापमान स्थिर रखता है। लेकिन कुछ अध्ययनों से पता चलता है कि जब इसका ज़्यादा इस्तेमाल किया जाता है, तो यह विद्युत चुम्बकीय क्षेत्र उत्सर्जित कर सकता है।[22]

इंडक्शन प्लेट एक सुरक्षित विकल्प है। यह भोजन को तेज़ी से और समान रूप से पकाता है। इसमें सटीक तापमान नियंत्रण होता है। यह उत्सर्जन कम

---

22. एर्डेम आसा, मुस्तक मोहम्मद, ओमर सी. ओनार, आदि, 'वायरलेस इलेक्ट्रिक वाहन चार्जिंग (डब्ल्यूईवीसी) में विद्युत चुम्बकीय क्षेत्र (ईएमएफ) अनुप्रयोग,' ओक रिज राष्ट्रीय प्रयोगशाला, 2020। https:// www.osti.gov/servlets/purl/1649127

यह अध्ययन दर्शाता है कि जहाँ इलेक्ट्रिक प्लेटें खाना पकाने के लिए एक समान तापमान और उपयोग में आसानी प्रदान करती हैं, वहीं अत्यधिक और अनुचित उपयोग से ईएमएफ उत्सर्जन हो सकता है, हालाँकि इन्हें उचित डिज़ाइन और परिरक्षण के साथ प्रबंधित किया जा सकता है।

करके वायु गुणवत्ता में सुधार करता है। यह आवश्यक है कि इंडक्शन प्लेट पर खाना पकाने के लिए आपके पास स्टील (एल्युमीनियम या टेफ्लॉन नहीं) के सही कुकवेयर हों।

माइक्रोवेव भोजन को जल्दी गर्म करने के लिए विद्युत-चुंबकीय तरंगों का उपयोग करते हैं। यह आसान और सुविधाजनक लगता है, लेकिन माइक्रोवेव के लाभों और खतरों के बारे में बहुत सारी बातें होती हैं। कुछ अध्ययनों से पता चलता है कि सब्जियों को माइक्रोवेव करने से उनके पोषक तत्व 30-40% तक कम हो सकते हैं। ख़ास कर, विटामिन सी, बी और एंटीऑक्सीडेंट की हानि हो सकती है। प्रोटीन युक्त खाद्य पदार्थों को माइक्रोवेव करने से प्रोटीन टूट सकते हैं। आवश्यक अमीनो एसिड की जैव गुणवत्ता कम हो जाती है, जिससे उन्हें पचाना मुश्किल हो जाता है। इस कारण, मांसपेशियों की मरम्मत और विकास पर नकारात्मक असर होता है। इसके अलावा माइक्रोवेव भोजन को असमान रूप से गर्म करता है। इस वजह से लिस्टेरिया और साल्मोनेला जैसे बैक्टीरिया पनप सकते हैं। हालाँकि, सबसे खतरनाक है, प्लास्टिक कंटेनरों में खाना माइक्रोवेव करना, जिससे हानिकारक सूक्ष्म प्लास्टिक और बीपीए आपके खाने में मिल सकते हैं। इससे आपको लंबे समय में काफी नुकसान हो सकता है और कई प्रकार के कैंसर का खतरा बढ़ सकता है। प्लास्टिक कंटेनरों में खाना माइक्रोवेव करने से बचें। इससे आपके भोजन में प्लास्टिक के लाखों नैनो कण निकल सकते हैं, जो आपके ब्लड में घुस कर जीवनशैली संबंधी बीमारियों और गंभीर स्वास्थ्य समस्याएँ पैदा कर सकती हैं।

एयर फ्रायर देखने में भले ही ठीक लगते हो, लेकिन इसके कुछ खतरे भी हैं। जाँच लें कि आपका एयर फ्रायर टेफ्लॉन जैसी नॉन-स्टिक कोटिंग से बना है या नहीं। कई एयर फ्रायर की नॉन-स्टिक कोटिंग हाई टेम्परेचर पर टूटने लगती है, जिससे हमारे खाने में और भी हानिकारक कम्पाउंड और विषाक्त पदार्थ मिल जाते हैं और हमारे खून में प्रवेश कर जाते हैं। कुछ एयर फ्रायर में वायर कोटिंग होती है, जो खाना पकाते समय एंटीमनी जैसे हेवी मेटल्स भोजन में मिल जाते हैं। इससे हमारे बृहदान्त्र, यकृत और गुर्दे को गंभीर नुकसान हो सकता है। इसके बजाय, स्टेनलेस स्टील या सिरेमिक से बने एयर फ्रायर चुनें

और अपने एयर फ्रायर को नियमित रूप से एप्पल साइडर विनेगर और बेकिंग सोडा से साफ़ करें।

अधिक से अधिक ताजा भोजन ही लें। रसोई के चूल्हे पर हमेशा एक पैन रखें, जिससे आप खाने को जल्दी से गर्म कर सकें। पोषक तत्वों को बनाए रखने के लिए भाप या सॉटे जैसे खाना पकाने के तरीकों का इस्तेमाल करें।

बर्तन का भोजन पर प्रभाव

नॉन-रिएक्टिव

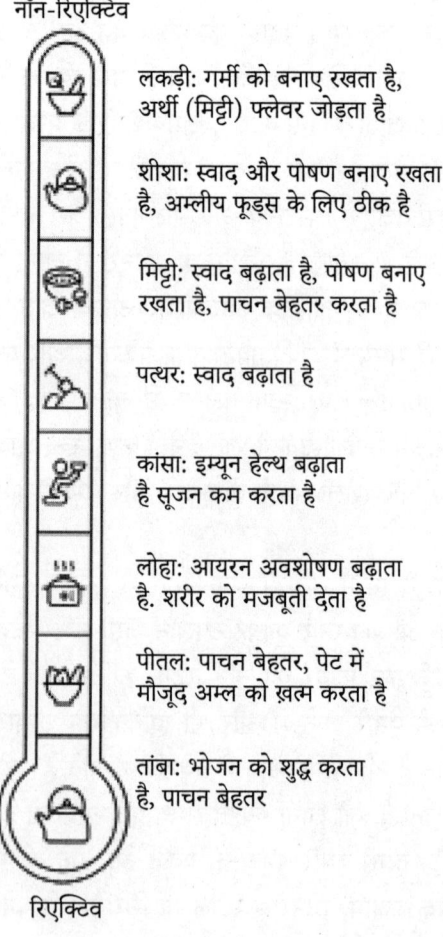

लकड़ी: गर्मी को बनाए रखता है, अर्थी (मिट्टी) फ्लेवर जोड़ता है

शीशा: स्वाद और पोषण बनाए रखता है, अम्लीय फूड्स के लिए ठीक है

मिट्टी: स्वाद बढ़ाता है, पोषण बनाए रखता है, पाचन बेहतर करता है

पत्थर: स्वाद बढ़ाता है

कांसा: इम्यून हेल्थ बढ़ाता है सूजन कम करता है

लोहा: आयरन अवशोषण बढ़ाता है. शरीर को मजबूती देता है

पीतल: पाचन बेहतर, पेट में मौजूद अम्ल को ख़त्म करता है

तांबा: भोजन को शुद्ध करता है, पाचन बेहतर

रिएक्टिव

खाद्य भंडारण की ऊर्जा

पके हुए खाद्य पदार्थों को रात भर न रखें। खासकर पके हुए चावल, क्विनोआ, ओट्स जैसे खाद्य पदार्थों को, क्योंकि इनमें फफूंदी लगने का खतरा होता है। फफूंद नम, ठंडे वातावरण में पनपती है और रेफ्रिजरेटर अक्सर पके हुए खाने पर फफूंद को तेज़ी से पनपने के लिए पर्याप्त नमी प्रदान करते हैं। फफूंद नंगी आँखों से दिखाई नहीं दे सकती। ये खाने में घुस कर माइकोटॉक्सिन और एफ्लाटॉक्सिन छोड़ते हैं। माइकोटॉक्सिन दस्त, भोजन विषाक्तता जैसे लक्षण पैदा कर सकते हैं और एफ्लाटॉक्सिन लीवर और किडनी को गंभीर नुकसान पहुँचा सकते हैं। ये कैंसर कोशिकाओं को भी सक्रिय कर सकते हैं। रात भर रखा हुआ पका हुआ खाना तामसिक हो जाता है। यह सुस्ती, थकान और बीमारी जैसे नकारात्मक गुणों को बढ़ा देता है। ताज़ा पकाए गए खाने को सात्विक कहा जाता है। यह आपको अधिक ऊर्जा और स्वास्थ्य प्रदान करते हैं।

बिना पके चावल में बैसिलस सेरेस के बीजाणु होते हैं। यह एक ऐसा जीताणु है, जो भोजन विषाक्तता को बढ़ावा देता है। यह जीवाणु तेज़ी से बढ़ता है और चावल पकने पर भी जीवित रह सकता है। दुर्भाग्य से गलत तरीके से संग्रहित और पकाया गया चावल खाद्य विषाक्तता और दस्त, पेट फूलना, अपच, मतली, कब्ज, उल्टी के लक्षणों के प्रमुख कारणों में से एक है। यही कारण है कि जब आप बाहर खाते हैं, तो अगले दिन आपको ये लक्षण अनुभव होते हैं। कई रेस्तरां सुशी, फ्राइड राइस और अन्य व्यंजन बनाने के लिए पुराने चावल का उपयोग करते हैं। पके हुए चावल में नमी और आर्द्रता के कारण बहुत जल्दी फफूंदी लगने का खतरा होता है। जब चावल पकाया जाता है और कमरे के तापमान पर छोड़ दिया जाता है, तो यह बैसिलस सेरेस को बीजाणुओं को विकसित करना शुरू कर देता है। इससे खाद्य विषाक्तता हो सकती है। बैक्टीरिया 25 डिग्री सेल्सियस से 37 डिग्री सेल्सियस के बीच के तापमान में पनपता है। एनएचएस इंग्लैंड का कहना है कि चावल को दोबारा गर्म करने से गंभीर खाद्य विषाक्तता हो सकती है।[23]

---

23. https://www.nhs.uk/conditions/food-poisoning/

चावल पकाएँ और गरमागरम खाएँ। बचे हुए चावल को ठंडा करके 4 डिग्री सेल्सियस से कम तापमान पर रेफ्रिजरेट करना ज़रूरी है, ताकि बैक्टीरिया न पनपें। पके हुए चावल, नूडल्स, पास्ता और कार्बोहाइड्रेट युक्त खाद्य पदार्थों को एक दिन से ज़्यादा रेफ्रिजरेट न करें। चावल को कम-से-कम 75 डिग्री सेल्सियस के तापमान पर दोबारा गरम करें, ताकि बीजाणु निष्क्रिय हो जाएँ और बैक्टीरिया मर जाएँ।

आलू, प्याज, लहसुन, अदरक, शिमला मिर्च, टमाटर, एवोकाडो जैसी कच्ची सब्ज़ियों को रेफ्रिजरेट न करें। ये सब्ज़ियाँ ठंडे तापमान के प्रति संवेदनशील होती हैं और फफूंद लगने का खतरा बना रहता है। जब आर्द्रता का स्तर 60% से ऊपर चला जाता है, तो फफूंद लगना शुरू हो सकती है। रेफ्रिजरेटर में आर्द्रता का स्तर 60% से भी ज़्यादा होता है, जो फफूंद और अन्य प्रकार के कवकों के विकास के लिए अनुकूल होता है। अदरक, प्याज और लहसुन पर लगने वाली फफूंद सफ़ेद, नीले, हरे या काले रंग की हो सकती है, जो माइकोटॉक्सिन और एफ्लाटॉक्सिन नामक खतरनाक विषाक्त पदार्थ छोड़ती है। इससे मतली, दस्त, भोजन विषाक्तता, यकृत और गुर्दे की क्षति हो सकती है। इससे भ्रूण विकास और प्रतिरक्षा प्रणाली पर असर पड़ सकता है।

अदरक एक उष्ण कटिबंधीय पौधा है। यह आमतौर पर वसंत या शुरुआती गर्मियों में उगाया जाता है। यह 10 डिग्री सेल्सियस या 14 डिग्री फ़ारेनहाइट से नीचे के तापमान को सहन नहीं कर सकता। इसमें नमी और फफूंद जमा होने लगती है। ऐसे अदरक का सेवन कभी न करें, जिसमें हल्का-सा भी नीला, हरा रंग या रंगहीनता हो, क्योंकि इससे गंभीर भोजन विषाक्तता हो सकती है। अदरक को छिलके सहित अपने रसोई के दराज जैसी सूखी, अंधेरी, गर्म जगह पर रखें। वैकल्पिक रूप से, आप अदरक का रस निकाल कर एक हफ्ते तक फ्रिज में रख सकते हैं।

लहसुन में बोटुलिज़्म पैदा करने वाले बीजाणु हो सकते हैं। यह खराब भंडारण में सक्रिय हो जाते हैं। लहसुन बहुत अधिक गर्म या बहुत अधिक ठंडे तापमान को सहन नहीं कर सकता। यह ठंडे और नम वातावरण में उगता है, लेकिन परिपक्व होने के दौरान इसे गर्म और शुष्क मौसम की आवश्यकता होती है। लहसुन को फ्रिज में रखने से यह अन्य खाद्य पदार्थों की नमी के संपर्क में

आ सकता है, जिससे अंकुरण और यहाँ तक कि फफूंदी भी लग सकती है। लहसुन को सूखी और खुली जगह पर रखना सबसे अच्छा होता है। आप इसे रसोई की दीवार के किनारे लटका सकते हैं। प्याज के साथ जालीदार टोकरी में रख सकते हैं।

प्याज में स्टार्च होता है। इसे रेफ्रिजरेट करने पर यह शुगर में बदल जाता है, जिससे उसमें फफूंदी लगने का खतरा बढ़ जाता है। फ्रिज में रखे कटे हुए प्याज हवा, नमी और रोगजनक बैक्टीरिया के संपर्क में आते हैं, जिससे प्याज ऑक्सीकृत हो जाता है। इससे वे विषाक्त हो जाते हैं और फफूंदी लगने का खतरा बढ़ जाता है। मिशिगन स्टेट यूनिवर्सिटी प्याज को 35 से 55 डिग्री फ़ारेनहाइट के बीच कम आर्द्रता वाली सूखी जगह पर रखने का सुझाव देती है। इस तरह से प्याज को आठ महीने तक आसानी से संग्रहीत किया जा सकता है।[24]

प्याज और लहसुन को खाना बनाते समय ही छीलें। आप लहसुन और प्याज का अचार भी बना सकते हैं। या फिर इन्हें किण्वित करके किमची बनाएँ। पके हुए रूप में, इन खाद्य पदार्थों की शेल्फ लाइफ लंबी होती है।

अंकुरित प्याज, लहसुन और आलू का सेवन न करें, क्योंकि इनमें ज़हरीले पादप रसायन होते हैं।

अंकुरित प्याज एन-प्रोपाइल डाइसल्फ़ाइड जैसे हाई लेवल के एल्कलॉइड पैदा करते हैं, जो अधिक मात्रा में अस्वास्थ्यकर और विषैले होते हैं। यह हेमोलिटिक एनीमिया को ट्रिगर कर सकता है, जिससे लाल रक्त कोशिकाओं को नुकसान पहुँचता है, और मतली, उल्टी, पेट दर्द और दस्त जैसे अन्य लक्षण पैदा होते हैं।

अंकुरित लहसुन में उच्च स्तर के सल्फर कम्पाउंड होते हैं, जो विषैले होते हैं। अंकुरित लहसुन में मौजूद कम्पाउंड जठरांत्र संबंधी परेशानी पैदा कर सकते

24. प्याज की कटाई और संरक्षण के सरल उपाय, मिशिगन स्टेट यूनिवर्सिटी, https://www.canr.msu.edu/news/simple_steps_to_harvesting_and_preserving_onions https://www.canr.msu.edu/resources/onions_commercial_vegetable_recommendations_e1307

हैं और लाल रक्त कोशिकाओं को ऑक्सीडेटिव क्षति पहुँचा सकते हैं। इस वजह से कुछ लोगों में एनीमिया हो सकता है।

अंकुरित आलू सोलनिन और चाकोनिन जैसे ग्लाइकोएल्कलॉइड उत्पन्न करते हैं, जो आलू के हरे भाग में केंद्रित होते हैं। अंकुरित आलू के सेवन से सोलनिन विषाक्तता, मतली, उल्टी, दस्त, सिरदर्द, भ्रम और मतिभ्रम जैसे तंत्रिका संबंधी लक्षण हो सकते हैं। अधिक मात्रा में इसका सेवन घातक हो सकता है।

ये सब्ज़ियाँ ताज़ा पकाकर खाने पर स्वास्थ्यवर्धक होती हैं, लेकिन अंकुरित होने पर रासायनिक परिवर्तन होता है, जो इन्हें विषाक्त बना देता है।

आलू, पालक और पत्तेदार सब्जियों जैसे खाद्य पदार्थों को दोबारा गर्म न करें।

आलू को दोबारा गर्म करने से बोटुलिज़्म विषाक्त पैदा हो सकते हैं। खासकर अगर उन्हें ठीक से संग्रहीत न किया गया हो या नम वातावरण में रखा गया हो। आलू, प्याज, लहसुन को हवा के संचार के लिए जालीदार बर्तन में सूखी, अंधेरी और ठंडी जगह पर रखना सबसे अच्छा होता है।

पालक और अन्य पत्तेदार सब्जियों में नाइट्रेट प्रचुर मात्रा में होते हैं। दोबारा गर्म करने पर, ये नाइट्रेट नाइट्राइट में परिवर्तित हो सकते हैं, जो संभावित रूप से हानिकारक हैं और कैंसर के बढ़ते जोखिम से जुड़े हैं।

दोबारा गर्म किया गया भोजन तामसिक भी हो जाता है। इससे सभी पोषक तत्व नष्ट हो जाते हैं और आप केवल खाली कैलोरी का सेवन कर रहे होते हैं। इन सब्जियों को ताज़ा या पकाने के तुरंत बाद खाना सबसे अच्छा है। बचे हुए भोजन को उचित तापमान पर रखें और चावल, आलू, पत्तेदार सब्जियों जैसे उच्च जोखिम वाले खाद्य पदार्थों को दोबारा गर्म करने से बचें।

ताज़ा पका हुआ खाना खाएँ। सुबह ताज़ा पका हुआ खाना खाएँ और दोपहर और रात के खाने में भी वही खाएँ। पूरे हफ़्ते के बजाय, एक दिन के लिए बैच कुकिंग करें और मोनो डाइटिंग का पालन करें, जिसमें आप दोपहर और रात के खाने में एक ही खाना खाते हैं, ताकि आपका किचन का काम कम हो जाए। आप अपने पाचन तंत्र को हेवी मेटल्स, विषाक्त पदार्थों, फफूंद और

अस्वास्थ्यकर बैक्टीरिया से मुक्त करने के लिए हर साल आयुर्वेदिक पंचकर्म शुद्धि भी कर सकते हैं।

आपके आस-पास की ऊर्जा

हमारे आसपास के वातावरण का भी हमारे स्वास्थ्य पर असर होता है। जब हम चिकित्सा कराने के दौर में होते हैं, तब खुद को स्वस्थ ऊर्जा आवृत्ति से घेरना और अपने वातावरण में ऐसी चीज़ से बचना भी ज़रूरी है, जो ऊर्जा को अवरुद्ध करती है। उदाहरण के लिए, प्लास्टिक के पौधों को अस्वास्थ्यकर माना जाता है। वे ऑक्सीजन नहीं देते, उलटे जगह घेरते हैं और ऊर्जा के स्वतंत्र प्रवाह को रोकते हैं। दूसरी ओर, जीवित पौधे ऑक्सीजन प्रदान करते हैं। उन्हें पानी देने और उनकी देखभाल करने की प्रक्रिया आपके पेट में अच्छे बैक्टीरिया को भी बेहतर बनाती है, जिससे आपके पाचन, नींद की गुणवत्ता और समग्र स्वास्थ्य में सुधार होता है।

आप अपनी रसोई में तुलसी, एलोवेरा, लेमन ग्रास, पुदीना, लैवेंडर आसानी से उगा सकते हैं। इन पौधों में उच्च कंपन आवृत्ति होती है। यह हवा को शुद्ध करने और आपके वातावरण में शांति और स्थिरता लाने में मदद करती है। इनमें एक ताज़ा ऊर्जा होती है और आप इन्हें अपनी चाय और पके हुए खाने में मिलाकर स्वाद बढ़ा सकते हैं।

आपके घर के लिए कम देखभाल वाले अन्य पौधों में स्पाइडर प्लांट, स्नेक प्लांट, पीस लिली, बैम्बू पाम आदि शामिल हैं। ये हवा को शुद्ध करते हैं, विषाक्त पदार्थों को बाहर निकालते हैं, आर्द्रता बढ़ाते हैं और घर में भावनात्मक उपचार और संतुलन को बढ़ावा देने में मदद करते हैं।

प्रदूषण, जलवायु परिवर्तन, कृषि कार्य के तरीकों में बदलाव, प्रोसेस्ड फूड जैसे कारक भी हमारे स्वास्थ्य पर नकारात्मक प्रभाव डाल सकते हैं। माइक्रोप्लास्टिक और विषाक्त पदार्थ हमारे कपड़ों, बर्तनों, घरेलू देखभाल उत्पादों और पर्सनल केयर प्रोडक्ट में प्रचुर मात्रा में पाए जाने वाले नकारात्मक तत्व हैं। यह हमारे अंतःस्रावी हार्मोन को बिगाड़ सकते हैं और दीर्घकालिक जीवनशैली संबंधी बीमारियों का कारण बन सकते हैं। आपको घरेलू ब्रांडों पर

शोध करनी चाहिए और अपने शरीर और घर के लिए स्वच्छ, जैविक, पौधों पर आधारित, पर्यावरण के अनुकूल उत्पादों का उपयोग करना चाहिए।

कपड़ों की ऊर्जा और स्वास्थ्य पर उनका प्रभाव

आपके कपड़े एक विशिष्ट कंपन आवृत्ति भी उत्सर्जित करते हैं। यह हमारी ऊर्जा के साथ अंतःक्रिया कर सकती है। हर कपड़ा एक विशिष्ट कंपन आवृत्ति उत्सर्जित करता है। यह हमारे ऊर्जा स्तर और भावनात्मक स्थिति को प्रभावित कर सकती है। यह न केवल हमारी व्यक्तिगत शैली बल्कि हमारी भावनात्मक कल्याण के लिए भी असरकारी है।

आइए विभिन्न कपड़ों और उनकी आवृत्तियों पर एक नज़र डालते हैं और हमारे स्वास्थ्य पर उनके संभावित प्रभाव को समझते हैं:

उच्च-कंपन वाले कपड़े

लिनन: लगभग 5,000 हर्ट्ज़ पर कंपन करता है, जो संभवतः कपड़ों द्वारा उत्सर्जित उच्चतम आवृत्तियों में से एक है। यह एक हल्का, हवादार कपड़ा है, जो मानसिक शान्ति में सुधार और तनाव कम करने के लिए जाना जाता है। आयुर्वेद में भी इसके प्राकृतिक गुणों की प्रशंसा की गई है, क्योंकि यह प्रकृति के साथ हमारे जुड़ाव को बेहतर बनाता है। हालाँकि यह उच्च रखरखाव वाला कपड़ा है। फिर भी यह दैनिक रूप से पहनने के लिए एक शानदार विकल्प है।

ऊनी: लगभग 5,000 हर्ट्ज़ पर कंपन करता है, जो हमारे आसपास रहने के लिए एक उच्च और स्वास्थ्यवर्धक आवृत्ति है। ऊन गर्मी और आराम प्रदान कर सकता है। भावनात्मक स्थिरता चाहने वालों के लिए यह एक उत्कृष्ट विकल्प है।

ऑर्गेनिक कॉटन: 70 से 400 हर्ट्ज़ के बीच की आवृत्तियों का उत्सर्जन करता है। ऑर्गेनिक कॉटन त्वचा के लिए कोमल होता है और संतुलित ऊर्जा अवस्था बनाए रखता है। आयुर्वेद में भी इसे शुद्ध और स्वास्थ्यवर्धक माना जाता है। ऑर्गेनिक कॉटन वास्तव में मानव शरीर की आवृत्ति के साथ निकटता से जुड़ा होता है, जिससे यह प्रतिदिन पहनने के लिए एक बेहतर विकल्प बन जाता

है। भले ही प्रतिदिन ऑर्गेनिक कॉटन पहनना संभव न हो, फिर भी सुनिश्चित करें कि आपके अंडरगारमेंट्स और पजामा कॉटन के हों।

'लिनन और ऊन जैसे उच्च आवृत्ति वाले कपड़े पहनना
खुद को उपचारात्मक कंपनों में लपेटने जैसा है।'

रेशम लगभग 5,000 हर्ट्ज़ पर कंपन करता है, लेकिन रेशम के कीड़ों को ज़िंदा उबालकर रेशम निकालने की प्रक्रिया में ही एक नकारात्मक ऊर्जा होती है। इसलिए मैं इस कपड़े की सलाह नहीं देती। इसके बजाय, कपास और लिनन जैसे कपड़े चुनें, जो क्रूरता-मुक्त हों। साथ ही, यह भी सुनिश्चित करें कि वे किसानों से सही दाम पर और सही तरीके से लिए गए हों।

कम या मध्यम कंपन वाले कपड़े

नॉन-ऑर्गेनिक कॉटन: इसमें मौजूद रसायनों के कारण यह 40 से 70 हर्ट्ज़ के बीच कंपन आवृत्ति उत्सर्जित करता है। दुर्भाग्य से हमारी त्वचा रोमछिद्रों के माध्यम से इसे अवशोषित कर लेती है।

पॉलिएस्टर: इसमें 100 हर्ट्ज़ से 10 हर्ट्ज़ के बीच कंपन आवृत्ति उत्सर्जित होती है। इसमें हानिकारक केमिकल्स का इस्तेमाल होता है। पॉलिएस्टर से बने कपड़ों से बचें या कम-से-कम इस्तेमाल करें, क्योंकि यह आपके पसीने को रोकता है और त्वचा संबंधी समस्याएँ पैदा कर सकता है।

नायलॉन और स्पैन्डेक्स: 15 से 200 हर्ट्ज़ के बीच कंपन आवृत्ति उत्सर्जित करते हैं। यह भी उपचार और रिकवरी में सहायक नहीं हो सकती है।

गैर-जैविक कपास, पॉलिएस्टर, नायलॉन, स्पैन्डेक्स जैसे कपड़ों को 20% तक ही इस्तेमाल करें।

80:20 के सरल नियम का पालन करें, जिसके अनुसार घर पर या काम पर 80% समय आप लिनेन, ऊन और कपास के कपड़े पहने और जब आप बाहर सामाजिक गतिविधियों में भाग लेते हैं, तो 20% अन्य कपड़े पहन सकते हैं।

अगर आप किसी बीमारी से ठीक होने की प्रक्रिया में हैं, तो सूती कपड़े पहनना सबसे अच्छा है। अगर आप ध्यान, प्रार्थना, जप कर रहे हैं, तो अधिकतम प्रभाव और लाभ के लिए सूती, ऊनी या लिनन के कपड़े पहनें।

कम कंपन वाले कपड़े बेचैनी या नकारात्मकता की भावना पैदा कर सकते हैं। इससे तनाव या पेट की समस्याएँ हो सकती हैं। वहीं, उच्च कंपन वाले कपड़े शांति और कल्याण की भावना को बढ़ावा दे सकते हैं, बेहतर पाचन और समग्र स्वास्थ्य का समर्थन कर सकते हैं।

कपड़ों का स्वास्थ्य पर प्रभाव

नीच से ऊपर
लाइनेन
मानसिक शान्ति, तनाव घटाता है
ऊन
ग्राउंडिंग प्रभाव, भावनात्मक स्थिरता
ओरगेनिक कॉटन
सौम्य, संतुलित एनर्जी को सपोर्ट करता है
पोलिस्टर
पसीना रोकता है, जिससे त्वचा की दिक्कतें हो सकती है.
नॉन-ओरगेनिक कॉटन
रोमछिद्र से केमिकल्स का अवशोषण
नाइलोन/ स्पेनडेक्स
हीलिंग और रिकवरी में बाधा

रंगों की ऊर्जा और स्वास्थ्य पर उनका प्रभाव

रंग भी अपनी अनूठी कंपन आवृत्तियों से हमारे मूड को प्रभावित कर सकते हैं। प्रकृति के सभी रंग सुंदर हैं। आप वर्तमान में किस तरह के मूड का अनुभव कर रहे हैं और आप किस ऊर्जा के साथ तालमेल बिठाना चाहते हैं, इसके आधार पर आप एक विशिष्ट रंग का चुनाव कर सकते हैं।

लाल रंग 400 से 800 टीहर्ट्ज़ के बीच कंपन करता है। यह जुनून, ऊर्जा और शक्ति का प्रतीक है। जब भी मुझे ऊर्जा की कमी या थकान महसूस होती है, तो मैं काम पर जाने के लिए लाल रंग की पोशाक चुनती हूँ। इसका मेरी मानसिक स्थिति पर गहरा प्रभाव पड़ता है। यह आपको अतिरिक्त प्रेरणा देता है और ऊर्जा से भर देता है।

नारंगी रंग 480 से 510 टीहर्ट्ज़ के बीच कंपन करता है। यह रचनात्मकता का प्रतीक है। यह उत्साह, गर्मजोशी, सामाजिक मेलजोल और जुड़ाव की भावना पैदा करता है। बच्चों को नारंगी रंग बहुत पसंद होता है। अगर आप अपने कमरे के मूड और उत्साह को बेहतर बनाना चाहते हैं, तो यह आपके कमरे को सजाने के लिए एकदम सही रंग है। जब आपको थोड़ी प्रेरणा और प्रोत्साहन की ज़रूरत महसूस हो, तो नारंगी रंग का इस्तेमाल करें या नारंगी रंग पहनें।

पीला रंग 510 से 540 टीहर्ट्ज़ के बीच कंपन करता है। यह सूर्य की तरह खुशी और आशावाद का प्रतीक है। यह मानसिक एकाग्रता में सुधार करता है। अपने बच्चों के कमरे, अध्ययन कक्ष और कार्यस्थल में पीले रंग का ज़रूर इस्तेमाल करें। सुबह के समय धूप में बैठने का आनंद किसी और चीज़ से कम नहीं है।

हरा रंग 540 से 580 टीहर्ट्ज़ के बीच कंपन करता है। प्रकृति की तरह, हरा रंग सद्भाव और उपचार की भावना का प्रतीक है। अधिकांश अस्पताल, क्लीनिक, आयुर्वेदिक चिकित्सा केंद्र और स्पा सेंटर हरे रंग का उपयोग करते हैं। यह शांति और संतुलन की भावना पैदा करता है। जब भी आप तनावग्रस्त हों, तो हरा रंग पहनें और अपने मूड को बेहतर होते हुए देखें।

नीला रंग 580 से 620 टी हर्ट्ज़ के बीच कंपन करता है। यह गहरे नीले समुद्र की तरह शांति और स्थिरता का एहसास कराता है। यह मानसिक शान्ति,

संचार कौशल और खुद को अभिव्यक्त करने की हमारी क्षमता को बेहतर बनाने में भी मदद करता है। आप देखेंगे कि जब भी आप समुद्र तटों पर जाते हैं, तो आप शांत और स्पष्ट मन का अनुभव करते हैं। नीला समुद्र आपकी मानसिक गहराई और स्पष्टता को भी बेहतर बनाता है। आपमें शांति और सद्भाव की भावना पैदा होती है। अपने ध्यान कक्ष में, अपनी कलाकृतियों और सजावट में नीले रंग का इस्तेमाल कर सकते हैं।

इंडिगो रंग 620 से 670 टी हर्ट्ज़ के बीच कंपन करता है। यह अंतर्ज्ञान और आध्यात्मिकता का प्रतीक है। यह गहरा रंग आपके ध्यान अभ्यास को बेहतर बनाता है, आपकी चेतना को उन्नत करता है और आपको खुद से जुड़ने में मदद करता है। मुकुट चक्र इसी रंग से जुड़ा है। अगर आप ध्यान के दौरान इंडिगो कलर का लिनेन या ऑर्गेनिक कॉटन का कपड़ा पहनते हैं, तो यह आपके आध्यात्मिक कल्याण पर गहरा असर डालेगा।

बैंगनी रंग 670 से 750 टी हर्ट्ज़ के बीच की आवृत्ति में कंपन करते हैं। यह आध्यात्मिकता और ज्ञानोदय का प्रतीक है। यह आपकी चेतना, जागरूकता और आत्मनिरीक्षण को बेहतर बनाने में मदद कर सकता है।

सफ़ेद सबसे अधिक कंपन आवृत्ति (400-750 टेरा हर्ट्ज़) वाला रंग है, क्योंकि यह सभी रंगों का योग है। यह शुद्धता, शांति और नई शुरुआत का प्रतिनिधित्व करता है। कई ऋषि, भिक्षु और पुजारी अपनी आध्यात्मिक साधना में सहयोग के लिए सफ़ेद रंग का ऑर्गेनिक कॉटन पहनते हैं। सफ़ेद रंग के पजामे पहन कर अगर आप रात को सोते हैं, तो आप गहरी आरईएम नींद में जा सकते हैं।

काला सभी प्रकाश आवृत्तियों को अवशोषित करता है। इसका स्पेक्ट्रम 400 से 750 टेरा हर्ट्ज़ के बीच होता है और इसमें बैंगनी से लेकर लाल तक सभी रंग शामिल होते हैं। लेकिन, इसमें काला रंग की अनुपस्थिति है, इसलिए यह इन आवृत्तियों की पूरी शृंखला को अवशोषित कर लेता है। अगर आप शरीर की गर्मी बढ़ाना चाहते हैं तो यह पहनने के लिए एक उपयुक्त रंग है। यह इस ब्रह्मांड की गहराई, विनाश और समय के अंत, प्रकाश और पदार्थ का प्रतिनिधित्व करता है। अगर आप शरीर की गर्मी में सुधार करना चाहते हैं, तो आप काले रंग का कपड़ा पहन सकते हैं। लेकिन

अगर आप चिंता, तनाव, अवसाद के लक्षणों से गुज़र रहे हैं, तो काला कपड़ा न पहने।

रंगों का प्रभाव

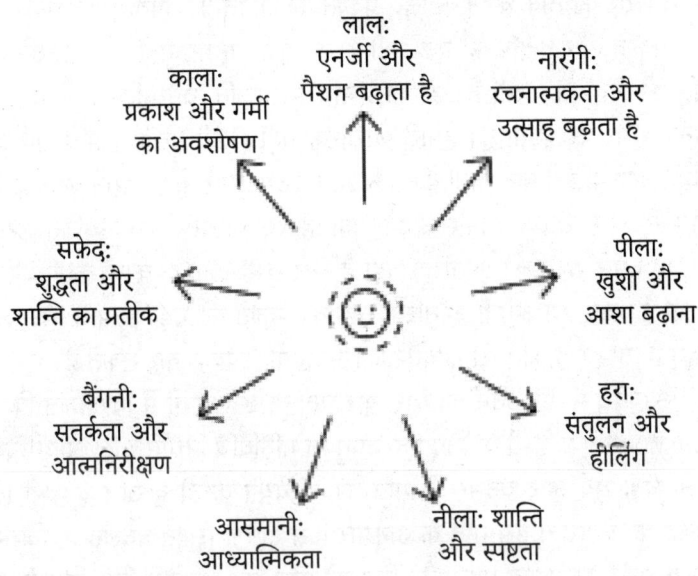

आप जो कपड़ा पहनते हैं, जिस रंग का कपड़ा पहनते हैं या अपने रहने और काम करने की जगहों में जिन रंगों को शामिल करते हैं, तो असल में आप एक ख़ास ऊर्जा चुन रहे होते हैं। घर की सजावट, कपड़े, रंग, कलाकृतियाँ और सामग्री का चुनाव आपके स्वास्थ्य और खुशी को प्रभावित कर सकता है। रंगों का बुद्धिमानी से चुनाव करें। ये आपकी भावनात्मक ऊर्जा को बेहतर बनाने में काफ़ी मददगार हो सकते हैं।

आयुर्वेदिक एनर्जी क्लॉक

हमारे शरीर में भी एक एनर्जी क्लॉक होती है। हमारे शरीर के तत्व (पृथ्वी, जल, अग्नि, वायु और आकाश) दिन के आधार पर उतार-चढ़ाव करते हैं। हमारी

ऊर्जा और चयापचय अग्नि भी सूर्य और चंद्रमा की स्थिति के आधार पर घटती-बढ़ती रहती है। इसे आयुर्वेदिक एनर्जी क्लॉक (ऊर्जा घड़ी) कहा जाता है। इस पर हमने पिछली पुस्तक *हील योर गट, माइंड एंड इमोशन* में विस्तार से चर्चा की है। मैं नीचे आयुर्वेदिक ऊर्जा घड़ी का एक सारांश साझा कर रही हूँ, ताकि आप अपने शरीर को ठीक करने के लिए प्रकृति की शक्ति का उपयोग कर सकें।

प्रकृति और ब्रह्मांड की एक घड़ी है, जो सूर्य, चंद्रमा, ग्रहों और ऋतुओं की गति को नियंत्रित करती है। इसका प्रभाव स्थलाकृति, वनस्पतियों, जीवों और मानव शरीर पर पड़ता है। हमारी शारीरिक घड़ी (बॉडी क्लॉक) सीधे सूर्य की स्थिति और गति से मेल खाती है। सर्केडियन रिदम हमारे नींद-जागने का चक्र है, जो शरीर में शारीरिक, मानसिक और व्यावहारिक परिवर्तनों को नियंत्रित करता है। यह हमारे शरीर की आँतरिक घड़ी है और सभी अंगों के कार्यों को नियंत्रित करती है। जब हम अपनी आँतरिक घड़ी को प्रकृति की घड़ी के साथ मिलाकर रखते हैं, तो हम प्रकृति की शक्तिशाली ऊर्जा का उपयोग कर सकते हैं।

आयुर्वेद में, एक दिन को चार-चार घंटों के छह भागों में विभाजित किया जाता है। हर एक हिस्से के लिए एक उपयुक्त गतिविधि निर्धारित है। आयुर्वेदिक ऊर्जा घड़ी सूर्य और चंद्रमा की गति का अध्ययन करती है और यह भी कि प्रकृति के पाँच तत्व इस गति के अनुसार कैसे अपनी स्थिति बदलते हैं, जिससे मानव शरीर पर प्रभाव पड़ता है। दिन को जिन छह भागों में विभाजित किया गया है, वे इस प्रकार हैं:

सुबह 2 बजे से सुबह 6 बजे तक: सृजन के घंटे

यह वात ऊर्जा घड़ी है, जिसे सृजन का घंटा भी कहा जाता है। इस दौरान, सूर्य दिखाई नहीं देता, पृथ्वी ठंडी होती है। इस चरण के दौरान, गति (वायु और अंतरिक्ष) के लिए ज़िम्मेदार वात सक्रिय हो जाता है। नीचे की ओर गति करने वाला वायु सिद्धांत, जिसे क्रमाकुंचन कहा जाता है, सक्रिय हो जाता है। हमारे विषहरण अंग जागृत होने लगते हैं। ये सक्रिय रूप से विषाक्त पदार्थों को बृहदान्त्र, गुर्दे, मूत्राशय और त्वचा की ओर भेजते हैं। यह जागने और सीधे बैठने का सबसे अच्छा समय है, ताकि वायु और विषाक्त पदार्थों को नीचे की ओर गति करने में सहायता मिल सके। साधु-संत और कुछ अन्य लोग. . . सबसे

सफल एथलीट और व्यवसायी सुबह के समय मन की बेहतर स्थिति के बारे में बता सकते हैं। अगर आप सुबह 5 बजे उठ सकते हैं, तो इस समय का उपयोग ध्यान, जप पूरी करने और दिन के लिए एक संकल्प निर्धारित करने में करें।

सुबह 6 बजे से 10 बजे तक: शरीर को पोषण देने का समय

यह आयुर्वेदिक कफ ऊर्जा घड़ी है, जो हमारे शरीर को पोषण देने का समय है। कफ पृथ्वी और जल से बना जैविक निर्माण खंड है। यह हमारे शरीर को सहारा, संरचना और आकार प्रदान करता है। जब सूर्योदय होता है, तो आपके शरीर की चयापचय अग्नि भी बढ़ जाती है। यह गर्म नाश्ते से अपने शरीर को पोषण देने और दिन की तैयारी के लिए व्यायाम करने का सबसे अच्छा समय है। अगर आप सुबह 5 बजे का अलार्म भूल जाते हैं, तो भी आप सुबह 6 बजे अपनी सुबह की प्रार्थना और ध्यान कर सकते हैं। आप अपने दिन की शुरुआत कैसे करते हैं, यह बाकी दिन के लिए आवृत्ति निर्धारित करने में मदद करता है। अपने भोजन के लिए, आप अपने दिन की शुरुआत 200 मिलीलीटर गर्म पानी से कर सकते हैं। अपने शरीर के प्रकार के अनुसार इसमें घी या नींबू, अदरक और दालचीनी मिला सकते हैं। उसके बाद साधारण सब्जियों का रस (गाजर, चुकंदर, अजवाइन, हरा धनिया और अजमोद, खीरा, शकरकंद या केले का तना) पी सकते हैं। आप एक कटोरी उबले या कच्चे फलों के साथ मुट्ठी भर मेवे खा सकते हैं। अंत में एक कटोरी गरमा-गरम दलिया खा सकते हैं। सब्ज़ियों के रस, फलों और पके हुए नाश्ते के बीच कुछ समय का अंतराल ज़रूर रखें। मैंने पिछली किताब में सामग्री चार्ट, रेसिपी और नुस्खों की जानकारी दी है।

सुबह 10 बजे से दोपहर 2 बजे तक: उच्च ऊर्जा, उच्च गतिविधि

यह पित्त ऊर्जा घड़ी है। इस वक्त हमारी ऊर्जा का स्तर चरम पर होता है। इस दौरान, अग्नि तत्व प्रबल हो जाता है और हमारी चयापचय अग्नि भी अपने चरम पर होती है। यह दिन का सबसे अधिक उत्पादक समय होता है। इस समय दिन का सबसे बड़ा भोजन करें, अपने काम की योजना बनाएँ और एक्शन लें। शरीर को क्षारीय बनाने में मदद के लिए अपने दोपहर के भोजन की शुरुआत

एक कटोरी उबले हुए सलाद से करें। दोपहर के भोजन के बाद, नारियल के दूध, छाछ, कोम्बुचा, केफिर या नींबू के रस जैसे प्रोबायोटिक्स लें। इस दौरान व्यायाम न करें, क्योंकि इस समय शरीर में पित्त, अग्नि तत्व पहले से ही प्रबल होता है और सूर्य अपने चरम पर होता है। इस चरण के दौरान व्यायाम करने से चयापचय अग्नि बढ़ जाएगी, जिससे पित्त संबंधी लक्षण उत्पन्न होंगे। जैसे जलन, अम्लता, त्वचा संबंधी विकार, सूजन, मन की विचलित स्थिति और चिड़चिड़ापन।

दोपहर 2 बजे से शाम 6 बजे: रचनात्मकता और समस्या समाधान का समय

यह दूसरी वात ऊर्जा घड़ी है। इस समय हमारे शरीर में वायु और स्थान प्रमुख हो जाते हैं, जो हमारी मानसिक क्षमताओं, रचनात्मकता और समस्या समाधान क्षमताओं के लिए ज़िम्मेदार होते हैं। तापमान में गिरावट के कारण भूमि पर ठंडी समुद्री हवाएँ चलती हैं, जिसका लोगों पर सुखद प्रभाव पड़ता है। इसी प्रकार, शरीर में वात ऊर्जा या गति सक्रिय हो जाती है। इस कारण, विचारों, कल्पनाओं का प्रवाह और रचनात्मकता की भावना बढ़ती है। यह टीम मीटिंग बुलाने, रणनीति बनाने, विचार-मंथन करने और समस्या समाधान का सबसे अच्छा समय है। यह संवाद और सामाजिक मेलजोल का भी अच्छा समय है। शाम के नाश्ते में, आप आड़ू, आलूबुखारा, आम, नाशपाती, पपीता, कस्टर्ड एप्पल, बेल जैसे चिपचिपे फलों का थोड़ा-सा सेवन कर सकते हैं। यह अगले दिन मल त्याग को आसान बनाने में मदद करते हैं। आप चाहे तो सूखे मेवे, कमल के बीज, मुरमुरे, घर के बने ग्रेनोला बार, ताज़ी बेक्ड होल ग्रेन ब्रेड के साथ एवोकाडो ले सकते हैं।

शाम 6 बजे से रात 10 बजे तक: सामाजिक मेलजोल और तनावमुक्ति का समय

यह दूसरी कफ ऊर्जा घड़ी है, जिस दौरान पृथ्वी और जल प्रबल हो जाते हैं। हमारा शरीर भारी महसूस करता है और ऊर्जा में गिरावट का अनुभव करता है।

यह समय धीमा होने, दिन का सबसे छोटा भोजन करने, अपने भीतर झाँकने और दिन भर की घटनाओं का विश्लेषण करने का है। सूर्यास्त के बाद तले हुए खाद्य पदार्थ, पके हुए व्यंजन, जटिल कार्बोहाइड्रेट, ब्रेड और रोटियाँ और अधिक मात्रा में प्रोटीन जैसे भारी खाद्य पदार्थों का सेवन न करें। सूप और उबली हुई सब्ज़ियों जैसे हल्के खाद्य पदार्थों का सेवन करना सबसे अच्छा है। अगर आपको अभी भी भूख लगी है, तो आप अपने शरीर की संरचना के अनुसार एक छोटा कप चावल (सफ़ेद, भूरा, लाल या काला) शामिल कर सकते हैं। ये पचने में आसान होते हैं और आपके पाचन तंत्र को अपना काम जल्दी निपटाने में मदद करेंगे, ताकि आप सोने के लिए तैयार हो सकें। साथ ही, याद रखें कि सूर्यास्त के बाद फल और दही जैसे किण्वित खाद्य पदार्थ नहीं खाने चाहिए, क्योंकि ये प्राकृतिक नींद चक्र को प्रभावित करते हैं।

अपने अंतिम भोजन और सोने के समय के बीच तीन घंटे का अंतर सुनिश्चित करें। इससे आप आँत में बिना पचे भोजन के साथ सोने से बच सकते हैं। देर रात का खाना जब पचता नहीं है, तो वह पेट में सड़ने लगता है और तामसिक प्रकृति का हो जाता है। इसे आयुर्वेद में नकारात्मक ऊर्जा माना जाता है। देर रात का खाना अगली सुबह आपके ऊर्जा स्तर को प्रभावित कर सकता है और इसे कई पेट संबंधी बीमारियों का मूल कारण भी माना जाता है।

रात 10 बजे से सुबह 2 बजे तक: तीव्र नेत्र गति या रैपिड आई मूवमेंट (आरईएम) नींद का समय

यह पित्त ऊर्जा घड़ी है। इस समय हमारे शरीर में अग्नि तत्व प्रबल हो जाता है। यकृत, जो पित्त का केंद्र है, शरीर से सक्रिय रूप से विषहरण शुरू कर देता है। यह गहरी आरईएम का समय है, जब मस्तिष्क आपको सुला देता है, ताकि वह क्षतिग्रस्त ऊतकों, मांसपेशियों और तंत्रिकाओं की सक्रिय रूप से मरम्मत कर सके। यदि आप देर से सोते हैं और इस मरम्मत के समय को चूक जाते हैं, तो अगले दिन आपका शरीर ऊर्जा की कमी और सुस्ती महसूस करेगा। यही कारण है कि लगातार दो या तीन देर रात तक जागने के बाद, हम सुस्ती का अनुभव करने लगते हैं। अगर आप आदतन देर से सोते हैं, तो इससे चयापचय

अग्नि सक्रिय हो जाती है, आधी रात को भूख लगती है, जिससे आपके शरीर के आराम करने का समय प्रभावित होता है। यह आपकी रोग प्रतिरोधक क्षमता, गट हेल्थ, मानसिक और भावनात्मक स्वास्थ्य को प्रभावित कर सकता है। अगर आपको देर रात तक काम करने की आदत है, तो आपका शरीर आराम करने के लिए ख़ुद समय चुन लेगा और आप अपनी इच्छा से काम नहीं कर पाएँगे। अपने स्वस्थ शरीर के स्वामी बने रहने के लिए स्वस्थ नींद की आदत डालें।

आयुर्वेदिक एनर्जी क्लॉक: प्रकृति के साथ तालमेल

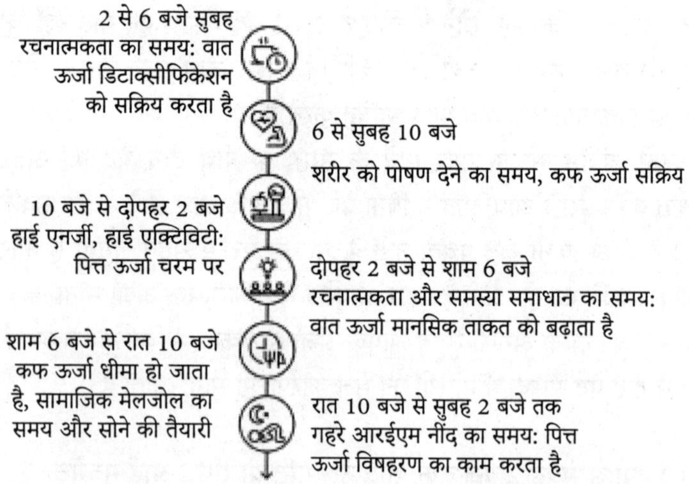

2 से 6 बजे सुबह
रचनात्मकता का समय: वात ऊर्जा डिटाक्सीफिकेशन को सक्रिय करता है
6 से सुबह 10 बजे
शरीर को पोषण देने का समय, कफ ऊर्जा सक्रिय
10 बजे से दोपहर 2 बजे
हाई एनर्जी, हाई एक्टिविटी: पित्त ऊर्जा चरम पर
दोपहर 2 बजे से शाम 6 बजे
रचनात्मकता और समस्या समाधान का समय: वात ऊर्जा मानसिक ताकत को बढ़ाता है
शाम 6 बजे से रात 10 बजे
कफ ऊर्जा धीमा हो जाता है, सामाजिक मेलजोल का समय और सोने की तैयारी
रात 10 बजे से सुबह 2 बजे तक
गहरे आरईएम नींद का समय: पित्त ऊर्जा विषहरण का काम करता है

बीमारी का आयुर्वेदिक दृष्टिकोण

आयुर्वेद के दृष्टिकोण से रोग को समझना आवश्यक है। हमारा शरीर पाँच तत्वों से बना है: पृथ्वी, जल, अग्नि, वायु और आकाश। ये पाँच तत्व मिलकर तीन जैविक संरचनाएँ बनाते हैं, जिन्हें दोष कहते हैं।

पृथ्वी और जल से बना कफ, स्थूल शरीर, हमारी हड्डियों, मांसपेशियों, ऊतकों, दाँतों, नाखूनों और बालों और उन सभी चीज़ों के लिए ज़िम्मेदार हैं, जिन्हें हम देख, छू और अनुभव कर सकते हैं। कफ हमारे फेफड़ों में प्रमुख

होता है। पृथ्वी और जल तत्व में असंतुलन, कफ असंतुलन को जन्म देता है,
जिससे शरीर में पानी, बलगम और वसा का संचय हो सकता है। ये गुण ठंडे,
गीले, धीमे, स्थिर, मुलायम, तैलीय, स्थिर और भारी होते हैं। जब कफ बढ़ता
है, तो हमें सर्दी, खाँसी, साइनस, एलर्जी, फेफड़ों में जकड़न, ब्रोंकाइटिस, वजन
बढ़ना, मोटापा, मधुमेह, थायराइड और ऐसी ही गंभीर बीमारियों जैसे लक्षण
दिखाई देते हैं।

अग्नि से बना पित्त हमारी पाचन अग्नि, चयापचय अग्नि और परिवर्तनकारी
अग्नि का प्रतिनिधित्व करता है। यह पाचक रसों को प्लाज्मा, रक्त, हड्डियों,
मांसपेशियों, दाँतों, नाखूनों, बालों, वसा, शुक्राणु और अंडे जैसे विभिन्न ऊतकों
में परिवर्तित करती है। पित्त हमारी त्वचा, आँखों, बालों, यकृत, आमाशय और
छोटी आँत में प्रमुख होता है। अग्नि में असंतुलन पित्त असंतुलन को ट्रिगर करता
है, जिससे सूजन की स्थिति, पेट में अम्लीय वातावरण, उच्च पीएच स्तर और
गर्मी होती है। इसके गुण गर्म, हल्के, तीव्र, भेदक, खट्टे, तरल और तीखे होते हैं।
जब पित्त असंतुलित हो जाता है, तो हमें जलन, एसिडिटी, भाटा, त्वचा संबंधी
समस्याएँ जैसे सोरायसिस, पित्ती, रोसैसिया, फुंसी, मुँहासे, बालों का पतला होना,
आँखों का लाल होना, वजन में उतार-चढ़ाव के लक्षण हो सकते हैं।

वायु और स्थान से बना वात हमारे शरीर में रक्त परिसंचरण, फेफड़ों का
सिकुड़ना और फैलना, पोषक तत्वों और अपशिष्ट को हमारी कोशिकाओं से
बाहर ले जाना, अपशिष्ट को बाहर निकालना, हमारी संवेदी तंत्रिका तंत्र और
सोचने की क्षमता सहित सभी गतिविधियों के लिए जिम्मेदार है। वायु और
अंतरिक्ष में असंतुलन वात असंतुलन को जन्म देता है। इससे आपकी त्वचा
और बालों में रूखापन, खुरदरापन, पाचन और चयापचय अग्नि में कमी, दर्द के
प्रति संवेदनशीलता, अति सक्रियता हो सकती है। इसके गुण शुष्क, रूखे, हल्के,
ठंडे, शीघ्र, अनियमित और सूक्ष्म होते हैं। जब वात असंतुलित हो जाता है, तो
यह अपच, सूजन, गैस, पेट फूलना, पेट से जुड़ी स्वास्थ्य समस्याएँ जैसे कब्ज,
आईबीएस, हड्डियों से संबंधित बीमारियाँ जैसे ऑस्टियोपोरोसिस, गठिया, शरीर
में दर्द, तंत्रिका तंत्र से संबंधित बीमारियाँ और यहाँ तक कि चिंता, तनाव और
अवसाद को भी जन्म दे सकता है।

जब कोई एक या एक से अधिक तत्व या दोष असंतुलित हो जाते हैं, तो वे विभिन्न अंगों में रोग उत्पन्न कर सकते हैं।

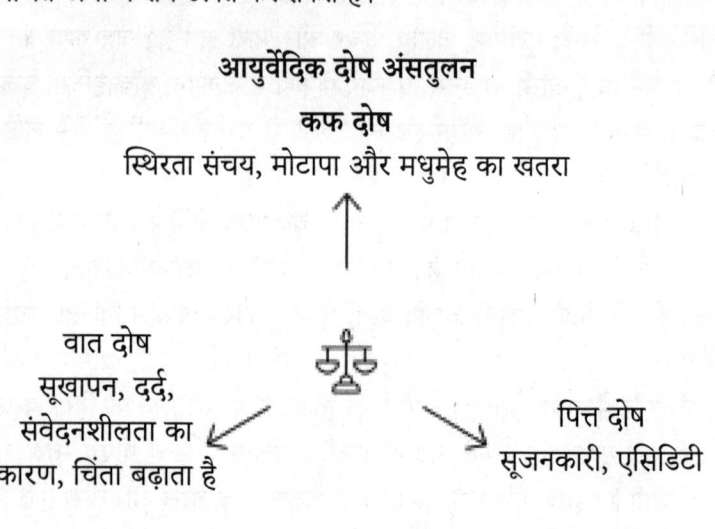

आयुर्वेदिक दोष अंसतुलन

कफ दोष
स्थिरता संचय, मोटापा और मधुमेह का खतरा
वात दोष
सूखापन, दर्द, संवेदनशीलता का कारण, चिंता बढ़ाता है
पित्त दोष
सूजनकारी, एसिडिटी

वंशानुगत रोग

मानव विकास कहता है कि हमारे शरीर को उन सभी चीज़ों की जानकारी होती है, जिनसे हमारे पूर्वज गुजरे थे। हमारा डीएनए उन सभी बीमारियों की जानकारी संग्रहीत रखता है, जिनका हमारे पूर्वजों ने अनुभव किया होगा। हमारे पूर्वज बाहरी पर्यावरणीय उत्तेजनाओं की प्रतिक्रिया में विकसित हुए। हम वानरों से विकसित हुए हैं। दो पैरों, छोटी भुजाओं, छोटे शरीर और बड़े दिमाग के साथ चलते हैं। हम वहीं से शुरू करते हैं, जहाँ हमारे पूर्वज छोड़ गए थे। महामारी के उत्तर में, हमारे शरीर ने इस जानकारी को डीएनए में भी संग्रहीत कर लिया है। हमें अपने पूर्वजों से अच्छी और बुरी चीज़ विरासत में मिलती है। आध्यात्मिक क्षेत्र में, हम इसे पैतृक आघात कहते हैं, जो हमें विरासत में मिलता है।[25]

25. बेक्टेमुर एट अल., "कोविड-19 रोग का डीएनए क्षति, ऑक्सीडेटिव तनाव और प्रतिरक्षा प्रतिक्रिया पर प्रभाव," इंटरनेशनल जर्नल ऑफ मॉलिक्यूलर साइंसेज, 2023। https://www.ncbi.nlm.nih.gov/pmc/articles/PMC10145820/

कुछ पीढ़ियों पहले, आपके परिवार में किसी को ऑटो इम्यून डिसऑर्डर हो सकता है। यह जानकारी डीएनए में रहती है और हो सकता है कि यह बीमारी कुछ पीढ़ियों को छोड़ गई हो। लेकिन अचानक दो पीढ़ियों बाद, एक छोटा बच्चा उसी ऑटो इम्यून बीमारी को ट्रिगर कर सकता है। जब हम बार-बार कम कंपन आवृत्ति वाले खाद्य पदार्थों का सेवन करते हैं, तो हमारे भोजन में विकिरण और सूक्ष्म प्लास्टिक के संपर्क में आते हैं। यह हमारी अंतःस्रावी ग्रंथियों और कोशिकीय सामंजस्य को नुकसान पहुँचाना शुरू कर देता है। जब हम इसका सेवन करते हैं, तो यह हमारे शरीर को नुकसान पहुँचा सकता है और कैंसर सहित कई बीमारियों का खतरा पैदा कर सकता है।

रोग के छह चरण

आयुर्वेद में रोग की छह अवस्थाएँ बताई गई हैं :

चरण 1: रोग का संचय

यह एक या एक से अधिक दोषों के असंतुलन का संचय है। इस अवस्था में, हमें बहुत हल्के लक्षण दिखाई दे सकते हैं। उपचार के लिए यह सबसे अच्छा चरण है, क्योंकि आप लक्षणों को जल्दी से दूर कर सकते हैं और शरीर को सामान्य स्थिति में वापस ला सकते हैं।

वात प्रमुख शरीर या एक्टोमोर्फ की स्थिति में बृहदान्त्र में असंतुलन या बेचैनी का अनुभव होगा। इसमें सूजन, गैस, अपच, सूखापन, कब्ज, ऐंठन, ठंडे हाथ-पैर, चिंता और अनिद्रा जैसे लक्षण दिखाई देंगे।

पित्त प्रमुख शरीर में छोटी आँत में हल्के लक्षण दिखाई देंगे। इससे एसिडिटी, आँखों का पीलापन, मूत्र और मल का रंग बदलना, अत्यधिक पसीना आना, चिड़चिड़ापन, मुँह में कड़वा स्वाद, दस्त और यहाँ तक कि आईबीएस के लक्षण भी हो सकते हैं।

कफ प्रमुख शरीर में पेट में असंतुलन का अनुभव होगा, जैसे सुस्त पाचन और बार-बार सर्दी-खाँसी, साइनस की एलर्जी, सुस्ती, पीलापन, सिर और शरीर में भारीपन के रूप में असंतुलन।

चरण 2: रोग का बढ़ना

इस चरण में, बढ़ा हुआ दोष अपने स्थानीय स्थान पर तीव्र हो जाता है, जिससे लक्षण अधिक साफ़ दिखने लगते हैं।

इस चरण में वात असंतुलन में त्वचा, बाल और बृहदान्त्र में सूखापन, चिंता, अधिक सोचना और नींद की समस्या जैसे लक्षण शामिल हैं। यह बढ़ता जाता है और शरीर में अकड़न, हाथों में झुनझुनाहट, तेज़ बोलना, चेहरे पर तनाव, ध्वनि के प्रति संवेदनशीलता, ठंडे खाद्य पदार्थों से अरुचि, क्रमाकुंचन में वृद्धि और मांसपेशियों में दर्द का कारण बनता है।

दूसरे चरण में पित्त के लक्षणों में शरीर में गर्मी, पसीना आना, चिड़चिड़ापन शामिल हैं। इससे मुँह में खट्टा स्वाद, बदबूदार पसीना, प्यास में वृद्धि, गुस्से की समस्या, पेशाब करते समय जलन और ठंडे खाद्य पदार्थों, शराब और पेय पदार्थों की इच्छा में वृद्धि होती है।

कफ असंतुलन में भारीपन, कम ऊर्जा, सुस्ती और वज़न बढ़ना शामिल है।

चरण 3: रोग का प्रसार

इस चरण में, दोष बढ़ जाता है और मूल स्थान से शरीर के अन्य भागों में फैलने लगता है।

वात असंतुलन हड्डियों तक फैल जाता है, जिससे जोड़ों में दर्द होने लगती है। वात त्वचा, कान, आँतों, हड्डियों, जाँघों और श्रोणि जोड़ों तक फैलने लगता है, जिससे हड्डियाँ पतली और कमजोर हो जाती हैं।

पित्त असंतुलन त्वचा तक फैलता है, जिससे फुंसियाँ, दाने, त्वचा पर लाल धब्बे और यहाँ तक कि आँखों का रंग भी बदल जाता है। इससे पेट, तिल्ली, यकृत, छोटी आँत, आँखें, त्वचा, बाल, पसीने की ग्रंथियों में समस्या उत्पन्न होती हैं।

कफ असंतुलन श्वसन तंत्र तक फैलता है, जिससे सीने में जकड़न, ब्रोंकाइटिस होता है, और अस्थमा और घरघराहट के लक्षण बढ़ सकते हैं। यह रोग फेफड़ों, जोड़ों, मस्तिष्क, प्लाज्मा, साइनस, अग्न्याशय और जीभ तक फैल जाता है।

चरण 4: रोग का स्थानीयकरण

इस चरण में, रोग किसी विशिष्ट अंग या ऊतक में स्थानीयकृत होने लगता है, जिससे स्पष्ट लक्षण दिखाई देने लगते हैं। यह वह समय होता है जब, बढ़ा हुआ दोष हमारी धातुओं (प्लाज्मा, रक्त, मांसपेशियाँ, हड्डियाँ, वसा, तंत्रिका तंत्र, प्रजनन अंग) में किसी दोषपूर्ण स्थान में चला जाता है। अगर धातु अग्नि (परिवर्तनकारी अग्नि) कमजोर है, तो दोष असंतुलन धातु की गुणवत्ता को बदल सकता है, जिससे कोशिकीय बुद्धि प्रभावित होती है। अगर धातु अग्नि प्रबल है, तो असंतुलन और विष पाचन तंत्र में वापस आ जाएँगे, जिससे शरीर विष को बाहर निकाल सकेगा। रोग का निदान और उपचार शुरू करने के लिए यह एक महत्त्वपूर्ण चरण है। वात असंतुलन तंत्रिका तंत्र और जोड़ों जैसे क्षेत्रों को प्रभावित करता है, जिससे विकार उत्पन्न होते हैं। पित्त यकृत को प्रभावित करता है, जिससे विषहरण में देरी, फैटी लीवर और ऐसे ही लक्षण दिखाई देते हैं। कफ फेफड़ों और साइनस को प्रभावित करता है।

चरण 5: रोग का प्रकटीकरण

इस चरण में, दोष असंतुलन ऊतक को बदल देता है, जिससे उसकी कार्य करने की क्षमता प्रभावित होती है। यह वह समय होता है, जब लक्षण अधिक स्पष्ट और दृश्यमान हो जाते हैं। इस समय हमें चिकित्सा सहायता लेने की आवश्यकता होती है।

रोग बढ़ने पर, वात असंतुलन गठिया, ऑस्टियोपोरोसिस, तंत्रिका संबंधी विकारों और नैदानिक अवसाद, बाई-पोलर विकार, अनिद्रा, चिंता और तीव्र तनाव जैसी समस्याओं के रूप में प्रकट होता है।

ऐसी स्थिति में, पित्त असंतुलन अल्सरेटिव कोलाइटिस, लीकी गट सिंड्रोम, एसिड रिफ्लक्स, जीईआरडी, सोरायसिस, एक्जिमा, पित्ती, फुंसी, मुंहासे, यकृत क्षति, पेट के अल्सर आदि का कारण बनता है।

एडवांस्ड स्टेज में कफ असंतुलन कम इंसुलिन संवेदनशीलता के रूप में प्रकट होता है, जिससे शरीर में मधुमेह, कोलेस्ट्रॉल, थायरॉइड, फाइब्रॉएड, अस्थमा, ट्यूमर और सिस्ट हो सकते हैं।

चरण 6: विनाश

इस स्टेज में, दोष असंतुलन अंगों में संरचनात्मक क्षति और जटिलताएँ पैदा करके रोगों के रूप में प्रकट होता है। यह ऊतक और उसके आसपास के क्षेत्र को नष्ट कर देता है। यह रोग की अंतिम अभिव्यक्ति है और मधुमेह, हाइपो थायराइड, कोलेस्ट्रॉल, हृदय संबंधी रोग, अंग विफलता, जीईआरडी, त्वचा विकार, नैदानिक अवसाद आदि जैसी दीर्घकालिक जीवनशैली संबंधी बीमारियों के रूप में प्रकट होता है।

अपने आहार, जीवनशैली में बदलाव और आयुर्वेदिक विषहरण उपायों को अपनाकर पहले दो चरणों में दोष असंतुलन का इलाज करना हमेशा आसान होता है। हम पौधा-आधारित आहार की शक्ति, नींद के महत्त्व, व्यायाम और सूर्य की स्थिति के अनुसार सर्केडीयन रिदम को समायोजित करने के महत्त्व को समझ चुके हैं। फिर भी, दूषित पदार्थ, हेवी मेटल्स, विषाक्त पदार्थ शरीर में प्रवेश कर सकते हैं और सूजन पैदा कर सकते हैं, जो आमतौर पर बीमारी का पहला संकेत होता है। सूजन अधिकांश दीर्घकालिक और जीवनशैली संबंधी बीमारियों का मूल कारण है।

आयुर्वेद में बीमारी के छः चरण

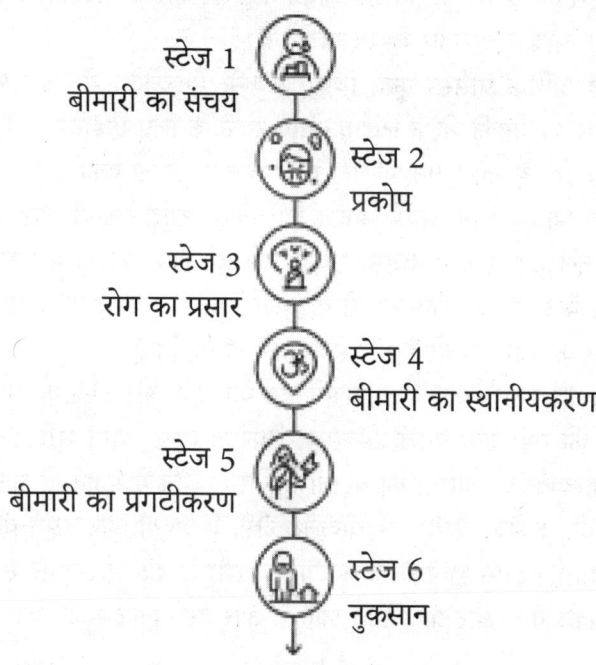

स्टेज 1
बीमारी का संचय

स्टेज 2
प्रकोप

स्टेज 3
रोग का प्रसार

स्टेज 4
बीमारी का स्थानीयकरण

स्टेज 5
बीमारी का प्रगटीकरण

स्टेज 6
नुकसान

यहाँ सूजन पैदा करने वाले और सूजन पैदा न करने वाले खाद्य पदार्थों की एक सूची दी गई है, जो आपको अधिक जानकारीपूर्ण विकल्प चुनने में मदद करेंगे।

सूजन बढ़ाने वाले खाद्य पदार्थ

बेकन, हॉट डॉग, सॉसेज और मीट जैसे प्रोसेस्ड मांस में सैचुरेटेड फैट और प्रीजर्वेटिव की मात्रा अधिक होती है, जो हमेशा शरीर में सूजन पैदा करते हैं। याद रखें कि जानवरों को कैंसर और ऐसी ही जटिल बीमारियाँ होती हैं और इन्हें खाने से हमारे शरीर में कई बीमारियाँ आ जाती हैं। शोध बताते हैं कि प्रोसेस्ड मीट सेवन से विभिन्न प्रकार के कैंसर, हृदय रोग, मोटापा और मधुमेह का खतरा बढ़ जाता है। लाल मांस भी शरीर में सूजन पैदा करता है। अमेरिकन कैंसर

सोसाइटी, अमेरिकन हार्ट एसोसिएशन, हार्वर्ड मेडिकल स्कूल, स्टैनफोर्ड स्कूल ऑफ साइंस जैसे प्रमुख संस्थान लंबे जीवन में सुधार और बीमारियों से बचाव के लिए पौधा-आधारित आहार की सलाह देते हैं।

बहुत अधिक प्रोसेस्ड फ़ूड: चिप्स, क्रैकर्स, माइक्रोवेव में तैयार भोजन में आमतौर पर उनकी शेल्फ लाइफ बनाए रखने के लिए एडिटिव्स, रंग और प्रीजर्वेटिव होते हैं, जो सूजन भी पैदा कर सकते हैं। ताज़ा पका हुआ, घर का बना सादा भोजन खाना सबसे अच्छा है। पैकेज्ड खाद्य पदार्थों जैसे आपके पसंदीदा तले हुए आलू के चिप्स, स्नैक्स, तले हुए खाद्य पदार्थों में पाए जाने वाले ट्रांस फैट और आंशिक रूप से हाइड्रोजनीकृत तेल हमारे शरीर में खराब कोलेस्ट्रॉल का कारण बनते हैं और सूजन को बढ़ावा देते हैं।

मीठे पेय पदार्थ: जैसे सोडा, कार्बोनेटेड पेय, दूध और चीनी के साथ कई बार गर्म की गई चाय, एनर्जी ड्रिंक्स में रिफाइंड सफ़ेद चीनी भरी होती है। यह अस्वास्थ्यकर बैक्टीरिया को बढ़ाती है जिससे आँत में सूजन हो जाती है। केक, पेस्ट्री, कुकीज़, कैंडी और चॉकलेट जैसी मिठाइयाँ और डेसर्ट चीनी से भरपूर होते हैं। इससे हानिकारक बैक्टीरिया शरीर में बढ़ते हैं। हमारे शरीर में अस्वास्थ्यकर वसा और प्रीजर्वेटिव लाते हैं और इस प्रकार सूजन को बढ़ावा देते हैं।

रिफाइंड खाद्य पदार्थ: सफ़ेद ब्रेड, रिफाइंड अनाज से बने पास्ता, पेस्ट्री, नाश्ते जैसे खाद्य पदार्थों में पाए जाने वाले रिफाइंड कार्बोहाइड्रेट शामिल हैं। जब किसी कारखाने में इसे प्रोसेस्ड किया जाता है, तो उनके प्राकृतिक पोषक तत्व, विटामिन और खनिज, और यहाँ तक कि फाइबर भी खत्म हो जाते हैं, जिससे ब्लड शुगर लेवल बढ़ जाता है। इससे सूजन बढ़ सकती है। फ्रेंच फ्राइज़, तले हुए स्नैक्स, मीठे स्नैक्स और डोनट्स जैसे तले हुए खाद्य पदार्थ अक्सर अस्वास्थ्यकर रिफाइंड पाम तेल में पकाए जाते हैं और उनमें फिलर्स भरे होते हैं, जो सूजन का कारण बन सकते हैं। रिफाइंड तेल जैसे मक्का का तेल, सोयाबीन तेल, जो हमारे सभी पैकेज्ड और प्रोसेस्ड खाद्य पदार्थों में व्यापक रूप से पाए जाते हैं, ओमेगा-6 फैटी एसिड से भरपूर होते हैं, जो शरीर में सूजन पैदा कर सकते हैं।

डेयरी उत्पाद: जैसे दूध, दही, मक्खन, पनीर में संतृप्त वसा की मात्रा अधिक होती है, जो लैक्टोज असहिष्णुता वाले लोगों में सूजन पैदा कर सकती है।

ग्लूटेन: ग्लूटेन असहिष्णुता या सीलिएक रोग वाले लोगों में, गेहूँ, राई या जौ जैसे खाद्य पदार्थ सूजन पैदा कर सकते हैं।

शराब: नियमित सेवन से गुर्दे में गंभीर निर्जलीकरण होता है, यकृत सुस्त हो जाता है और शरीर की उम्र बढ़ने की प्रक्रिया तेज हो जाती है। यह शरीर में सूजन पैदा कर सकता है और कई अन्य बीमारियों को कम कर सकता है।

सूजन कम करने वाले खाद्य पदार्थ

कोल्ड प्रेस्ड ऑयल: जैतून का तेल, नारियल का तेल, तिल का तेल, एवोकाडो तेल आदि ब्लू ज़ोन के आहार में मुख्य घटक हैं। ये तेल मोनोअनसैचुरेटेड फैट और एंटीऑक्सीडेंट का बेहतरीन स्रोत हैं। ये कोशिकीय स्वास्थ्य को बढ़ावा देते हैं, जठरांत्र संबंधी मार्ग को चिकनाई प्रदान करते हैं और वसा को बढ़ाकर आपके जोड़ों को भी स्वस्थ रखते हैं। आप इनमें अपना खाना पका सकते हैं, सिवाय जैतून के तेल के जिसका ताप बिंदु कम होता है। इसके बजाय, स्वाद बढ़ाने और शरीर की सूजन कम करने के लिए अपनी सब्जियों और सलाद के ऊपर जैतून का तेल छिड़क सकते हैं।

पत्तेदार साग: जैसे पालक, केल, स्विस चार्ड, हरा धनिया, अजमोद विटामिन और एंटीऑक्सीडेंट से भरपूर होते हैं। हरा धनिया और अजमोद हमारे शरीर से हेवी मेटल्स निकालने में भी मदद करते हैं। आप इनसे स्वादिष्ट सूप बना सकते हैं और शरीर से विषैले तत्वों को बाहर निकालने और सूजन कम करने के लिए अजवाइन, हरा धनिया और अजमोद का रस भी पी सकते हैं। पालक और केल का रस पीने से बचें, क्योंकि ये ऑक्सालेट के समृद्ध स्रोत हैं, जो आपके शरीर में कैल्शियम से मिल सकते हैं और गुर्दे की पथरी का कारण बन सकते हैं। ब्रोकली जैसी क्रूसिफेरस सब्ज़ियाँ सल्फोराफेन का समृद्ध स्रोत होती हैं। ये एंटीऑक्सीडेंट से भरपूर होता है और सूजन कम करने में मदद करता है। अपने बच्चों को छोटी उम्र से ही गाजर, अजवाइन, खीरे और उबली हुई ब्रोकली का आनंद लेना सिखाएँ। याद रखें कि सभी सब्ज़ियों का पेट पर क्षारीय प्रभाव होता है। शिमला मिर्च और लाल मिर्च में विटामिन सी और कैप्साइसिन होता है। यह शरीर में सूजन और ऑक्सीडेटिव तनाव को कम करने में मदद करता

है। इसे अपने सूप, सलाद और करी में डालकर इस्तेमाल कर सकते हैं। शिटाके, पोर्टोबेलो और माइटाके जैसे मशरूम कैलोरी में कम लेकिन पोषक तत्वों से भरपूर होते हैं और इनमें सूजनरोधी गुण होते हैं। टमाटर लाइकोपीन का एक समृद्ध स्रोत है, जो पकने पर और बढ़ जाता है। ये सूजन को कम करने में मदद करते हैं, खासकर जब पकाए जाएँ। टमाटर सूजन को कम करने में मदद कर सकते हैं। आप अपने सलाद, सूप, करी और पास्ता में ताज़े टमाटर डालकर एक पौष्टिक भोजन बना सकते हैं।

फल: सभी प्रकार के बेरीज़ जैसे ब्लू बेरीज़, स्ट्रॉबेरीज़, क्रैनबेरीज़, चेरी शानदार खाद्य पदार्थ हैं। ये एंटीऑक्सीडेंट गुणों से भरपूर होते हैं, जो ऑक्सीडेटिव तनाव को कम करते हैं और कोशिकाओं के स्वास्थ्य में सुधार करते हैं। अपने आहार में स्ट्रॉबेरीज़, ब्लूबेरीज़ और ब्लैकबेरीज़ शामिल करें, जो आपके शरीर में हानिकारक फ्री रेडिकल्स को बेअसर करने में मदद कर सकते हैं। लगभग सभी फल अच्छे हैं, अगर सही समय पर इनका सेवन किया जाए। शुगर बढ़ने से रोकने के लिए मुट्ठी भर मेवे भी खाए जाएँ।

मेवे और बीज: जैसे बादाम, अखरोट, चिया बीज, मीठी तुलसी के बीज, कद्दू के बीज, अलसी के बीज ओमेगा-3 फैटी एसिड और अन्य सूजन-रोधी कम्पाउंड के बेहतरीन स्रोत हैं। कद्दू के बीज आपके शरीर से परजीवियों को साफ़ करने में मदद कर सकते हैं।

मसाले: हल्दी हर एशियाई घर में एक अनिवार्य मसाला है और अपने सूजन-रोधी गुणों के कारण पश्चिम में एक लोकप्रिय मसाला बन गई है। भारत में हल्दी दूध से लेकर पश्चिमी तट पर गोल्डन लट्टे तक, हल्दी सभी प्रकार के शरीर के लिए फायदेमंद है। इसमें करक्यूमिन होता है, जिसमें सूजनरोधी गुण होते हैं।

हर्बल चाय: ग्रीन टी, हिबिस्कस टी, डैंडेलियन टी, पुदीने की चाय, कैमोमाइल, थाइम रोज़मेरी टी और कई तरह की जड़ी-बूटियाँ, जब चाय में मिलाकर सेवन की जाती हैं, तो शरीर में सूजन को कम करने में मदद करती हैं। इनमें ईजीसीजी जैसे एंटीऑक्सीडेंट भरपूर मात्रा में होते हैं, जो सूजन को कम करते हैं। इसके इस्तेमाल से आप तनाव भी कम कर सकते हैं।

साबुत अनाज: क्विनोआ, ब्राउन राइस, ओट्स और होल व्हीट ब्रेड में फाइबर होता है। यह शरीर में सूजन को कम करने में मदद करता है। अपने

आहार में रिफाइंड अनाज का सेवन करने से बचें। बाजरा, बीन्स, दालें, मसूर, फलियों का सेवन बढ़ाएँ।

भोजन और सूजन : एक व्यापक मार्गदर्शिका

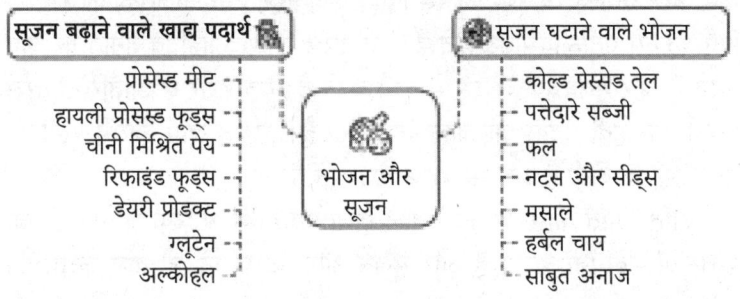

सूजन बढ़ाने वाले खाद्य पदार्थ	सूजन घटाने वाले भोजन
प्रोसेस्ड मीट	कोल्ड प्रेस्ड तेल
हायली प्रोसेस्ड फूड्स	पत्तेदारे सब्जी
चीनी मिश्रित पेय	फल
रिफाइंड फूड्स	नट्स और सीड्स
डेयरी प्रोडक्ट	मसाले
ग्लूटेन	हर्बल चाय
अल्कोहल	साबुत अनाज

भोजन और सूजन

अपने शरीर को डिटॉक्स करें

हमारे रसोईघर में ऐसे कई खाद्य पदार्थ हैं, जो समय-समय पर हमारे शरीर को डिटॉक्स करने में मदद कर सकते हैं। हर अंग के लिए, प्रकृति ने प्रचुर मात्रा में सफाई करने वाले खाद्य पदार्थ प्रदान हमें दिए हैं।

यकृत: यकृत को डिटॉक्सीफाई करने के लिए आप लहसुन, हल्दी, चुकंदर, मिल्क थीस्ल चाय, सिंहपर्णी जड़ की चाय, ग्रीन टी, गाजर और चुकंदर का जूस या सूप पी सकते हैं। लहसुन में सक्रिय सल्फर कम्पाउंड होते हैं, जो यकृत एंजाइम्स को सक्रिय करते हैं और डिटॉक्सीफिकेशन में मदद करते हैं। हल्दी में सूजनरोधी और एंटीऑक्सीडेंट गुण होते हैं। चुकंदर यकृत डिटॉक्सीफिकेशन में मदद करता है और ऑक्सीडेटिव क्षति को कम करता है। मिल्क थीस्ल में सिलीमारिन होता है, जो यकृत कोशिकाओं की रक्षा और पुनर्जनन में सुधार करने में मदद करता है। सिंहपर्णी जड़ यकृत के कार्यों में सुधार करती है और डिटॉक्सीफिकेशन में मदद करती है। ग्रीन टी एंटीऑक्सीडेंट से भरपूर होती है, जो ऑक्सीडेटिव तनाव और सूजन को कम करने में मदद करती है। टी बैग्स के इस्तेमाल से बचें। खुली चाय पत्तियों का इस्तेमाल करें। टी बैग्स पर अक्सर

रसायन छिड़के जाते हैं और टी बैग्स हमारी चाय में 11,000 से ज़्यादा नैनो कण छोड़ सकते हैं।

किडनी: आप खीरे का सेवन कर सकते हैं, जो विषाक्त पदार्थों को बाहर निकालने और किडनी हेल्थ को बेहतर बनाने में मदद करता है। किडनी सूजन कम करने के लिए धनिया का रस पिएँ। अजवाइन और अजमोद का रस भी पिएँ, जिनमें एंटीऑक्सीडेंट होते हैं। यह शरीर में ऑक्सीडेटिव तनाव को कम करते हैं और मूत्रवर्धक के रूप में कार्य करते हैं। यह शरीर से अतिरिक्त तरल पदार्थ और हेवी मेटल्स को बाहर निकालता है। तरबूज खाएँ जिसमें पानी की मात्रा अधिक होती है और मूत्रवर्धक गुण होते हैं।

आँत: आँत को साफ़ करने वाले खाद्य पदार्थों में अदरक शामिल है, जो पाचन में सहायता करता है और सूजन और पेट फूलने को कम करता है। पपीता जिसमें एंजाइम होते हैं, यह पाचन और आँत के स्वास्थ्य में सहायक होते हैं। सेब में पेक्टिन होता है जो पाचन तंत्र को साफ़ करने में मदद करता है। नियमित मल त्याग में सुधार के लिए अलसी के बीज, आलूबुखारा, एलोवेरा का रस भी पिएँ।

कृमिनाशक: कुछ दिनों तक खाली पेट पपीते के बीज, कद्दू के बीज और खीरे के बीज का सेवन करके आप परजीवियों से छुटकारा पा सकते हैं। कद्दू के बीज एंटीऑक्सीडेंट, विटामिन ए और सी से भरपूर होते हैं। ये लीवर हेल्थ और पाचन में सुधार करते हैं। यह कृमियों और परजीवियों को भी निष्क्रिय कर देता है, जिससे शरीर की सफाई और विषहरण संभव होता है। ऐसा करते समय खूब पानी पीना सुनिश्चित करें। पपीते के बीजों में पपेन नामक एक एंजाइम होता है, जिसमें परजीवीरोधी गुण होते हैं। यह पाचन में भी सहायक होता है। खीरे के बीजों में फाइबर और एंटीऑक्सीडेंट प्रचुर मात्रा में होते हैं। यह पाचन में सुधार करते हैं और किडनी की सफाई करते हैं।

नेचुरल डीटाक्सीफिकेशन फूड्स और उनके लाभ

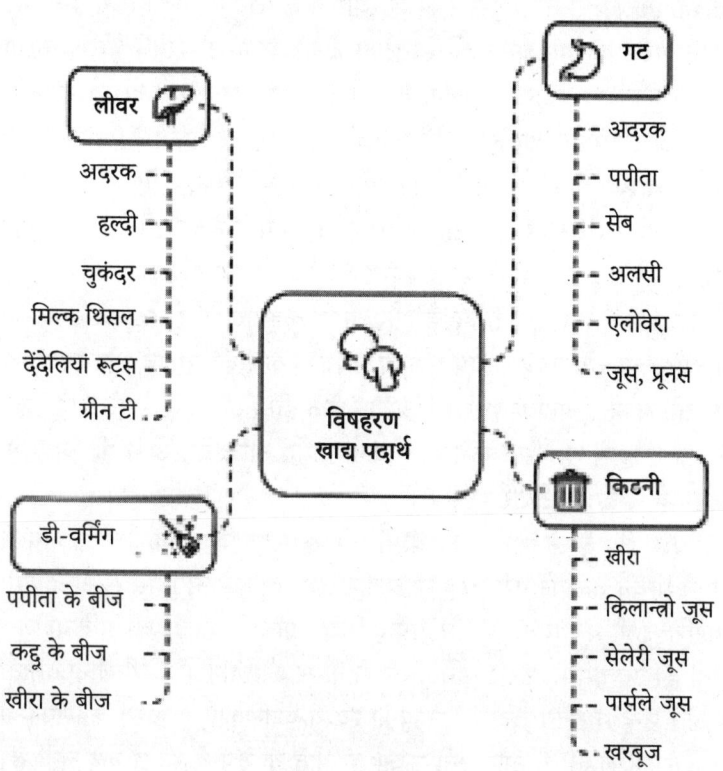

उपवास की शक्ति

हमारा शरीर ठोस, द्रव और गैस जैसे शुद्ध पदार्थ से बना है। हम जो भोजन ग्रहण करते हैं, वह भी पदार्थ से बना होता है। वह भी ठोस, द्रव और गैस ही है। जब हम बीमार होते हैं, तो हमें शरीर को पाचन से पूर्ण विश्राम देना

ही बेहतर है। ताकि, हमारा शरीर, शरीर में मौजूद पहले के भोजन आदि को बेहतर तरीके से पचाकर बाहर निकाल सके। अपने शरीर को अपने अंगों को तनावमुक्त और विषमुक्त करने का समय दें। आपका शरीर सहज और स्वाभाविक रूप से दीर्घायु और अच्छे स्वास्थ्य के लिए डिज़ाइन किया गया है। अपने शरीर को यह चुनने की स्वतंत्रता दें कि कौन-सा पदार्थ धारण करना है और कौन-सा बाहर निकालना है। आप अधिक खाद्य पदार्थों का सेवन न करके और उपवास करके इस प्रक्रिया में सहायता कर सकते हैं। आप अपने पाचन स्वास्थ्य को पूर्ण विश्राम देकर और अपने मस्तिष्क, आँत और प्रतिरक्षा प्रणाली को शरीर की सफाई और उपचार पर ध्यान केंद्रित करने देकर, उपचार प्रक्रिया को तेज़ कर सकते हैं। कल्पना कीजिए कि आपकी कार पूरी तरह से कीचड़ और गंदगी से सनी हुई है और उसके कई पुर्जे और सहायक उपकरण क्षतिग्रस्त या टूटे हुए हैं। आप एक ही समय में कार की सफ़ाई और उसे चला भी नहीं सकते। आपको कार को आराम देना होगा और उसे अंदर और बाहर से पूरी तरह से सर्विसिंग के लिए भेजना होगा, ताकि वह आगे की यात्रा के लिए बेहतर ढंग से तैयार हो सके।

ऐसे ही, अपने शरीर को बीमारियों से मुक्त करने के लिए, आपको अपने पाचन तंत्र को पूरी तरह से आराम देना चाहिए। उपवास से ऑटोफैगी (कोशिकाओं की सफाई) और एपोप्टोसिस (प्रोग्राम्ड सेल डेथ) प्रक्रिया शुरू होती है। उपवास में, शरीर चुनिंदा रूप से कैंसर कोशिकाओं को निशाना बनाता है और उन्हें नष्ट कर देता है। आपकी स्वस्थ कोशिकाएँ अस्वस्थ कोशिकाओं के खिलाफ लड़ती हैं और उन्हें ऊर्जा के स्रोत के रूप में ग्रहण कर लेती हैं। यही उपवास की शक्ति है, जो आपके भीतर के पदार्थों को शुद्ध करने में मदद कर सकती है। उपवास कैंसर कोशिकाओं को नष्ट भी कर सकता है और मधुमेह, थायरॉइड, पीसीओएस, पीसीओडी, गठिया, आँत संबंधी स्वास्थ्य समस्याओं और अन्य पुरानी जीवनशैली संबंधी पुरानी बीमारियों को भी ठीक कर सकता है।

'उपवास हमारे शरीर के भीतर का डॉक्टर है।'

— **फिलिपस पैरासेल्सस**

उपवास आईजीएफ-1 को कम करने में मदद करता है। आईजीएफ-1 कैंसर कोशिकाओं की वृद्धि से जुड़ा एक हार्मोन है। उपवास हमारे शरीर के चयापचय को कीटोन्स में बदलने में भी मदद करता है, जो अनिवार्य रूप से कैंसर कोशिकाओं को उनके प्राथमिक ईंधन स्रोत-ग्लूकोज से वंचित कर देता है। उपवास ट्यूमर की रक्त वाहिकाओं को सामान्य करके कीमोथेरेपी के परिणामों को बेहतर बनाने में भी मदद करता है। कीमोथेरेपी से पहले उपवास मतली और थकान जैसे लक्षणों को कम करने में मदद करता है। अध्ययनों से पता चला है कि स्तन कैंसर के मरीज़ जो इंटरमिटेंट फास्टिंग पर थे, उनके ट्यूमर के विकास में कमी देखी गई।[26]

मधुमेह के लिए, उपवास ग्लूकोज अवशोषण में सुधार और इंसुलिन प्रतिरोध को कम करने में मदद करता है। एनआईएच द्वारा 2023 में किए गए[27] एक अध्ययन में पाया गया कि टाइप 2 मधुमेह के रोगियों में वजन घटाने और रक्त शर्करा नियंत्रण के लिए इंटरमिटेंट फास्टिंग कैलोरी प्रतिबंध की तुलना में कहीं अधिक प्रभावी था। वास्तव में, इंटरमिटेंट फास्टिंग के तीन महीनों के भीतर, 47% मधुमेह रोगी मधुमेह से राहत पाने में सक्षम थे।

थायरॉइड के लिए, इंटरमिटेंट फास्टिंग और जल उपवास सक्रिय टी3 (ट्राईआयोडोथायरोनिन) को कम करने और प्रतिवर्ती टी3 (निष्क्रिय रूप) को बढ़ाने में मदद करते हैं। यह चयापचय दर को कम करने और ऊर्जा संरक्षण में मदद करता है, और उपवास समाप्त होने पर, थायराइड हार्मोन का स्तर सामान्य हो जाता है।

पीसीओएस, पीसीओडी रोगियों के लिए, उपवास इंसुलिन संवेदनशीलता में सुधार करके टेस्टोस्टेरोन स्तर को कम करने में मदद करता है। यह हाइपरइंसुलिनेमिया को भी कम करने में मदद करता है जो पीसीओएस का एक प्रमुख ट्रिगर है। 2020 के एक अध्ययन में, उन्होंने पाया कि इंटरमिटेंट

---

26. मैगिनी एट अल., 'स्तन कैंसर में आंतरायिक उपवास: एक व्यवस्थित समीक्षा और अनुसंधान एजेंडा,' इंटरनेशनल जर्नल ऑफ मॉलिक्यूलर साइंसेज, 2023. https://www.ncbi.nlm.nih.gov/pmc/articles/ PMC9920353/
27. https://jamanetwork.com/journals/jamanetworkopen/fullarticle/2811116

फास्टिंग महिलाओं में इंसुलिन प्रतिरोध और मासिक धर्म की नियमितता में सुधार करता है।

गठिया के रोगियों में, उपवास साइटोकिन्स जैसे प्रो-इंफ्लेमेटरी मार्करों को कम करने में मदद करता है। यह आँत के माइक्रोबायोम की विविधता और पाचन को भी बढ़ावा देता है, जिससे गठिया को ट्रिगर करने वाली प्रणालीगत सूजन कम होती है।

आँत और समग्र स्वास्थ्य के लिए, उपवास शरीर में सूजन और ऑक्सीडेटिव तनाव को कम करने में मदद करता है। यह आँत को स्वयं साफ़ करने और गुर्दे व बृहदान्त्र के माध्यम से विषाक्त पदार्थों को बाहर निकालने में सक्षम बनाता है। उपवास आपके चयापचय को बढ़ाता है। यह लीवर, जो सबसे बड़ा विषहरण अंग है, को नए खाद्य पदार्थ न खाने की स्थिति में विशेष रूप से विषहरण पर ध्यान केंद्रित करने की अनुमति देता है। यह आँत की चर्बी को तोड़ने में मदद करता है और लिपोलिसिस को बढ़ावा देता है, जो वसा का टूटना है। यह आपकी आँत के माइक्रोबायोम संतुलन को फिर से स्थापित करने और लैक्टोबैसिलस जैसे अच्छे बैक्टीरिया को बढ़ावा देने में भी मदद करता है। साथ ही, यह रोगजनकों और अस्वास्थ्यकर बैक्टीरिया को कम करता है। उपवास आपकी आँतों की परत की मरम्मत और लीकी गट सिंड्रोम को ठीक करने के लिए आवश्यक आराम भी देता है, जो कई बीमारियों का मूल कारण है।

उपवास की शक्ति : लाभ और क्रियाविधि

अपनी आँत को भोजन के बीच आराम करने के लिए समय और स्थान दें। आपकी आँत दूसरा मस्तिष्क है। जब आप इसे पर्याप्त आराम देते हैं, तो आप अपनी आँत को अपने अंतर्ज्ञान और बौद्धिक गतिविधियों में योगदान करने की अनुमति देते हैं।

हरेक दिन अपने भोजन की संख्या सीमित करने से शुरुआत करें। बीच में नाश्ता करने से बचें। याद रखें, जो व्यक्ति दिन में एक बार भोजन करता है उसे योगी कहा जाता है। वे अपने पाचन तंत्र को अगले भोजन से पहले पिछले

भोजन को पचाने, अवशोषित करने, पोषक तत्वों को आत्मसात करने और विषाक्त पदार्थों को बाहर निकालने के लिए पूरा समय देते हैं। इससे मानसिक एकाग्रता में सुधार होता है और आध्यात्मिक विकास होता है।

जो व्यक्ति दिन में दो बार भोजन करता है, उसे भोगी कहा जाता है। वह भोजन के स्वाद का आनंद लेता है। यह एक सामान्य और व्यवहार्य जीवनशैली है। इसमें आप सुबह में एक बड़ा नाश्ता और सूर्यास्त से पहले जल्दी रात का खाना खाते हैं। इससे उत्पादकता और आँत स्वास्थ्य में सुधार होता है।

जो व्यक्ति दिन में तीन बार भोजन करता है, उसे रोगी कहा जाता है। बार-बार भोजन करने से पाचन तंत्र पर दबाव पड़ता है, जिससे भोजन के बीच पर्याप्त समय नहीं मिलता। इससे पोषक तत्वों को पूरी तरह से पचाया, अवशोषित और आत्मसात करना मुश्किल हो जाता है।

प्रतिदिन कितनी बार खाएँ

एक बार (योगी) :	दो बार (भोगी) :	तीन बार (रोगी) :
पूर्ण पाचन और आध्यात्मिक विकास	संतुलित स्वास्थ्य	तनाव और अन्य समस्याएँ

जूस उपवास

आप पूरे दिन जूस उपवास कर सकते हैं। अपने दिन के पहले आधे भाग में चुनिंदा सब्जियों से बने जूस का सेवन कर सकते हैं। साथ ही भूख लगने पर एक कटोरी फल भी खा सकते हैं, जिससे आपके शरीर की सफाई में मदद मिलती है।

अनानास के रस में ब्रोमेलैन होता है, जो पाचन में सहायता करता है, सूजन कम करता है। यह परजीवियों को साफ करने के लिए शानदार है। फ्रुक्टोज और सुक्रोज से ब्लड शुगर लेवल कम करने के लिए इसमें एक चुटकी काली मिर्च या दालचीनी पाउडर मिलाएँ।

अजवाइन का रस विषहरण के लिए सबसे अधिक इस्तेमाल किए जाने वाले रसों में से एक है। यह सूजन कम करने, विषाक्त पदार्थों को बाहर निकालने और शरीर को हाइड्रेट करने में मदद करता है।

खीरे के रस का भी ऐसा ही प्रभाव होता है। यह हमें हाइड्रेट करते हुए शरीर को शुद्ध और विषहरण करता है।

सीमित मात्रा में पानी का एनीमा

धनिया का रस: हेवी मेटल्स और परजीवियों से छुटकारा पाने के लिए यह सबसे अच्छे उपायों में से एक है। धनिया सीसा और पारा जैसी भारी धातुओं के साथ बंध सकता है, जिससे शरीर से आसानी से विषहरण हो जाता है। अध्ययनों से पता चलता है कि धनिया कुछ हफ़्तों में 91% तक पारा और 87% तक सीसा निकाल सकता है। किसी भी प्रकार के प्रदूषकों और कीटनाशकों से छुटकारा पाने के लिए ताज़ा धनिया को सेब के सिरके और बेकिंग सोडा में कुछ देर भिगोएँ। अच्छी तरह से धोकर कोल्ड प्रेस्ड जूसर में मिलाएँ, छान लें और खाली पेट पिएँ। इसे स्वादिष्ट बनाने और हाइड्रेशन में मदद के लिए आप इसमें एक चुटकी नमक और काली मिर्च भी मिला सकते हैं।

अजमोद का रस: हेवी मेटल्स और परजीवियों से छुटकारा पाने के लिए आप धनिया और अजमोद का रस एक साथ बना सकते हैं। अजमोद में ऐसे कोम्पौंड्स होते हैं, जो कैल्शियम जैसी भारी धातुओं के साथ बंध जाते हैं, जिससे

शरीर से आसानी से मल त्याग हो जाता है। इसमें फ्लेवोनोइड्स, कैरोटीनॉयड जैसे एंटीऑक्सीडेंट होते हैं, जो शरीर में ऑक्सीडेटिव तनाव को कम करते हैं और कोशिका क्षति से बचाते हैं। अजमोद में न्यूरोप्रोटेक्टिव गुण भी होते हैं, जो हेवी मेटल्स से होने वाली तंत्रिका संबंधी क्षति को कम करने में मदद करते हैं। यह लीवर और शरीर से विषाक्त पदार्थों को बाहर निकालने में भी मदद करता है।

कुछ और भी डिटॉक्स एजेंट हैं, जिनके प्रतिदिन इस्तेमाल की मैं सिफ़ारिश नहीं करती, क्योंकि इनके दुष्प्रभाव भी हो सकते हैं।

सेब के सिरके का इस्तेमाल अक्सर शरीर को डिटॉक्सीफाई करने, पित्ताशय की पथरी को तोड़ने और फलों व जूस से शुगर लेवल बढ़ने से रोकने के लिए किया जाता है। यह वज़न कम करने और ब्लड शुगर लेवल को सामान्य बनाए रखने में मदद करता है। हालाँकि, सेब के सिरके में बहुत ज़्यादा अम्लता होती है और यह हमारी आँतों की दीवारों को क्षति पहुँचा सकता है। यह आगे चलकर एसिडिटी और लीकी गट सिंड्रोम का कारण बन सकता है। इससे खाना, विषाक्त पदार्थ और बैक्टीरिया रक्तप्रवाह में रिस सकते हैं।

कॉफ़ी एनीमा: मैं ऐसे बहुत से लोगों को जानती हूँ, जो तुरंत वज़न घटाने के लिए कॉफ़ी एनीमा के आदी हो गए हैं। लेकिन यह डिहाइड्रेट करता है और हमारी आँतों में जमे बलगम को हटा सकता है, जिससे लंबे समय तक कब्ज की समस्या हो सकती है।

कोलन थेरेपी आँतों में जमा अपशिष्ट को बाहर निकालने में मदद करती है। हालाँकि, इस थेरेपी के ज़्यादा इस्तेमाल से अच्छे और बुरे दोनों तरह के बैक्टीरिया बाहर निकल सकते हैं। इससे आँतों के फ्लोरा की क्षति, पाचन तंत्र कमज़ोर हो सकता है।

मैंने पिछली पुस्तक में विस्तार से चर्चा की है कि कैसे इंटरमिटेंट फास्टिंग, जिसमें केवल सूर्योदय और सूर्यास्त के बीच भोजन किया जाता है, जल उपवास, सूखा उपवास, फलाहार उपवास, रस उपवास, नमक रहित उपवास, तीन दिन का उपवास, पूर्णिमा के दिन उपवास, धार्मिक उपवास हमारे समग्र स्वास्थ्य के लिए किसी वरदान से कम नहीं।

मेरे परदादा-परदादी ने अड़तीस वर्ष की आयु में ब्रह्मचर्य ले लिया। चालीस वर्ष की आयु में उन्होंने सिर्फ एक दिन छोड़कर उपवास रखना शुरू किया। पहले दिन, वे केवल सूर्योदय और सूर्यास्त के बीच भोजन करते थे। दूसरे दिन सूर्योदय और सूर्यास्त के बीच केवल उबला हुआ पानी पीते थे। इससे भोजन का समय आठ से दस घंटे और उपवास का समय अड़तीस से चालीस घंटे हो जाता था। मेरी परदादी 95 वर्ष की आयु तक जीवित रहीं। उन्हें कभी कोई स्वास्थ्य समस्या नहीं हुई। उन्होंने कभी दवाइयाँ नहीं लीं और न ही कभी डॉक्टर के पास गईं। जैन समुदाय में ऐसे साधु-संत हैं, जिन्होंने केवल सूर्य, स्वच्छ वायु और उबले हुए पानी को पोषक तत्वों का मुख्य स्रोत मानकर तीन सौ से चार सौ दिनों तक उपवास किया है। उपवास की ऐसी अवधि उनके भौतिक शरीर को हल्का करके उनकी आध्यात्मिक यात्रा को उन्नत बनाती है।

जब आप उपवास कर रहे हों, तो प्रकृति से जुड़ने और अपने शरीर को उसकी सर्वोच्च सहज बुद्धि के साथ जोड़ने के लिए एक घंटा समर्पित करें। ध्यान करें, जप करें, मौन में बैठें, अच्छी तरह से हाइड्रेटेड रहें, पर्याप्त धूप लें, योग करें और अपने शरीर, मन और भावनाओं को संरेखित करने के लिए अपनी साँसों पर ध्यान केंद्रित करें।

कभी-कभी, हमारे पूर्वजों द्वारा किए गए संचयी प्रभाव या गलत विकल्पों के कारण भी हमें बीमारियाँ होती हैं। इससे आनुवंशिक विकार उत्पन्न होते हैं, जहाँ बीमारियों की जानकारी हमारे डीएनए में स्मृतियों के रूप में संग्रहीत होती है। हमारी खराब जीवनशैली हमारे जीन में इन बीमारियों को ट्रिगर कर सकती है। इन बीमारियों की स्मृति हमारे भीतर एक सुप्त ज्वालामुखी की तरह मौन रहती है। खराब जीवनशैली विकल्पों या हमारे नियंत्रण से बाहर बाहरी कारकों द्वारा उत्तेजित होने पर ट्रिगर हो जाती है।

लेकिन, एक शक्तिशाली सत्य है. . .

हम अपने डीएनए में संग्रहित नकारात्मक स्मृति को मिटा सकते हैं।

हम अपने शरीर की रोगग्रस्त कोशिकाओं
को भूखा रख कर मार सकते हैं।

हम नकारात्मक ऊर्जा को त्याग सकते हैं और
उसकी जगह उच्च कंपन ला सकते हैं।

हम अपने शरीर को उपचार में तेजी लाने, उम्र बढ़ने की प्रक्रिया को धीमा करने और बेहतर स्वास्थ्य के लिए प्रशिक्षित कर सकते हैं!

समग्र कल्याण कैसे हो

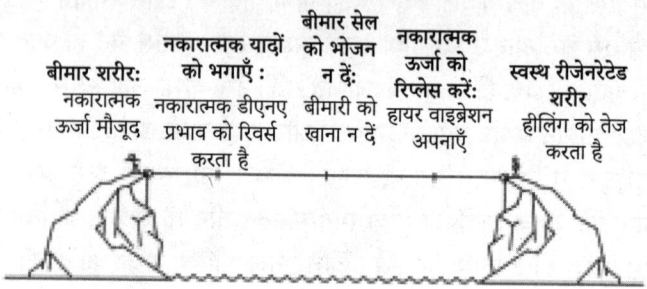

| बीमार शरीर: नकारात्मक ऊर्जा मौजूद | नकारात्मक यादों को भगाएँ : नकारात्मक डीएनए प्रभाव को रिवर्स करता है | बीमार सेल को भोजन न दें: बीमारी को खाना न दें | नकारात्मक ऊर्जा को रिप्लेस करें: हायर वाइब्रेशन अपनाएँ | स्वस्थ रीजेनरेटेड शरीर हीलिंग को तेज करता है |

अध्याय 3

वैज्ञानिक खोज और आध्यात्मिक आस्था

मन की ताकत समझने से पहले, आपके मन में भी एक प्रश्न आया होगा। क्या सचमुच मन की शक्ति उपचार से अधिक महत्त्वपूर्ण है? क्या कुछ और भी हैं, जो हमारे शारीरिक, मानसिक और भावनात्मक स्वास्थ्य को नियंत्रित करती हैं?

मानवता और विज्ञान दोनों ही प्रगति पर हैं। धीरे-धीरे हम इस ब्रह्मांड के रहस्यों, मानव शरीर और मन के चमत्कारों को समझने की कोशिश कर रहे हैं। हम ऐसे ठोस प्रमाणों की तलाश में रहते हैं, जिन्हें मापा जा सके और जिन्हें हमारे तर्क के लिए इस्तेमाल किया जा सके। लेकिन हमारे पास एक सहज बुद्धि और चेतना भी है, जो हमें बताती है कि हमें किस विषय पर शोध करना है और कहाँ से उत्तर खोजना है। ठोस शोध की शुरुआत हमेशा एक अमूर्त विचार या सहज अनुभूति से होती है।

सभी विज्ञान एक ही उपचार पद्धति के विभिन्न भाग हैं। योग विज्ञान, आयुर्वेद, प्राकृतिक चिकित्सा, होम्योपैथी, रेकी, थीटा हीलिंग, फ़ॉरेस्ट फास्टिंग से लेकर आधुनिक चिकित्सा और सर्जरी तक। मैंने सभी उपचार स्रोत को स्वीकार करना सीख लिया है और यह भी कि वे हमारी ज़रूरत के अनुरूप हैं।

145

स्वास्थ्य और उपचार पद्धति

हमारे पास अपने शरीर की देखभाल के लिए योग विज्ञान, ध्यान, श्वास क्रिया, व्यायाम, निद्रा, जीवनशैली की आदतें, प्राकृतिक चिकित्सा, जीवनशैली चिकित्सा, आयुर्वेद, व्यक्तिगत पोषण आदि जैसी पद्धतियाँ हैं। ये आपको अपने स्वास्थ्य की रक्षा करना, अपनी रोग प्रतिरोधक क्षमता को बढ़ाना और बीमारियों से बचाव करना सिखाते हैं।

कुछ ऐसी उपचारात्मक पद्धति हैं, जो लक्षणों और बीमारियों को दूर करने में मदद करती हैं, जैसे आयुर्वेदिक दवाएँ, पंचकर्म उपचार, प्राकृतिक चिकित्सा, बृहदान्त्र शुद्धि, पारंपरिक चीनी चिकित्सा, जूसिंग और उपवास, थीटा हीलिंग, रेकी और सामान्य पश्चिमी चिकित्सा।

हृदयाघात, अस्थिभंग, दुर्घटना, तीव्र संक्रमण जैसी गंभीर स्वास्थ्य स्थितियों के लिए सर्जरी, एंटीबायोटिक्स, पश्चिमी दवाओं जैसे आपातकालीन उपाय हैं। ऐसी स्थितियों में, हमें जीवन बचाने के लिए सर्जरी या एंटीबायोटिक्स के रूप में आपातकालीन हस्तक्षेप की आवश्यकता होती है। लेकिन, ठीक होने के बाद, आपको उपचार की शुरुआत में वापस जाना होगा, अर्थात अपने शरीर को ठीक करने के लिए अपनी जीवनशैली और आहार संबंधी आदतों में बदलाव करना होगा।

मानवता की रक्षा में सभी विज्ञानों की महत्त्वपूर्ण भूमिका है। लेकिन यह जानना बहुत आवश्यक है कि किस विज्ञान का कब प्रयोग करना है। जब पश्चिमी चिकित्सा और पूर्वी विज्ञान दोनों एक साथ आ सकते हैं, तभी हम वास्तव में स्वास्थ्य की रक्षा कर सकते हैं। इसके कई परस्पर विरोधी सत्य और प्रमाण हैं।

पश्चिमी चिकित्सा स्वास्थ्य को 'रोगों की अनुपस्थिति' के रूप में परिभाषित करती है। रोग एक असामान्य स्थिति है, जिसके कारण हमारी कोशिकाएँ क्षतिग्रस्त, संक्रमित या रोगग्रस्त हो सकती हैं। जब ये रोगग्रस्त कोशिकाएँ हमारे शरीर में बढ़ती हैं, तो ये दीर्घकालिक और तीव्र रोगों का कारण बनती हैं। आयुर्वेद में, रोग नकारात्मक ऊर्जा के संचय और हमारी नाड़ियों में रुकावट के कारण होते हैं।

पश्चिमी के विद्वानों ने साबित किया है कि 90% जीवनशैली संबंधी बीमारियाँ अस्वस्थ बृहदान्त्र और आँत के कारण होती हैं। यह अस्वस्थ जीवनशैली और खान-पान की आदतों के कारण होती हैं। जब शरीर सभी अपशिष्ट, अपचित हार्मोन, विषाक्त पदार्थों, हेवी मेटल्स और अस्वस्थ बैक्टीरिया को बाहर नहीं निकाल पाता है, तो यह रक्तप्रवाह में फिर से अवशोषित हो जाता है। इसके बाद, यह हमारे महत्त्वपूर्ण अंगों में वापस चला जाता है, जिससे बीमारियाँ शुरू हो जाती हैं। हृदय स्वास्थ्य, कोलेस्ट्रॉल, मधुमेह, मोटापा, त्वचा, स्त्री रोग, जठरांत्र संबंधी सभी बीमारियाँ अस्वस्थ बृहदान्त्र के कारण होती हैं, जो अपशिष्ट को पूरी तरह से बाहर निकालने में असमर्थ होता है। आयुर्वेद में, रोग उपचार का पहला चरण शरीर का विषहरण है। जब रोगी आयुर्वेदिक पंचकर्म उपचार (या थीटा हीलिंग, ध्यान, रेखी, एक्यूपंक्चर, जूस क्लींज) जैसे गहन ट्रीटमेंट सेशन लेता है, तो वे बार-बार पेशाब आना, बार-बार मल त्याग, दस्त, पसीना आना और शरीर द्वारा अपशिष्ट को बाहर निकालने की ऐसी ही अन्य प्रक्रियाओं के माध्यम से गहन विषहरण का अनुभव करते हैं।

जब शरीर अपनी मूल आवृत्ति पर वापस आ जाता है, तो वह नकारात्मक ऊर्जा और रुकावटों को भौतिक अपशिष्ट के रूप में छोड़ना शुरू कर देता है। इस तरह के निष्कासन के बाद, अवचेतन मन से अनसुलझे भावनाएँ उभर सकती हैं। रोगी अक्सर भावनात्मक रूप से कमजोर और संवेदनशील महसूस करते हैं। समग्र उपचार शारीरिक विषहरण से शुरू हो सकता है, उसके बाद मानसिक और भावनात्मक उपचार हो सकता है।

अच्छे स्वास्थ्य के लिए पूरब-पश्चिम का मिलन

रोकथाम/इलाज वाला पूरब का विज्ञान
पवित्र जीवनशैली और प्राकृतिक उपचार

एकीकृत स्वास्थ्य सेवा ज्ञान

आपातकालीन/ इलाज वाला पश्चिम का विज्ञान
उन्नत मेडिकल हस्तक्षेप

आयुर्वेद आपके यूनिक जैविक ब्लूप्रिंट के आधार पर आपके आहार और जीवनशैली डिज़ाइन करने में आपकी मदद करता है। आयुर्वेद के अनुसार मानव शरीर पाँच तत्वों, पृथ्वी, जल, अग्नि, वायु और आकाश से बना है। इन तत्वों के संयोजन से तीन अनूठे जैविक निर्माण खंड बनते हैं। जब ये निर्माण खंड संतुलन की स्थिति में होते हैं, तो हम स्वास्थ्य का अनुभव करते हैं। लेकिन जब तत्वों में असंतुलन होता है, तो यह बीमारियों को जन्म दे सकता है। पृथ्वी, जल, अग्नि, वायु और आकाश भी अपने भीतर ऊर्जा रखते हैं और उनकी एक ख़ास कंपन आवृत्ति होती है। अपनी पिछली पुस्तक *हील योर गट, माइंड एंड इमोशन्स* में, मैंने आपके साथ साझा किया है कि आप अपने अनूठे जैविक ब्लूप्रिंट (अपने आयुर्वेदिक शरीर के प्रकार) की पहचान कैसे करें, अपने शरीर के प्रकार के आधार पर अपना व्यक्तिगत चार्ट और आहार योजना कैसे बनाएँ और अपने दोषों को संतुलित करने के लिए अपने शरीर को कैसे डिटॉक्स करें।

आयुर्वेद को पश्चिमी चिकित्सा पद्धति द्वारा छद्म विज्ञान कहा जाता है। यह दुर्भाग्यपूर्ण है। आयुर्वेद प्रकृति के नियमों पर आधारित 5000 साल पुराना विज्ञान है। यह वर्षों से मानव शरीर का अध्ययन और अवलोकन करने और जड़ी-बूटियों जैसे प्राकृतिक उपचारों में इसका इलाज खोजता रहा है। प्रकृति के नियम नहीं बदले हैं। ब्रह्मांड में मौजूद रहने के लिए हमें अभी भी पृथ्वी, जल, अग्नि, वायु और आकाश की आवश्यकता है। हम अपने शरीर को ठीक करने के लिए अभी भी पृथ्वी से प्राप्त भोजन और जड़ी-बूटियों का सेवन करते हैं। लेकिन 200 साल पुराने आधुनिक विज्ञान का उपयोग करके 5000 साल पुराने विज्ञान को कमतर बताना, इसके साथ न्याय नहीं है। आपको आयुर्वेद के ऐतिहासिक अध्ययन करने की आवश्यकता है। इसे बदनाम करने के बजाय इसे समझने के लिए आधुनिक विज्ञान का उपयोग करना चाहिए। अन्यथा, तार्किक और सहज विज्ञान के बीच की लड़ाई में कई शताब्दियों का सामूहिक ज्ञान नष्ट हो जाएगा।

औपनिवेशिक शासन के दौरान, भारतीयों के आत्मविश्वास को ख़त्म करने के लिए कई तरीके अपनाए गए। मसलन, 'फूट डालो और राज करो', भारतीयों को जाति, धर्म, समुदाय और पंथ के आधार पर विभाजित करना

आदि। 18वीं शताब्दी में अंग्रेज़ी शिक्षा अधिनियम लाया गया। इसके तहत केवल अंग्रेज़ी में पढ़ाए जाने वाले विज्ञान को ही बढ़ावा दिया गया। इससे अंग्रेज़ी को भारतीय उपमहाद्वीप में पश्चिमी दवाओं को लाने का अवसर मिला। इससे यूरोप के केमिकल इंडस्ट्री की बिक्री में और वृद्धि हुई। यह इंडस्ट्री दवाइयाँ, स्टेरॉयड और एंटीबायोटिक्स बना कर भारत भेजते थे। नतीजतन, कई डॉक्टरों ने पैसा कमाने के लिए एलोपैथी को अपनाना शुरू कर दिया। कई आयुर्वेदिक स्कूल और कॉलेज बंद कर दिए गए। आयुर्वेद को प्राथमिक स्वास्थ्य सेवा प्रदाता से हटाकर वैकल्पिक स्वास्थ्य सेवा प्रदाता बना दिया गया। आज तक, आयुर्वेद औपनिवेशिक शासन के दौरान हुए नुकसानों को झेल रहा है। आयुर्वेद की धारणा औपनिवेशिक काल से लेकर उत्तर-औपनिवेशिक काल तक बदल गई।

प्राकृतिक चिकित्सा, जो आयुर्वेद की अवधारणा के समान है, कहती है कि प्राकृतिक उपचारों और गैर-आक्रामक तरीकों का उपयोग करके, हम शरीर की स्वयं को ठीक करने की क्षमता में सुधार कर सकते हैं।

होम्योपैथी 'जैसे को तैसा ठीक करता है' के सिद्धांत पर आधारित है। वे उपचार के लिए अत्यधिक डायलुटेड लिक्विड का इस्तेमाल करते हैं।

लाइफ स्टाइल चिकित्सा, आहार संबंधी आदतों में सुधार, व्यायाम, नींद, सकारात्मक सामाजिक संबंध बनाने, व्यसनों और तनाव को कम करने पर ज़ोर देती है। जब आपकी जीवनशैली स्वस्थ होती है, तो आप स्वस्थ रहते हैं। लेकिन जब आपकी जीवनशैली अनहेल्दी होती है, तो आपका शरीर इससे प्रभावित होता है। आपकी उम्र बढ़ने की प्रक्रिया तेज़ हो जाती है। अनहेल्दी खान-पान की आदतें और व्यसन हमारे शरीर से सकारात्मक प्राण, जो जीवन का स्रोत है, को कमज़ोर कर देते हैं।

पोषण एक शक्तिशाली विज्ञान है। यह भोजन, स्थूल, सूक्ष्म पोषक तत्वों, विटामिन, खनिज, जल, कैलोरी और हमारे स्वास्थ्य पर उनके प्रभाव के बीच संबंधों को समझने में मदद करता है। आधुनिक चिकित्सा में नवीनतम नवाचार बायोफीडबैक है, जो स्मार्ट वॉच, ग्लूकोज मॉनिटर जैसे तकनीक-आधारित ऐप्स और उपकरणों का एक समूह है। यह हमें तनाव, दर्द और चिंता को नियंत्रित करने के लिए इन मशीनों से मिले फीडबैक के ज़रिए शारीरिक कार्यों को नियंत्रित

करने की अनुमति देता है। लेकिन कोई भी दो मनुष्य एक जैसे नहीं होते। दो पाचन तंत्र एक जैसे नहीं होते। इसलिए कोई भी दो आहार संबंधी सलाह एक जैसी नहीं हो सकतीं।

पारंपरिक चीनी चिकित्सा (टीसीएम) चीन की शास्त्रीय चिकित्सा की 5000 साल पुरानी शाखा है। इसके अनुसार रोग शरीर के भीतर संतुलन और सामंजस्य में असंतुलन के कारण होता है। यह विभिन्न आंतरिक और बाह्य कारकों से भी प्रभावित होता है। यिन और यांग में असंतुलन के कारण रोग उत्पन्न हो सकते हैं। यिन निष्क्रिय, शीतलन, पोषण देने वाली शक्ति है। यिन में असंतुलन शरीर में ठंड या कमियों का कारण बन सकता है। यांग सक्रिय, ताप देने वाली, उत्तेजक शक्ति है। यांग में असंतुलन, अत्यधिक गर्मी और सूजन संबंधी विकारों का कारण बन सकता है। टीसीएम में, झेंग पर ध्यान केंद्रित करने को कहा जाता है, जो शरीर के भीतर असंतुलन पैटर्न को दर्शाता है, न कि बीमारी पर। टीसीएम में, भावनाओं को अंगों के स्वास्थ्य से जोड़ा जाता है। उदाहरण के लिए, उदासी फेफड़ों को प्रभावित कर सकते हैं, ख़ुशी हृदय स्वास्थ्य को बेहतर बनाती है, क्रोध यकृत को प्रभावित करता है, भय गुर्दे को प्रभावित करता है, चिंता प्लीहा को कमजोर करती है। चीनी चिकित्सा में शरीर के विभिन्न अंगों के लिए एक सर्केडियन लय भी होती है, जिसका पालन करने से उपचार में आसानी होती है। यह आयुर्वेदिक एनर्जी क्लॉक जैसी ही होती है। पारंपरिक चीनी चिकित्सा पद्धति में सर्केडियन घड़ी दिन के चौबीस घंटों को बारह घंटों के खंडों में विभाजित करती है। घड़ी का प्रत्येक खंड एक विशिष्ट अंग द्वारा नियंत्रित होता है। इस ख़ास समय के दौरान, उस विशेष अंग की क्यूई ऊर्जा सबसे अधिक होती है और शरीर स्वाभाविक रूप से उस अंग के उपचार और कार्यों में सहायता करने में सक्षम होता है।

यिन चरण, जो गहरी नींद और पुनःस्थापन का ध्यान रखता है, पारंपरिक चीनी चिकित्सा पद्धति के अनुसार रात 11 बजे से सुबह 7 बजे के बीच सक्रिय रहता है। यांग चरण, जो सक्रिय पाचन और रक्त परिसंचरण के लिए ज़िम्मेदार है, सुबह 7 बजे से शाम 7 बजे के बीच सक्रिय रहता है। यह समय आयुर्वेदिक ऊर्जा घड़ी के समान है और प्रत्येक देश में दिन के उजाले की अवधि के आधार पर थोड़ा अलग हो सकता है।

टीसीएम सर्केडीयन क्लॉक

समय	अंग	तत्व	गतिविधियाँ
सुबह 3 से 5 बजे	फेफड़ा	मेटल	गहरी नींद, शरीर से विष निकालना
सुबह 5 से 7 बजे	बड़ी आंत	मेटल	जागना, पेट खाली करना
सुबह 7 से 9 बजे	पेट	अर्थ	नाश्ता, ध्यान
सुबह 9 से 11 बजे	स्प्लीन	अर्थ	स्पष्ट सोच, भोजन पाचन
सुबह 11 से दोपहर 1 बजे	हार्ट	फायर	ब्लड सर्कुलेशन, उच्च ऊर्जा
दोपहर 1 से 3 बजे	छोटी आंत	फायर	पोषण का अवशोषण लो एनर्जी
शाम 3 से 5 बजे	ब्लाडर	वाटर	ऊर्जा संचयन, लिक्विड वेस्ट
शाम 5 से 7 बजे	किडनी	वाटर	पोषण स्टोर करना
शाम 7 से रात 9 बजे	पेरीकार्डियम	फायर	हार्ट की रक्षा अंतरंगता
रात 9 से 11 बजे	ट्रिपल बर्नर	फायर	एंडोक्राईन और मेटाबोलिक बैलेंस
रात 11 से 1 सुबह के 1 बजे	गाल ब्लाडर	वुड	गहरी नींद, रिलीज बाइल
सुबह 1 बजे से 3 बजे	लीवर	वुड	गहरी नींद शरीर से विष निकालना

आनुवंशिक विकार

जब मैंने आनुवंशिक विकारों पर शोध शुरू किया, तो मुझे आयुर्वेदिक ग्रंथों में कुछ ऐसा मिला, जिसने मुझे उलझन में डाल दिया। आयुर्वेदिक ग्रंथ चरक संहिता में कहा गया है:

'पूर्व जन्म कृतं पापं व्याधि रूपेन पीड़ितम'

यानी, हमारे पिछले जन्मों के अच्छे और बुरे कर्म वर्तमान जन्म में बीमारी के रूप में प्रकट हो सकते हैं। कल्पना कीजिए कि अगर आप बार-बार शीतल पेय पीते हैं या जंक फ़ूड खाते हैं, तो इससे शरीर में विषाक्त पदार्थ जमा हो जाएँगे। इससे रोग पैदा हो सकता है। यह एक कारण और प्रभाव संबंध है। हमारे अपने कर्म हमारे शरीर में सकारात्मक या नकारात्मक प्रतिक्रियाएँ पैदा कर सकते हैं।

आध्यात्मिक विज्ञान के मुताबिक, रोग हमारे पिछले और वर्तमान जीवन के विचारों और कर्मों का संग्रह है। कर्म को कई जन्मों के नकारात्मक कार्यों, शब्दों, विचारों के कारण पैदा नकारात्मक ऊर्जा का संचय कहा गया है। कर्म आपके अतीत के निर्णयों का संचय है। अगर आपने अपने पिछले जन्म में अच्छे कर्म किए हैं, तो आप स्वास्थ्य और आनंद के साथ जन्म ले सकते हैं। अगर आप भूल जाते हैं कि आपने ये अच्छे कर्म कैसे अर्जित किए और बाद में अनैतिक, अवैध या अस्वस्थ गतिविधियों में लिप्त हो जाते हैं, तो आप नकारात्मक कर्म अर्जित करेंगे। इसका प्रभाव इस जन्म में या अगले जन्म में हो सकता है। हम निरंतर पुनर्जन्म लेते रहते हैं। हम वहीं से शुरू करते हैं जहाँ हमने पिछले जन्म को छोड़ा था।

हिंदू धर्म, जैन धर्म, बौद्ध धर्म, ईसाई धर्म, यहूदी धर्म, सिख धर्म, इस्लाम या यहाँ तक कि नास्तिकता में भी सहानुभूति, जियो और जीने दो, अपने विचारों, कर्मों से दूसरों को कोई नुकसान न पहुँचाने की बात कही जाती है। नकारात्मक कार्य हमारे जीवन में नकारात्मक ऊर्जा को ट्रिगर कर सकते हैं। बौद्ध और जैन भिक्षु, जो भौतिकवादी संसार का त्याग करते हैं, भौतिक वस्तुओं, रिश्तों, लोगों,

सत्ता, धन, पद से विरक्त होकर तपस्या, ध्यान और उपवास के लिए एक शांत संसार में चले जाते हैं। वे अपनी आत्मा को पिछले कर्मों से शुद्ध करने, बंधनों को तोड़ने और अपने शरीर, मन, पंच ज्ञानेंद्रियों और भावनाओं पर नियंत्रण पाने के लिए कठोर तपस्या करते हैं, ताकि वे निर्वाण या मोक्ष प्राप्त कर सकें।

ध्यान

ध्यान सबसे शक्तिशाली उपचार है। आध्यात्मिक विज्ञान और लगभग सभी धर्मों में, हमें प्रार्थना, जप, उपवास और मौन के माध्यम से मन की शांति पाने की शिक्षा दी जाती है। योग का उद्देश्य हमारे शरीर को ध्यान के लिए तैयार करना है, ताकि हम मोक्ष प्राप्त कर सकें। जब हम ध्यान करते हैं, तो हम झील की तरह स्थिर हो जाते हैं। आयुर्वेद कहता है कि सभी रोग मन से शुरू होते हैं। जब हमारा मन असंतुलित होता है, तो हम अपने खान-पान और जीवनशैली के बारे में अस्वास्थ्यकर निर्णय लेते हैं। यह हमारे शरीर को और नुकसान पहुँचा सकते हैं। ध्यान हमें मन और भौतिक शरीर के बीच संबंध को बेहतर बनाने में मदद करता है।

मौजूदा वक्त के कई साइंटिफिक रिसर्च बताते हैं कि ध्यान हमारे मस्तिष्क और स्वास्थ्य को कैसे प्रभावित कर सकता है। शोधकर्ताओं के मुताबिक़, ध्यान मस्तिष्क में अल्फ़ा और थीटा तरंगों को बेहतर बनाता है। हार्वर्ड के एक अध्ययन से पता चला है कि सचेतन ध्यान मस्तिष्क के कुछ क्षेत्रों में ग्रे मैटर के घनत्व को बढ़ा सकता है, जिससे हमें अपने तनाव और भावनाओं को बेहतर ढंग से नियंत्रित करने और चिंता व अवसाद के लक्षणों को कम करने में मदद मिलती है। यूसीएलए के लेखक फ्लोरियन कुर्थ के एक अध्ययन से पता चला है कि ध्यान करने वालों में ग्रे मैटर की मात्रा उन लोगों की तुलना में काफी अधिक थी जो ध्यान नहीं करते थे। येल यूनिवर्सिटी की एक स्टडी में पाया गया कि ध्यान करने से डिफ़ॉल्ट मोड नेटवर्क (मन का भटकाव आदि[28]) कम हुआ और

---

28. माइंडफुलनेस अभ्यास से मस्तिष्क के क्षेत्रीय ग्रे मैटर घनत्व में वृद्धि होती है, मनोचिकित्सा अनुसंधान: न्यूरोइमेजिंग, 2011. https://www.ncbi.nlm.nih.gov/pmc/articles/

मानसिक[29] स्पष्टता में सुधार हुआ। ध्यान न्यूरोप्लास्टिसिटी में भी सुधार करने में मदद करता है। यह मस्तिष्क की नए तंत्रिका संबंध बनाने की क्षमता है। यह ग्रे मैटर, संज्ञानात्मक स्वास्थ्य और हमारी याददाश्त को बेहतर बनाने में मदद करता है।[30]

ध्यान से आतंरिक शान्ति पाना

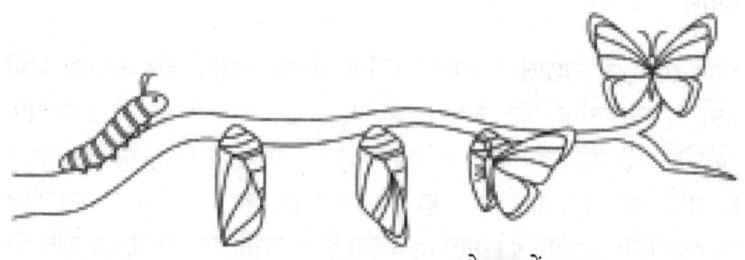

असंतुलितु दिमाग
दिमाग में बीमारी
का जन्म
स्थिरता पाना
प्रार्थना, मंतोच्चार,
उपवास, शांति
शरीर को
तैयार करना
योगा, ध्यान
कनेक्शन में सुधार
दिमाग और शरीर
का कनेक्शन
बेहतर होता है
उच्च जागरूकता
सूचित निर्णय और
सचेतन अवस्था

चक्र उपचार के कुछ हिस्से ज्योतिष की तरह है। चक्र उपचार का मानना है कि चक्रों में रुकावटों के कारण रोग और शारीरिक बीमारियाँ शुरू हो सकती हैं। चक्र हमारी रीढ़ की हड्डी के साथ स्थित ऊर्जा के घूमते हुए पहिए हैं, जो हमारी टेल बोन से हमारे सिर तक बढ़ते हैं। जब इन घूमने वाली ऊर्जा में अवरोध पैदा होता है, तो यह बीमारियों के रूप में प्रकट हो सकते हैं।

वास्तुशास्त्र एक प्राचीन भारतीय विज्ञान है। यह हमारे भौतिक स्थानों को प्रकृति के साथ सामंजस्य स्थापित करने की बात करता है। यह बताता है

PMC3004979/हार्वर्ड गज़ेट सारांश: https://news.harvard.edu/gazette/story/2011/01/eight-weeks-to-a-better-brain/

29. कुर्थ, एफ., लुडर्स, ई., आदि, 'हमेशा जवान: ध्यान मस्तिष्क में उम्र से संबंधित ग्रे मैटर के नुकसान को धीमा कर सकता है,' फ्रंटियर्स इन साइकोलॉजी, 2015. https://www.ncbi.nlm.nih.gov/pmc/articles/PMC4306280/

30. ब्रेवर, जे.ए., वोरहंस्की, पी.डी., आदि, 'ध्यान का अनुभव डिफ़ॉल्ट मोड नेटवर्क गतिविधि और कनेक्टिविटी में अंतर से जुड़ा है,' नेशनल एकेडमी ऑफ साइंसेज की कार्यवाही (PNAS), 2011. https://www.pnas.org/content/108/50/20254

कि स्थानिक व्यवस्थाएँ हमारे स्वास्थ्य को कैसे प्रभावित कर सकती हैं और कैसे एक सही डिज़ाइन सकारात्मक ऊर्जा प्रवाह को सुगम बना सकता है। इनमें से कुछ बातों का समर्थन आधुनिक चिकित्सा द्वारा भी किया गया है। उदाहरण के लिए, वास्तु उत्तर दिशा में सिर करके न सोने पर ज़ोर देता है, क्योंकि यह आपके स्वास्थ्य को प्रभावित कर सकता है। आधुनिक विज्ञान बताता है कि पृथ्वी का एक चुंबकीय क्षेत्र है, जिसमें उत्तर दिशा में धनात्मक ध्रुव और दक्षिण में ऋणात्मक ध्रुव होता है। ध्रुवीय क्षेत्र अधिक चुंबकीय खिंचाव डालते हैं। जहाँ हमारे सिर में सकारात्मक ऊर्जा होती है, वहीं हमारे पैर नकारात्मक चुंबकीय खिंचाव के अनुरूप होते हैं। इसलिए जब आप उत्तर दिशा में सिर करके सोते हैं, तो दो सकारात्मक चुंबकीय क्षेत्र एक प्रतिकर्षण प्रभाव पैदा कर सकते हैं। इसका असर नींद की गुणवत्ता, रक्तचाप, हृदय गति, कोर्टिसोल लेवल पर पड़ता है। यह सिरदर्द और कमजोर आरईएम नींद का कारण बन सकता है।

फेंग शुई एक तरह से चीनी वास्तुशास्त्र है। यह व्यक्ति और उसके पर्यावरण के बीच सामंजस्य को बढ़ावा देने के लिए आपके स्थानों को व्यवस्थित करने पर केंद्रित है।

रेकी एक एनर्जी थेरेपी है। यह हमें सीखाती है कि आप अपने शारीरिक, मानसिक और भावनात्मक स्वास्थ्य को बेहतर बनाने के लिए अपने आस-पास और अपने भीतर की ऊर्जा का उपयोग कैसे कर सकते हैं। इसकी उत्पत्ति जापान में हुई थी। आप हाथों की गतिविधियों से सार्वभौमिक जीवन ऊर्जा प्रवाह को सुधार कर बेहतर रिजल्ट पा सकते हैं। चिकित्सकों का मानना है कि यह ऊर्जा शारीरिक बीमारियों और भावनात्मक समस्याओं को ठीक करने में मदद कर सकती है।

ची एक विज्ञान है। इसके मुताबिक़, एक जीवन शक्ति है, जो शरीर में मेरिडियन नामक मार्ग से प्रवाहित होती है। ची में रुकावट या कमी से बीमारियाँ, दर्द और अंगों की शिथिलता हो सकती है।

प्राणिक हीलिंग, चक्र हीलिंग, क्रिस्टल हीलिंग, क्वांटम हीलिंग सकारात्मक ऊर्जा का उपयोग करने और शरीर से नकारात्मक ऊर्जा को हटाने पर केंद्रित हैं। सम्मोहन, निर्देशित कल्पना, थीटा हीलिंग आदि अन्य उपकरण हैं, जो हमारे

भौतिक शरीर, ऊर्जा क्षेत्रों, मन और उपचार के बीच संबंधों को बेहतर बनाने में मदद कर सकते हैं।

मेसोपोटामिया, भारत और यूनानी दर्शन में निहित ज्योतिष शास्त्र यह भी कहता है कि रोग हमारे जन्म के समय ग्रहों की स्थिति के साथ-साथ हमारे पिछले कर्मों के कारण भी हो सकते हैं। उनकी मान्यता है कि:

'प्रत्येक ग्रह हमारे शरीर के विशिष्ट अंगों से जुड़ा है।'

किसी व्यक्ति की जन्म कुंडली में ग्रहों की स्थिति पहले से ही कुछ स्वास्थ्य समस्याओं की ओर झुकाव का संकेत दे सकती है। ग्रहों की विशिष्ट स्थिति हमारे शरीर में बीमारियों को जन्म दे सकती है। उदाहरण के लिए, बृहस्पति और बुध की युति मधुमेह और टाइफाइड जैसी बीमारियों का कारण बन सकती है। मंगल और राहु का संरेखण कान की समस्याओं और सिरदर्द का कारण बन सकती है। ज्योतिष शास्त्र कहता है कि हमारी आंतरिक दुनिया ब्रह्मांड से जुड़ी हुई है और ग्रह हमारी भावनाओं, भावों और व्यवहार को भी प्रभावित कर सकते हैं।

जब मैंने ज्योतिष शास्त्र में स्वास्थ्य संबंधी उपायों की खोज शुरू की तो पता चला कि यह ऊर्जा, कंपन और आवृत्ति के सिद्धांत से मेल खाता है।

सूर्य मूल तत्व का प्रतिनिधित्व करता है। यह हमारी जीवन शक्ति, हृदय, पेट, पीठ, रीढ़ की हड्डी, हड्डियों और दाहिनी आँख से जुड़ा है। सूर्य हमारे भावनात्मक ब्रह्मांड के हृदय के समान है। यह पहचान, जीवन शक्ति, जागरूकता और आत्मविश्वास का प्रतीक है। जब सूर्य हमारी कुंडली में संरेखित नहीं होता है, तो यह हृदय रोग, हड्डियों के विकार, दृष्टि संबंधी समस्याएँ और माइग्रेन का कारण बन सकता है। आप योग में सूर्य नमस्कार करके सूर्य शक्ति में सुधार कर सकते हैं। दालचीनी, लौंग, अदरक, काली मिर्च, चक्र फूल से बनी गर्म हर्बल चाय पिएँ, जो सूर्य की गर्म ऊर्जा का प्रतिनिधित्व करती हैं।

चंद्रमा भावनात्मक ज्वार का प्रतिनिधित्व करता है। यह हमारी बाईं आँख, मस्तिष्क, फेफड़े, स्तन, पेट, गर्भाशय, रक्त और शरीर के तरल पदार्थों से जुड़ा है। चंद्रमा हमारी भावनाओं, सहज प्रवृत्तियों को नियंत्रित करता है। जिस तरह ज्वार-भाटे आते-जाते रहते हैं, उसी तरह हमारी भावनाएँ भी चंद्रमा की स्थिति के आधार पर उतार-चढ़ाव कर सकती हैं। जब कुंडली में चंद्रमा संरेखित नहीं

होता है, तो यह एनीमिया, मासिक धर्म संबंधी विकार और मानसिक समस्याओं को जन्म दे सकता है।

पूर्णिमा की रात में, आप भावनाओं के असंतुलन, बचपन की यादों और अवचेतन स्मृतियों का अनुभव करेंगे। पूर्णिमा का चंद्रमा समुद्र और यहाँ तक कि हमारे शरीर, जो 75% पानी है, पर भी गुरुत्वाकर्षण बल डालता है। यह हमारे भीतर प्रबल भावनाओं को जगा सकता है। इसी तरह अमावस्या पर, यह हमें आत्म-निरीक्षण के लिए अपने भीतर जाने का अवसर देता है। आप ध्यान, उपवास, कृतज्ञता व्यक्त करके और अपने लिए स्पष्ट इरादे निर्धारित करके अपने भावनात्मक स्वास्थ्य को चंद्रमा चक्र के साथ संरेखित कर सकते हैं।

मंगल कर्म का प्रेरक है। यह मांसपेशियों, सिर, चेहरे, आँखों और पित्ताशय से जुड़ा है। यह हमारे जुनून और इच्छाओं को बढ़ावा देता है। कमज़ोर मंगल निराशा या क्रोध का कारण बन सकता है। जब मंगल संरेखित नहीं होता है, तो यह चोट, फ्रैक्चर, त्वचा संबंधी समस्याओं और प्रतिरक्षा संबंधी समस्याओं को जन्म दे सकता है। इस ऊर्जा को नृत्य या मार्शल आर्ट जैसी शारीरिक गतिविधियों के माध्यम से प्रवाहित करें, जिससे आप अपनी भावनाओं को व्यक्त कर सकें।

बुध को मन का दूत कहा जाता है। यह तंत्रिका तंत्र, अग्न्याशय, त्वचा और इंद्रियों से जुड़ा है। यह हमारे विचारों का दूत है, जो हमारे शब्दों को हमारे वास्तविक विचारों से जोड़ता है। जब बुध संरेखित नहीं होता है, तो यह श्वसन संबंधी रोग, त्वचा संबंधी रोग और तंत्रिका संबंधी रोग उत्पन्न कर सकता है। यह हमारे सोचने और संवाद करने के तरीके को प्रभावित करता है।

जब बुध वक्री होता है, तो आप मानसिक रूप से बिखरे हुए महसूस कर सकते हैं। इस समय, आपके लिए सबसे अच्छा यही होगा कि आप अपने विचारों और भावनाओं को अपने नोट्स में लिखें। अपने विचारों पर ध्यान दें और जब तक आप भावनात्मक रूप से स्थिर न हो जाएँ, तब तक बातचीत में जल्दबाजी न करें। अपनी बातचीत और अपने विचारों को व्यक्त करने के लिए इस्तेमाल किए जाने वाले शब्दों के प्रति सचेत रहें। इससे रिश्ता टूट भी सकता है और सँवर भी सकता है।

बृहस्पति आशावादी भावना है। यह यकृत, तिल्ली, गुर्दे, जाँघों, रक्त, वसा ऊतकों, कूल्हों और अग्न्याशय से जुड़ा है। जब बृहस्पति संरेखित नहीं होता है, तो यह मोटापे से संबंधित बीमारियों और पीलिया को जन्म दे सकता है। बृहस्पति जिस चीज़ को छूता है, उसका विस्तार करता है। यह हर्ष और उल्लास प्रचुरता से लाता है और हमें अधिक खुले दिल का बनाता है। इस सकारात्मकता को प्रवाहित रखने के लिए एक कृतज्ञता पत्रिका (ग्रेटीट्यूड जर्नल) बनाएँ।

शुक्र हृदय की इच्छा का प्रतिनिधित्व करता है। यह गुर्दे, मूत्राशय, नसों, त्वचा और प्रजनन अंगों से जुड़ा है और प्रेम तथा रिश्तों का प्रतिनिधित्व करता है। शुक्र के असंतुलित होने पर, यह मधुमेह, यौन संचारित रोग, ईर्ष्या या रिश्तों में गलतफहमियों को जन्म दे सकता है। अपने मूड और सकारात्मक संबंधों को बेहतर बनाने के लिए ताज़े फल और सब्ज़ियों जैसे सात्विक खाद्य पदार्थों का अधिक सेवन करें।

शनि को अनुशासन का शिक्षक कहा जाता है। यह मांसपेशियों, हड्डियों, जोड़ों, घुटनों, दाँतों और त्वचा से जुड़ा है और हमें ज़िम्मेदारी और सीमाओं के बारे में सिखाता है। यह हमें भावनात्मक रूप से मज़बूत होने में मदद करता है। शनि के असंतुलित होने पर, यह पुरानी बीमारियों, जोड़ों के दर्द और यहाँ तक कि कैंसर का कारण बनता है। अपने रिश्तों में सीमाएँ निर्धारित करके और अपनी दैनिक दिनचर्या में आत्म-अनुशासन का अभ्यास करके शनि से मिलने वाले सबक को अपनाएँ।

यूरेनस परिवर्तन का उत्प्रेरक है। यह हमारे जीवन में अचानक बदलाव और आश्चर्य लाता है। यह उत्साह या चिंता जैसी भावनाओं को जगा सकता है। लचीलापन अपनाएँ और जीवन में बदलावों के लिए तैयार रहें। नई चीज़ें आज़माएँ और अपने भावनात्मक परिदृश्य को साफ़ रखें।

नेपच्यून को आदर्शवादी कहा जाता है। यह हमारे सपनों और अंतर्ज्ञान को नियंत्रित करता है। यह भ्रम या पलायनवाद को जन्म दे सकता है। चित्रकारी और लेखन जैसे रचनात्मक शौक हमें ज़मीन से जुड़े रखते हुए नेप्च्यून ऊर्जा को दिशा देने में मदद करते हैं।

ग्रह की दशा और स्वास्थ्य

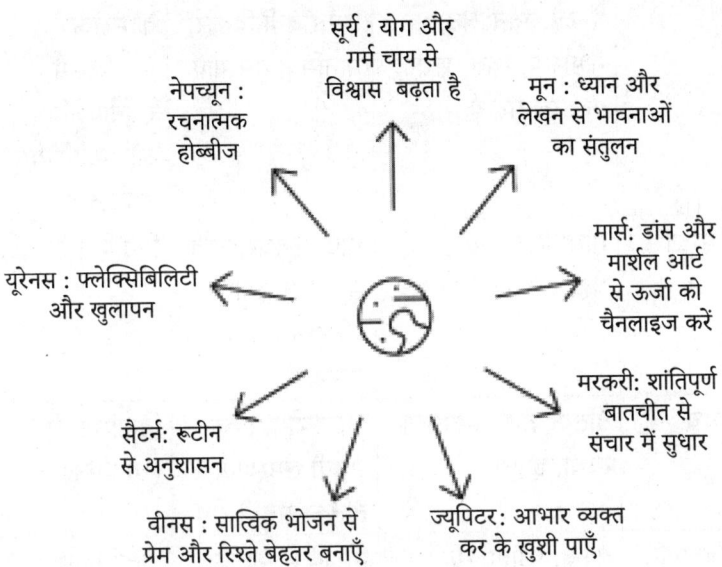

सूर्य : योग और गर्म चाय से विश्वास बढ़ता है

नेपच्यून : रचनात्मक होब्बीज

मून : ध्यान और लेखन से भावनाओं का संतुलन

यूरेनस : फ्लेक्सिबिलिटी और खुलापन

मार्स: डांस और मार्शल आर्ट से ऊर्जा को चैनलाइज करें

सैटर्न: रूटीन से अनुशासन

मरकरी: शांतिपूर्ण बातचीत से संचार में सुधार

वीनस : सात्विक भोजन से प्रेम और रिश्ते बेहतर बनाएँ

ज्यूपिटर: आभार व्यक्त कर के खुशी पाएँ

ये उपाय किसी नास्तिक के लिए भी व्यावहारिक हो सकते हैं, क्योंकि ये सभी उपाय हमारे भावनात्मक स्वास्थ्य को मज़बूत करने में मदद करते हैं। ज्योतिष शास्त्र भी शरीर में असंतुलन को दूर करने के लिए फलों और सब्ज़ियों के माध्यम से कुछ विटामिनों का सेवन करने की सलाह देता है। मैं आपसे फिर से आग्रह करती हूँ कि आप वही खाएँ और करें, जो आपके तर्क और विवेक को भाता हो।

ग्रह	शरीर के अंग	असंतुलित होने पर स्वास्थ्य संबंधी प्रभाव	विटामिन
सूर्य	जीवन शक्ति, हृदय, पेट, पीठ, रीढ़ की हड्डी, हड्डियाँ, दाहिनी आँख	हृदय रोग, अस्थि विकार, दृष्टि संबंधी समस्याएँ, माइग्रेन	विटामिन ए, डी, मैग्रीशियम और आयोडीन जैसे खनिज

चंद्रमा	बाईं आँख, मस्तिष्क, फेफड़े, स्तन, पेट, गर्भाशय, रक्त, शरीर के तरल पदार्थ	एनीमिया, मासिक धर्म संबंधी विकार, मानसिक समस्याएँ	विटामिन बी कॉम्प्लेक्स — जिसमें राइबोफ्लेविन और पोटेशियम शामिल हैं
मंगल	मांसपेशियाँ, सिर, चेहरा, आँखें, पित्ताशय	चोटें, फ्रैक्चर, त्वचा संबंधी समस्याएँ, प्रतिरक्षा संबंधी समस्याएँ	विटामिन के
बुध	तंत्रिका तंत्र, अग्न्याशय, त्वचा, इंद्रियाँ	श्वसन रोग, त्वचा संबंधी समस्याएँ, तंत्रिका संबंधी रोग	विटामिन सी (थायमिन)
बृहस्पति	यकृत, प्लीहा, गुर्दे, जाँघें, रक्त, वसा ऊतक	मोटापे से संबंधित रोग, पीलिया	विटामिन बी 6 (कोलीन), बायोटिन, मैंगनीज और क्रोमियम जैसे खनिज
शुक्र	गुर्दे, मूत्राशय, नसें, त्वचा, प्रजनन अंग	मधुमेह और यौन संचारित रोग	विटामिन ई
शनि	मांसपेशियाँ, हड्डियाँ, जोड़, घुटने	जोड़ों के दर्द और यहाँ तक कि कैंसर जैसी दीर्घकालिक बीमारियाँ	विटामिन सी (फोलिक एसिड), विटामिन डी, कैल्शियम

इस विज्ञान पर भरोसा करना या न करना हमारी व्यक्तिगत मान्यताओं पर निर्भर करता है। मैं यहाँ रोग की परिभाषा को विभिन्न दृष्टिकोणों से प्रस्तुत कर रही हूँ।

शुरुआत में यह सारी जानकारी बोझिल लग सकती है। लेकिन जब आप अपनी समझ का दायरा बढ़ाएँगे, तो आप देखेंगे कि कैसे ये सभी विज्ञान शरीर के बारे में हमारी समझ को बढ़ाने में हमारी मदद करते हैं। जैसे-जैसे हमारी उम्र बढ़ती है, हम अपने शरीर और उसकी आंतरिक संरचना के बारे में अपनी समझ को बेहतर बनाने का विकल्प चुन सकते हैं। इस तरह से हम खुद का एक ऊर्जावान संस्करण बना सकते हैं और बीमारियों से बच सकते हैं। हमें बस यह याद रखना है कि हमें अपने शरीर, मन और भावनाओं को वैज्ञानिक जाँच और आध्यात्मिक विश्वास, दोनों के दृष्टिकोण से देखना चाहिए।

अध्याय 4

अपने मन को स्वस्थ बनाएँ

मन की ऊर्जा

क्या आपने सत्रह सेकंड के नियम के बारे में सुना है? कोई भी विचार जो आप सत्रह सेकंड से ज़्यादा समय तक अपने मन में रखते हैं, वह आपकी वास्तविकता बन जाएगा। चाहे वह अच्छा हो या बुरा। न्यूरोप्लास्टिसिटी के अनुसार, जब आप किसी विचार को एक ख़ास समय तक अपने मन में रखते हैं, तो आपका दिमाग इसे आपकी नई वास्तविकता, नए लक्ष्य या उद्देश्य के रूप में परिभाषित करता है, जिसे उसे पूरा करना ही है। आपका मस्तिष्क इस विचार का समर्थन करने के लिए नए तंत्रिका मार्ग बनाना शुरू कर देता है, क्योंकि आपका मस्तिष्क वास्तविकता और कल्पना के बीच का अंतर नहीं जानता। विचार गति पकड़ता है, आपका मस्तिष्क अब आपके व्यवहार पैटर्न को बनाना शुरू कर देता है। जैसे, आप कैसे कपड़े पहनते हैं, क्या खाते हैं, क्या बातचीत करते हैं। अवचेतन रूप से उन घटनाओं, परिस्थितियों और अनुभवों को चुनना या आकर्षित करना शुरू कर देता है, जो इस आवृत्ति की तरह होते हैं।

162

आपके मन और शरीर का 1:1 संबंध है

आपके विचारों की एक ख़ास कंपन आवृत्ति होती है। आपका मन इस आवृत्ति के साथ जुड़ा होता है और आपका शरीर इस आवृत्ति को प्रतिध्वनित करता है, जैसा कि हमने स्ट्रिंग सिद्धांत में समझा था। अगर आपका इरादा कृतज्ञता विकसित करना है, तो आपका मन 540 हर्ट्ज़—कृतज्ञता की आवृत्ति—पर प्रतिध्वनित होने लगता है। इस प्रकार इस आवृत्ति से जुड़ी और अधिक घटनाओं को आकर्षित करता है। आपका मन अब सकारात्मक सोचने और अधिक सकारात्मक घटनाओं को आकर्षित करने के लिए एक सकारात्मक वातावरण बनाने के लिए प्रशिक्षित होता है।

आपका मन आपके विचारों को एक खाके की तरह उपयोग करता है। यह आपके आंतरिक शरीर क्रिया विज्ञान और बाहरी विकल्पों को इस नई विचार प्रक्रिया के अनुरूप ढालता है। आपका पूरा अस्तित्व, मन से लेकर आपके शरीर की कोशिकाओं तक, इस नई विचार आवृत्ति के अनुरूप हो जाता है।

अगर आप बार-बार खुद से दोहराते हैं, 'मुझे अच्छा नहीं लग रहा है, इस बीमारी का कोई इलाज नहीं है,' तो आपका दिमाग इसका समर्थन करने वाले प्रमाण ढूँढ़ने लगता है और फिर सबूत देना शुरू कर देता है कि वास्तव में आपकी बीमारी का कोई इलाज नहीं है। आपका दिमाग इस संदेश को आपके शरीर की कोशिकाओं तक भी पहुँचाना शुरू कर देता है। आपका मन और शरीर अस्वास्थ्यकर जीवनशैली और आहार संबंधी विकल्प चुनते रहते हैं, जो इस अस्वास्थ्यकर विचार के अनुरूप होते हैं।

सत्रह सेकंड का नियम सकारात्मक और नकारात्मक, दोनों विचारों पर लागू होता है। आध्यात्मिक प्रशिक्षक अब्राहम हिक्स कहते हैं कि अगर आप किसी सकारात्मक विचार को सत्रह सेकंड तक अपने मन में रखते हैं और उसे चार बार दोहराते हैं, यानी कुल अड़सठ सेकंड या उससे ज़्यादा, तो आप उस सकारात्मक विचार को अपनी नई वास्तविकता बना सकते हैं। आपका अवचेतन मन आपके व्यवहार के पैटर्न को इस आवृत्ति के अनुरूप ढालना शुरू कर देता है। इसलिए, अगर आप अड़सठ सेकंड से ज़्यादा समय तक सोचते हैं, 'मैं हर दिन अपने आप को हेल्दी बना रहा हूँ,' तो आपका मन सचेत रूप से व्यायाम, स्वच्छ भोजन,

जल्दी जागना और सोना, जंक और पैकेज्ड खाद्य पदार्थों से बचने जैसी स्वस्थ गतिविधियों का चयन करना शुरू कर देता है।

आपका विचार आपकी वास्तविकता बन जाता है

आपका मन न केवल आपके शरीर क्रिया विज्ञान को प्रभावित करता है, बल्कि आपके अनुभव को भी प्रभावित करता है। आपका मन आपके अनुभव को स्वर्गीय या नारकीय बना सकता है, भले ही आप समान स्थिति और वातावरण में काम कर रहे हों। एक पार्क में एक ही बेंच पर बैठे दो अजनबी हो सकते हैं, जो एक ही समय और स्थान में मौजूद हों। फिर भी, कोई व्यक्ति बिना शर्त आनंद का अनुभव कर सकता है। इस बीच, दूसरा व्यक्ति अपने जीवन के सबसे बुरे दौर से गुज़र रहा हो सकता है, शायद अपनी नौकरी या साथी को खोने के कारण या व्यक्तिगत आघात के कारण। वही बेंच, वही पार्क, वही समय और स्थान, वही पर्यावरणीय कारक, फिर भी जीवन का अनुभव दोनों के लिए अलग-अलग है। एक व्यक्ति आनंद का अनुभव करता है, जबकि दूसरा दुःख का।

पिछली परिस्थितियों के आधार पर दोनों के लिए अनुभव अलग-अलग हैं। लेकिन क्या होगा यदि परिस्थितियाँ समान हों? क्या दोनों प्रतिभागियों के लिए अनुभव तब भी समान होगा?

जैसे, दो महिलाएँ हैं, जिन्होंने एक ही समय में अपने साथी को खो दिया है। उनमें से एक का दिल टूट जाता है और वह शोक-संतप्त हो जाती है, खोई हुई महसूस करती है। वह सोचती है कि उसका अपना जीवन भी समाप्त हो गया है। लेकिन, दूसरी महिला का जीवन के प्रति एक अलग दृष्टिकोण है। वह समझती है कि जीवन के विकास में मृत्यु एक सत्य है। वह इस सत्य में शांति, मुक्ति और करुणा का अनुभव करती है। अपने साथी को एक मधुर मुक्ति के साथ विदा कर पाती है। साथ ही उन वर्षों के लिए कृतज्ञ महसूस करती है, जो उन्होंने साथ बिताए थे। दोनों महिलाओं के लिए नुकसान एक जैसा है, लेकिन उनके व्यक्तिगत कंडीशनिंग, इरादों, भावनात्मक परिपक्वता और जीवन की धारणा के आधार पर अनुभव अलग हो जाता है।

एक महिला भावनात्मक और मानसिक रूप से पीड़ित है, दूसरी महिला खुद के बेहतर संस्करण में विकसित होने की शक्ति पा सकती है। कुछ साल बाद, जो महिला भावनात्मक रूप से ठीक नहीं हुई है। तनाव, चिंता, आत्मविश्वास की कमी और अपने स्वास्थ्य को बनाए रखने के प्रति प्रेरणा की कमी के कारण वह बीमार हो सकती है। दूसरी महिला, जिसने अपने साथी की मृत्यु के बावजूद भावनात्मक परिपक्वता और मुक्ति का अनुभव किया, उसने शायद एक स्वस्थ जीवनशैली को चुना होगा, जिससे वह एक हेल्दी जीवन जी सकती है।

इंसान श्रेष्ठ संवेदनशील प्राणी है। फिर भी हम अपने हृदय की धड़कन, फेफड़े, गुर्दे, यकृत, अग्न्याशय और अपेंडिक्स जैसे अंगों, रक्त परिसंचरण, पोषक तत्वों को अवशोषित करने तथा विषहरण की अपनी आंतरिक प्रक्रियाओं पर नियंत्रण नहीं रख पाते। हम अपने शरीर को नहीं, बल्कि अपने मन को नियंत्रित करते हैं।

हालाँकि, हम स्वस्थ जीवनशैली, व्यायाम, नींद, पोषण, विषाक्त खाद्य पदार्थों से दूर रहने और स्वस्थ आदतें विकसित करने जैसे बाहरी कारकों के माध्यम से आंतरिक प्रक्रियाओं का समर्थन कर सकते हैं। हम केवल अपनी श्वास और अपने विचारों को नियंत्रित कर सकते हैं।

अगर आप सच में रोगमुक्त जीवन जीना चाहते हैं, तो आपको अपने मन की क्षमता और सीमाओं को समझना होगा। आपका मन आपके शरीर में स्वास्थ्य और रोग दोनों का सह-निर्माता है। जब मन संघर्ष की स्थिति में होता है, तो यह शरीर और मन के बीच एक अलगाव पैदा कर सकता है और 'असुविधा' और 'असहजता' को जन्म दे सकता है। जब मन शांत अवस्था में होता है, तो यह कोशिकीय सामंजस्य और प्लेसीबो प्रभाव के माध्यम से उपचार प्रक्रिया को सुगम बना सकता है। यह बहुत ज़रूरी है कि मन और शरीर एक साथ हों और एक ही भाषा बोलें।

इरादे सकारात्मक या नकारात्मक, चेतन या अचेतन हो सकते हैं। हमारे इरादे हमारे वर्तमान विचारों, ध्यान, ऊर्जा और कार्यों का मार्गदर्शन करते हैं। इरादे हमारे लक्ष्यों, इच्छाओं, प्रेरणाओं, धारणाओं, कार्य के उद्देश्य, सीखों और अनुभवों से प्रभावित होते हैं। हमारे इरादे अवचेतन मन द्वारा भी निर्देशित होते हैं, जो पिछली स्मृतियों, आघातों और बचपन की परिस्थितियों को संग्रहीत करता

है। वास्तव में, हमारी 75 से 80 प्रतिशत यादें अवचेतन मन में संग्रहीत होती हैं। यही कारण है कि अवचेतन मन को स्वस्थ करना, नकारात्मक स्मृतियों, आघातों को दूर करना महत्त्वपूर्ण है।

अवचेतन मन चेतन मन पर हावी हो जाता है। पूर्णिमा की रात, आप अक्सर खुद को भावनाओं से अभिभूत पाएँगे। ऐसा चंद्रमा के गुरुत्वाकर्षण बल के प्रभाव के कारण होता है, जो जल निकायों को ऊपर की ओर ऊपर उठाता है। हमारा शरीर 75 प्रतिशत जल है और हमारा मन लगभग 85 प्रतिशत जल है। चंद्रमा के गुरुत्वाकर्षण का प्रभाव हमारे भौतिक और आकाशीय शरीर, दोनों पर महसूस किया जा सकता है। चंद्रमा का गुरुत्वाकर्षण दबी हुई भावनाओं और स्मृतियों को अवचेतन स्थान से चेतन स्थान में खींचता है। यह हमारे लिए अपनी अवचेतन स्मृतियों और भावनाओं तक पहुँचने का द्वार खोलता है, ताकि हम उन्हें ठीक कर सकें और मुक्त कर सकें। पूर्णिमा की रात ध्यान, उपवास अवचेतन मन की सहायता करते हैं, उसे शुद्ध करते हैं और शरीर और मन के बीच के संबंध को बेहतर बनाने में मदद करते हैं।

मन-शरीर अनुनाद चक्र

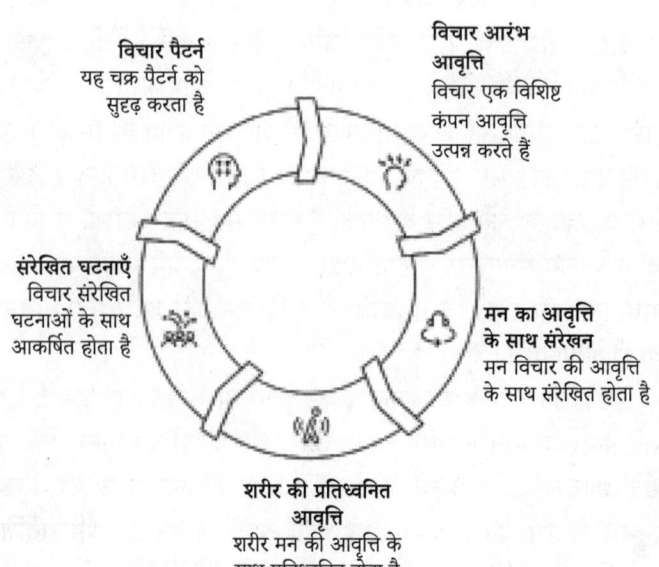

विचार पैटर्न
यह चक्र पैटर्न को सुदृढ़ करता है

विचार आरंभ आवृत्ति
विचार एक विशिष्ट कंपन आवृत्ति उत्पन्न करते हैं

संरेखित घटनाएँ
विचार संरेखित घटनाओं के साथ आकर्षित होता है

मन का आवृत्ति के साथ संरेखन
मन विचार की आवृत्ति के साथ संरेखित होता है

शरीर की प्रतिध्वनित आवृत्ति
शरीर मन की आवृत्ति के साथ प्रतिध्वनित होता है

इरादे मन के जीपीएस सिस्टम हैं

मन एक सारथी की तरह है। यह भौतिक शरीर रूपी रथ को चलाता, प्रबंधित और संचालित करता है। रथ को पाँच घोड़े आगे खींचते हैं, जो पाँच इंद्रियों का प्रतिनिधित्व करते हैं।

जब सारथी (मन) शांत होता है, तो वह रथ (शरीर) पर बेहतर नियंत्रण रखता है और उसे सही दिशा में ले जा सकता है। सवारी सहज और आनंददायक हो जाती है। लेकिन अगर सारथी (मन) संघर्ष या तनाव और चिंता जैसी नकारात्मक भावनाओं से गुज़र रहा हो, तो इससे सारथी और घोड़ों (पाँच इंद्रियों) के बीच लय बिगड़ सकती है, जिससे वे भ्रमित और विचलित हो सकते हैं। इससे रथ (शरीर) को शारीरिक नुकसान पहुँच सकता है। मन शरीर के नियंत्रण केंद्र के रूप में कार्य करता है, जहाँ इच्छाएँ मन को निर्देशित करते हैं और अंततः, आप ही इच्छा के स्वामी होते हैं। आप ही अपनी इच्छाओं के अंतिम निर्माता हैं। अगर हम अपने मन को बेहतर इच्छाओं से प्रशिक्षित करें, तो हम अपने मन, शरीर और भाग्य के सच्चे स्वामी बन सकते हैं।

आप अपने स्वास्थ्य और खुशी के निर्माता स्वयं हैं

मन और शरीर के नियंत्रण का पदानुक्रम

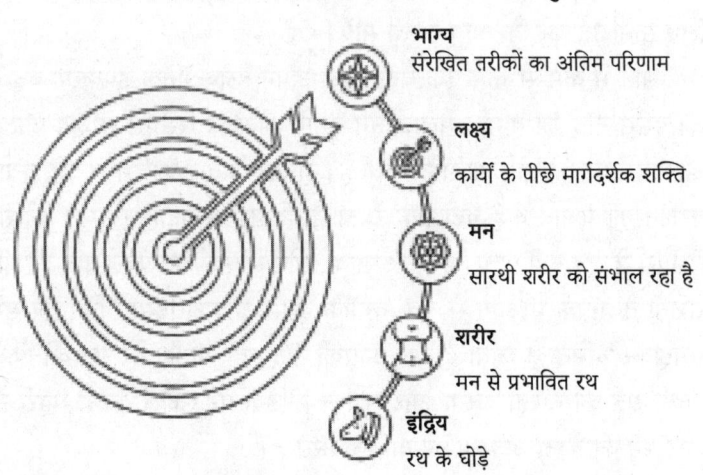

भाग्य
संरेखित तरीकों का अंतिम परिणाम

लक्ष्य
कार्यों के पीछे मार्गदर्शक शक्ति

मन
सारथी शरीर को संभाल रहा है

शरीर
मन से प्रभावित रथ

इंद्रिय
रथ के घोड़े

मन की पाँच अवस्थाएँ

आइए, हम मन की अवस्था को वैज्ञानिक दृष्टिकोण से समझते हैं, ताकि हम अपने तार्किक मन को बेहतर बना सकें। हमारे मन की पाँच अवस्थाएँ होती हैं। ये हैं डेल्टा, थीटा, अल्फ़ा, बीटा और गामा। हम मन की प्रत्येक अवस्था के साथ-साथ उसका उपयोग करने के तरीकों पर भी चर्चा करेंगे, ताकि हमारे मन, शरीर और भावनाओं को ठीक किया जा सके।

डेल्टा मन की अवस्था

डेल्टा मन की अवस्था 0.5 से 4 हर्ट्ज़ पर कंपन करती है, यह बहुत ही कम कंपन है। यह सबसे धीमी लेकिन उच्चतम आयाम वाली भी होती है और गहरी रैपिड आई मूवमेंट (आरईएम) नींद के दौरान होती है। यह हमारी नींद की सबसे गहरी अवस्था है, जो रात 10 बजे से सुबह 2 बजे के बीच होती है। आयुर्वेदिक ऊर्जा घड़ी में, यह पित्त अवस्था होती है, जब हमारा शरीर सक्रिय रूप से क्षतिग्रस्त ऊतकों, मांसपेशियों और तंत्रिकाओं का कायाकल्प, मरम्मत और उपचार करता है। सोने से तीन घंटे पहले अपना अंतिम भोजन करना महत्त्वपूर्ण है, ताकि आपके पाचन तंत्र को बहुत अधिक ऊर्जा की आवश्यकता न हो। इस प्रकार आप आराम कर सकें। इस डेल्टा अवस्था का लाभ उठाने के लिए सुनिश्चित करें कि आप जल्दी सोएँ।

सोने से कम-से-कम एक घंटा पहले अपने इलेक्ट्रॉनिक उपकरण बंद कर दें। इससे नींद का हार्मोन मेलाटोनिन हमारे कोशिका रिसेप्टर्स से जुड़ जाता है और मस्तिष्क को सोने का संकेत देता है। दोपहर के बाद कैफीन से बचें, क्योंकि कैफीन का प्रभाव कई घंटों तक रहता है, जिससे मेलाटोनिन हमारे कोशिका रिसेप्टर्स से जुड़ नहीं पाता। इसके अलावा, सोने से एक घंटा पहले खुद को नीली रोशनी के संपर्क में आने से बचें, क्योंकि इससे आपका दिमाग दिन का समय समझकर भ्रमित हो जाता है और आपको नींद नहीं आती। देर रात की फिल्में, आधी रात को नाश्ता करना और सोशल मीडिया पर स्क्रॉल करना गहरी नींद और मन की डेल्टा अवस्था को बाधित करते हैं।

अपने शरीर और मन को इन ध्यान भंग करने वाली चीज़ों से अलग करने की कोशिश करें। अपने शरीर को गहरी नींद की अवस्था में जाने के लिए एक शांत और सामंजस्यपूर्ण वातावरण प्रदान करें। आप सोने से पहले कोई ऐसी किताब पढ़ सकते हैं, जिसमें नीली रोशनी न हो, जिससे आप काले और सफेद जैसे कम-से-कम रंगों के संपर्क में आ सकें या आप अपनी आँखें बंद करके गुनगुना सकते हैं या ध्यान कर सकते हैं। मौन और गुनगुनाने से गहरी नींद आती है और स्वास्थ्य लाभ होता है।

गहरी नींद के लिए मैंने अपने कमरे को ख़ास तरह से तैयार किया है। मेरे कमरे में कोई चटकीले रंग नहीं हैं और अंदर का रंग कम ग्रे और सफ़ेद है। बहुत कम कलाकृतियाँ हैं। एक लैंप, पेड़ों और पक्षियों के प्रिंट वाले वॉलपेपर, किताबें और प्रकृति-थीम वाले बुकएंड हैं, जो मुझे प्रकृति की याद दिलाती हैं। बिस्तर के सामने कोई आईना नहीं है, जिससे प्रकाश परावर्तित हो। बेडस्प्रेड और कंबल सादे हैं और एलर्जी न करने वाले सूती कपड़े से बने हैं। क्रॉस वेंटिलेशन, एक एयर प्यूरीफायर, रात में ऑक्सीजन पैदा करने वाले कुछ पौधे हैं। मेरे कमरे में पंखा नहीं है। हाँ, एक एयर कंडीशनर है, जिसका उपयोग मैं केवल गर्मियों में या जब बाहर शोर ज़्यादा होता है, तब करती हूँ। फिर, मैं कुछ मिनटों के लिए बिना किसी विचार के, मन और ध्यान के साथ दिन का अंत करती हूँ। अगर आप ध्यान नहीं कर सकते, तो आप अपने विचारों को शांत करने के लिए धीरे-धीरे एक सरल मंत्र का जाप कर सकते हैं। कहने का अर्थ यह है कि आप अपने दिन का अंत शांति से करें, अपने आस-पास के सभी लोगों के साथ शांति बनाए रखें।

मैं रात में एक प्रार्थना करती हूँ। इसका सरल अनुवाद इस प्रकार है:

> हे ब्रह्मांड, मैं आपका एक छोटा-सा अंश हूँ। मुझे अनंत ब्रह्मांड में विलीन होने की अनुमति दें। मैं अपनी भावनाओं, आघातों, नकारात्मक स्मृतियों, विचारों को मुक्त करती हूँ और बिना शर्त कृतज्ञता व्यक्त करती हूँ। इस संसार में लाखों-करोड़ों जीव हैं। पृथ्वी, जल, अग्नि, वायु और अंतरिक्ष में रहने वाले सूक्ष्मजीवों के रूप में कई अरब जीव हैं। ज़मीन के ऊपर और नीचे कई

अरब प्रकार की वनस्पतियाँ, दो इंद्रियों, तीन इंद्रियों, चार इंद्रियों, पाँच इंद्रियों वाले कई अलग-अलग प्रकार के जीव और छह इंद्रियों वाले अरबों जीव हैं। इस ग्रह पर कई देवी-देवता, दिव्य प्राणी और आध्यात्मिक ऊर्जा विद्यमान हैं। मैं इन सभी जीवित रूपों और इस ग्रह की उपस्थिति को स्वीकार करती हूँ। पूरा विश्व मेरा परिवार है। अगर मैंने अपने विचारों, शब्दों या कर्मों से इनमें से किसी भी जीव को ठेस पहुँचाई हो या दूसरों को उन्हें ठेस पहुँचाने के लिए प्रोत्साहित किया हो या उन्हें ठेस पहुँचाने वालों की प्रशंसा की हो, तो मैं ऐसे पापपूर्ण कार्यों के लिए क्षमा माँगती हूँ। मैं सभी जीवों को उनके द्वारा पहुँचाए गए कष्टों के लिए क्षमा करती हूँ और सभी जीव मुझे क्षमा करें। मैं सभी के प्रति मित्रवत हूँ और किसी से भी शत्रुता नहीं रखती।

ब्रह्मांडीय एकता के मार्ग

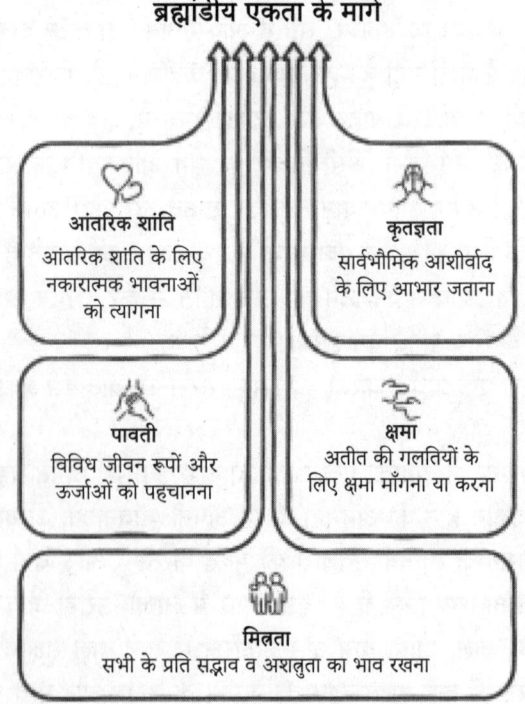

आंतरिक शांति
आंतरिक शांति के लिए नकारात्मक भावनाओं को त्यागना
कृतज्ञता
सार्वभौमिक आशीर्वाद के लिए आभार जताना
पावती
विविध जीवन रूपों और ऊर्जाओं को पहचानना
क्षमा
अतीत की गलतियों के लिए क्षमा माँगना या करना
सभी के प्रति सद्भाव व अशत्रुता का भाव रखना

जब आप सोने से पहले यह प्रार्थना करते हैं, तो आप अपने दिमाग को बाहरी दुनिया के साथ सभी भावनात्मक जुड़ावों और भटकाव से अलग होने का प्रशिक्षण दे रहे होते हैं। आपकी ऊर्जा इस कमरे, इस बिस्तर और आपकी चेतना के क्षेत्र तक सीमित है। जिस स्थान पर आप रात को अपने शरीर को विश्राम देते हैं, वह नकारात्मक ऊर्जा, विचारों, भावनाओं, चिंताओं और बेचैनी से मुक्त होना चाहिए। सुनिश्चित करें कि इस शरीर में प्रवाहित होने वाली ऊर्जा सकारात्मक, अप्रतिबंधित और मुक्त प्रवाह वाली हो। अपने मन को डेल्टा की एक मुक्त अवस्था में प्रवेश करने दें और सोते समय अपने शरीर को स्वस्थ होने, तरोताज़ा होने और खुद को ठीक करने की अनुमति दें। डेल्टा मन की अवस्था पूर्ण शांति की अवस्था है, शून्य की अवस्था। आज रात और हर रात आपको गहरी और आरामदायक नींद मिले।

नींद सबसे अच्छी दवा है। यह अच्छे स्वास्थ्य के छह स्तंभों में से एक है। स्वस्थ नींद चक्र इंसुलिन प्रतिरोध, कोलेस्ट्रॉल, रक्तचाप, हृदय संबंधी समस्याओं और हार्मोनल असंतुलन को कम करके आपके स्वास्थ्य को बेहतर बना सकते हैं। नींद आपके मन को शांत होने और आपके शरीर को खुद को ठीक करने का समय देती है।

'नींद सर्वोत्तम ध्यान है'

— दलाई लामा

नींद आपको मानसिक शांति प्रदान करती है। जब आप अपने जीवन में कोई महत्त्वपूर्ण निर्णय लेने वाले हों, तो अपने विचार को अपने अवचेतन मन में बिठाएँ। अगली सुबह, आपके पास सही निर्णय लेने के लिए बेहतर स्पष्टता होगी।

आप योग निद्रा भी कर सकते हैं। यह निद्रा ध्यान या योगिक निद्रा है। यह गहन विश्राम प्रदान कर सकता है, तनाव कम कर सकता है, दर्द कम कर सकता है, आपके संज्ञानात्मक स्वास्थ्य में सुधार कर सकता है और बेहतर नींद की गुणवत्ता बढ़ा सकता है। यह आपकी प्रतिरक्षा और भावनात्मक कल्याण को बढ़ावा देने में भी मदद कर सकता है। क्लिनिकल अध्ययनों से पता चला

है कि योग निद्रा मस्तिष्क की गतिविधि में बदलाव ला सकती है, जिससे डोपामाइन लेवल और दिमाग में रक्त प्रवाह बेहतर हो सकता है। इसका केंद्रीय तंत्रिका तंत्र पर शांत प्रभाव पड़ता है। यह चिंता, अवसाद और तनाव के लक्षणों को कम करने में मदद करता है। योग निद्रा का एक सत्र भी पूरी रात की नींद को संतुलित करने में मदद कर सकता है।

मन की थीटा स्थिति

थीटा मनःस्थिति 4-8 हर्ट्ज़ के बीच कंपन करती है। यह गहन विश्राम, ध्यान और रचनात्मकता से जुड़ा है। यह हमें अपने अवचेतन मन तक पहुँचने में मदद करता है। यह मन की एक शांत और सुकून भरी अवस्था है जो नींद, गहन ध्यान या दिवास्वप्न के दौरान होती है। हम तंद्रा में डूब जाते हैं और यह हमारी पिछली स्मृतियों को याद करने और भावनात्मक जुड़ाव बनाने की क्षमता के लिए ज़िम्मेदार है।

थीटा मनःस्थिति हमें भावनाओं और स्मृतियों को प्रोसेस करने और उन्हें ठीक करने में मदद करती है। यह सचेत उपचार के लिए एक आदर्श वातावरण प्रदान करती है, जहाँ आप अपने बचपन की बुरी स्मृतियों तक पहुँच सकते हैं और फिर उन्हें ठीक कर सकते हैं। कई थीटा उपचारक आपको थीटा अवस्था में लाएँगे, ताकि आप अपने भीतर के बच्चे और अपने अवचेतन मन में गहराई से जा कर सफाई कर सकें। आपको अपनी परेशानियों के मूल कारण को पहचानने और उसे ठीक करने का अवसर मिलता है। आंतरिक बाल उपचार अभ्यास करने वाले रोगियों ने अक्सर अपने स्वास्थ्य में उल्लेखनीय सुधार दिखाया है। थीटा अवस्था एक सुकून भरी अवस्था है, जहाँ व्यक्ति सहज अंतर्दृष्टि और रचनात्मक विचारों तक भी पहुँच सकते हैं। यह अवस्था भावनात्मक उपचार और सीखने की अनुमति देती है। यह हमें अपने अवचेतन मन में प्रवेश करने और स्वयं को और अपने विचारों के स्वरूप को खोजने का अवसर देती है।

आयुर्वेद में, यह कफ ऊर्जा घड़ी के समान है, जो सुबह 6 बजे से 10 बजे और शाम 6 बजे से 10 बजे के बीच प्रबल होती है। कफ पोषण और धैर्य की भावनाओं से जुड़ा है और हमें स्थिर होने का एहसास दिलाता है। इसके भौतिक

गुण भारी, स्थिर और शांत हैं। सुबह के समय, मौन रहना और बागवानी, पौधों को पानी देना, योग, श्वास क्रिया, साधारण स्ट्रेचिंग जैसी गतिविधियाँ करना सबसे अच्छा है। फिर हल्का नाश्ता करें, जैसे कि गर्म दलिया या एक कटोरी फल जिन्हें पचाने के लिए बहुत अधिक ऊर्जा की आवश्यकता नहीं होती है। शाम 6 से 10 बजे के बीच, आप सूर्यास्त से पहले हल्का, गर्म भोजन कर सकते हैं। जैसे, एक कटोरी सूप, दलिया या उबली हुई सब्ज़ियाँ, जिनमें बहुत कम कार्बोहाइड्रेट और प्रोटीन हो, क्योंकि आपको सोने के लिए बहुत अधिक कैलोरी की आवश्यकता नहीं होती है। कम उत्तेजक गतिविधियों में शामिल होकर अपनी तनावमुक्ति की प्रक्रिया शुरू करें। दोस्तों से मिलें और अपने परिवार के साथ अच्छा समय बिताएँ, बोर्ड गेम खेलें और बड़ी टीवी स्क्रीन और गैजेट्स के संपर्क में आने से बचें। आप शाम को सामूहिक खेल गतिविधियाँ भी कर सकते हैं। इसके लिए आपको पर्याप्त मात्रा में पानी पीना चाहिए। सुनिश्चित करें कि रात के खाने और सोने के समय के बीच तीन घंटे का अंतराल हो, ताकि आपके शरीर में बिना पचा हुआ खाना न रह जाए।

अल्फ़ा अवस्था

अल्फ़ा अवस्था 8-12 हर्ट्ज़ के बीच कंपन करती है। यह हमारी आराम करने, रचनात्मक होने और दिवास्वप्न देखने की क्षमता के लिए ज़िम्मेदार है। जब हम जाग रहे होते हैं और मानसिक रूप से उत्तेजक गतिविधियों में संलग्न होते हैं, तो हम अल्फ़ा अवस्था में होते हैं। अल्फ़ा हमारी शांत रहने और सहज रूप से बेहतर सोचने की क्षमता के लिए ज़िम्मेदार है। यह हमें अपने लक्ष्यों और महत्वाकांक्षाओं को पूरा करने में मदद करती है। अल्फ़ा मनःस्थिति तब उत्तेजित होती है जब हम ध्यान करते हैं या किसी दिए गए कार्य या चुनौती को पूरा करते हैं। जब आप किसी छात्र, जो पढ़ाई कर रहा हो या किसी खिलाड़ी का उसके सर्वोत्तम प्रदर्शन के दौरान परीक्षण करते हैं, तो वे हमेशा अल्फ़ा मनःस्थिति प्रदर्शित करेंगे। यही कारण है कि हम किसी ऐसे व्यक्ति का वर्णन करने के लिए अल्फ़ा मेल या अल्फ़ा फीमेल शब्दों का उपयोग करते हैं। अगर आप किसी खिलाड़ी से कोई ऐसी स्मृति स्मरण करने के लिए कहें जब उसने वास्तव में अच्छा प्रदर्शन किया हो, और अगर आप उसकी मस्तिष्क गतिविधि को माप सकें, तो

वह अल्फ़ा अवस्था में होगा। अल्फ़ा अवस्था को केवल सफलता और उपलब्धि की स्मृतियों से उत्तेजित किया जा सकता है। यह तुरंत आपके मूड को बेहतर बनाता है और आपको फिर से अच्छा प्रदर्शन करने के लिए प्रेरित कर सकता है।

अल्फ़ा अवस्था आयुर्वेद में वात ऊर्जा घड़ी के समान है। यह दोपहर 2 बजे से शाम 6 बजे तक होती है। वात हमारी मानसिक क्षमताओं, रचनात्मकता, विश्राम और प्रवाह की भावना के लिए ज़िम्मेदार है। वात घड़ी के दौरान, हमारा मन विचारों के प्रति अधिक खुला होता है। हालाँकि वात की विशेषता गति और परिवर्तन भी है, अगर हम इन घंटों के दौरान अल्फ़ा अवस्था में पहुँच जाएँ, तो हम एक शांत, फिर भी सतर्क मन की अवस्था पा सकते हैं।

बीटा अवस्था

मन की बीटा अवस्था 12-30 हर्ट्ज़ के बीच कंपन करती है। यह हमारे चेतन मन के लिए ज़िम्मेदार है। यह उच्च सतर्कता और सक्रिय सोच की अवस्था है। यह हमारी तर्कशक्ति, समस्याओं को सुलझाने, सही निर्णय लेने और संज्ञानात्मक कार्यों में संलग्न होने की हमारी क्षमता को नियंत्रित करती है।

यह अवस्था आयुर्वेद में पित्त घड़ी के दौरान अनुभव की जाने वाली अवस्था के समान है। यह सुबह 10 बजे से दोपहर 2 बजे के बीच होती है, जब सूर्य अपने चरम पर होता है। इस समय हमारी पाचन अग्नि और चयापचय भी चरम पर होता है। इस समय के दौरान, सूर्य की स्थिति के कारण हमारे शरीर और हमारे वातावरण में गर्मी बढ़ जाती है, जिससे हमारे शरीर में पित्त (अग्नि) ऊर्जा में सुधार होता है। पित्त वह जैविक निर्माण खंड है, जो हमारे शरीर में सभी परिवर्तनकारी प्रक्रियाओं के लिए ज़िम्मेदार है। जैसे भोजन को पाचक रसों में बदलना और पाचक रसों को विभिन्न ऊतकों — प्लाज्मा, रक्त, अस्थि, अस्थि मज्जा, मांसपेशियों, वसा, दांत, नाखून, बाल, शुक्राणु और अंडाणु में बदलना। हमारा भोजन जल्दी पच जाता है और पाचक रसों और ऊर्जा में परिवर्तित हो जाता है। हमारे विचार तेज़ी से कार्यों में परिवर्तित हो सकते हैं। हम अधिक सतर्क होते हैं और उच्च तीव्रता वाले मानसिक कार्यों में संलग्न हो सकते हैं। काम पर हमारी उत्पादकता में सुधार होता है। यही वह अवधि होती है, जब हम

अधिकतम कार्यों को पूरा करने में सक्षम होते हैं। इस ऊर्जा का उपयोग करना और इन घंटों के दौरान जागृत रहना महत्त्वपूर्ण है। जो लोग सुबह 10 या 11 बजे देर से उठते हैं, वे आमतौर पर सुस्त महसूस करते हैं और इस ऊर्जा और मन की स्थिति का उपयोग नहीं कर पाते हैं।

गामा अवस्था

गामा मन की अवस्था 30-100 हर्ट्ज़ के बीच कंपन करती है। मस्तिष्क उच्च आवृत्ति का अनुभव करता है, जो अनुभूति, चरम एकाग्रता, बोध और उन्नत चेतना की उच्च अवस्था को संभव बनाता है। गामा वह सबसे तेज़ आवृत्ति है, जिसका अनुभव हमारा मन करता है। यह हमारे मस्तिष्क के विभिन्न भागों को एकीकृत करने में सहायता करती है। यह समस्या-समाधान की उच्च क्षमता प्रदान करती है और हमारे बेहतर प्रदर्शन तथा जागरूकता की स्थिति से भी जुड़ी है।

यह आयुर्वेदिक ऊर्जा घड़ी में सुबह की वात घड़ी के समान है। यह सुबह 2 बजे से सुबह 6 बजे के बीच होती है, जब हमारी मानसिक क्षमताएँ सबसे तीव्र होती हैं। यही कारण है कि ऋषि-मुनि और कुछ महान चिकित्सक और शिक्षक ब्रह्म मुहूर्त में जल्दी उठने के महत्त्व पर ज़ोर देते हैं, जो सूर्योदय से एक घंटा अड़तालीस मिनट पहले होता है। यानी, लगभग सुबह 4 बजे से 5 बजे के बीच। इन घंटों के दौरान आध्यात्मिक गतिविधियों, आत्म-चिंतन और ध्यान में होना शुभ माना जाता है। मौन की अवस्था में रहने की कोशिश करें, ताकि आप अपने आंतरिक स्वरूप का इस उच्च आवृत्ति के साथ तालमेल बिठा सकें। मैं अक्सर गामा आवृत्ति में कंपन करने वाला संगीत सुनाती हूँ। जब मैं लिखती हूँ तब यह मुझे अपने बेहतर प्रदर्शन तक पहुँचने में मदद करता है।

जागने और नींद के दौरान मन की स्थिति

जब हम जागते हैं, तो हम आमतौर पर बीटा मनःस्थिति में होते हैं, जो 12-30 हर्ट्ज़ होती है। जब हम आराम महसूस कर रहे होते हैं या नींद में होते हैं, तो हमारी आवृत्ति अल्फ़ा अवस्था में आ जाती है, जो 8-12 हर्ट्ज़ होती है। नींद

के दौरान हमारा मन दो अलग-अलग आवृत्तियों से गुज़रता है। हल्की नींद के दौरान हम थीटा अवस्था में होते हैं, जो 4-8 हर्ट्ज़ के बीच होती है और जब हम गहरी नींद में चले जाते हैं, तो हम 0.5 से 4 हर्ट्ज़ के बीच डेल्टा आवृत्ति की अवस्था में होते हैं। आवृत्ति जितनी कम होगी, हमारी नींद की गुणवत्ता उतनी ही बेहतर होगी।

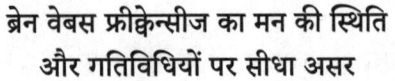

ब्रेन वेबस फ्रीक्वेन्सीज का मन की स्थिति और गतिविधियों पर सीधा असर

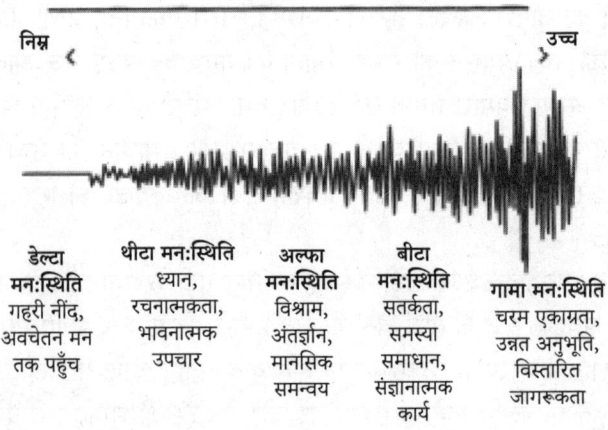

निम्न
उच्च
डेल्टा मनःस्थिति
गहरी नींद, अवचेतन मन तक पहुँच
थीटा मनःस्थिति
ध्यान, रचनात्मकता, भावनात्मक उपचार
अल्फा मनःस्थिति
विश्राम, अंतर्ज्ञान, मानसिक समन्वय
बीटा मनःस्थिति
सतर्कता, समस्या समाधान, संज्ञानात्मक कार्य
गामा मनःस्थिति
चरम एकाग्रता, उन्नत अनुभूति, विस्तारित जागरूकता

मन के लिए तीन प्रकार के आहार

आयुर्वेद के अनुसार, हमारे मन में तीन गुण होते हैं — सत्व, रजस और तमस। इसके अनुसार, मन के लिए तीन प्रकार के आहार हैं: सात्विक, राजसिक और तामसिक। मैं पिछली पुस्तक के कुछ अंश साझा कर रही हूँ, क्योंकि जब हम शरीर, मन और भावनाओं की ऊर्जाओं की बात करते हैं, तो वे और भी प्रासंगिक हो जाते हैं।

सत्व, अच्छाई, शांति और सामंजस्य की एक अवस्था है, जो ताज़ा पके हुए खाद्य पदार्थों से पोषित होती है। सात्विक आहार, जो मेरा पसंदीदा आहार है, में ऐसे खाद्य पदार्थ शामिल होते हैं, जो प्राण, जीवन के स्रोत से भरपूर होते हैं। इनमें ताज़े फल और सब्ज़ियाँ, जूस, साबुत अनाज की रोटी, दालें, अनाज,

अंकुरित अनाज, मेवे, बीज, जड़ी-बूटियाँ, शहद और क्रूरता-मुक्त व हार्मोन-मुक्त डेयरी उत्पाद शामिल हैं।

सात्विक खाद्य पदार्थ आपकी जागरूकता और चेतना की स्थिति को बढ़ाते हैं। सकारात्मक कार्यों के लिए प्रेरित करते हैं और आपको ध्यान की गहरी अनुभूति की ओर भी ले जाते हैं। ये आपकी आंतरिक क्षमता और रचनात्मकता को उजागर करने में मदद करते हैं। ये ऐसे खाद्य पदार्थ हैं, जिन्हें बहुत प्रेम से पकाया जाता है और कृतज्ञता के साथ खाया जाता है। ऋषि, मुनि और योगी वर्षों तक सात्विक आहार पर रहते हैं और अपने शरीर, मन और भावनाओं पर नियंत्रण रखते हैं। सात्विक भोजन इस सिद्धांत पर आधारित है कि आपको सभी प्राणियों से वैसा ही प्रेम करना चाहिए जैसा आप स्वयं से करते हैं। ये उच्च कंपन वाले सूर्य खाद्य पदार्थ हैं, जो हमें अपने आध्यात्मिक विकास को गहरा बनाने में मदद करते हैं।

रजस जोश, सक्रियता और गति की एक अवस्था है। यह गर्म मसालों, शिमला मिर्च, प्याज, लहसुन, मूली, काली मिर्च, हींग, मिर्च, कॉफी, चाय, कार्बोनेटेड पेय और चॉकलेट सहित मीठे व्यंजनों जैसे तीखे और मसालेदार खाद्य पदार्थों से प्रेरित होती है। हालाँकि ये उत्तेजक होते हैं और आपकी ऊर्जा को बढ़ाते हैं, लेकिन इनका प्रभाव क्षणिक होता है। ये असल में आपको उदास महसूस करा सकते हैं या प्रभाव खत्म होने पर तनाव भी बढ़ा सकते हैं। सकारात्मक पहलू यह है कि यह आपको नेतृत्व कौशल प्रदान करता है। जैसे एक राजा सही निर्देशों, संचार कौशल और महत्वाकांक्षा के साथ अपने राज्य का नेतृत्व करता है। नकारात्मक पहलू यह है कि यह आपके मन की कीमत पर आपके शरीर को पोषण देता है और आपके शरीर-मन के संतुलन को बिगाड़ देता है। बुरी बात यह है कि जब आप इन खाद्य पदार्थों का अधिक मात्रा में सेवन करते हैं, तो इससे पाचन तंत्र खराब हो जाता है और स्वास्थ्य संबंधी समस्याएँ, जैसे हाइपरएसिडिटी, एसिड रिफ्लक्स, जलन और चिड़चिड़ापन आदि हो सकते हैं। इन खाद्य पदार्थों का सेवन कम मात्रा में, सप्ताह में एक या उससे कम बार करें। इन खाद्य पदार्थों की कंपन आवृत्ति मध्यम होती है और ये हमें दूसरों के साथ बातचीत करते समय और हमारे भौतिक जीवन के तत्वों, जैसे करियर बनाना, धन और भौतिक सुख-सुविधाएँ प्राप्त करना, सफलता

और प्रसिद्धि, वास्तविकता जैसे तीसरे आयाम में स्थिर रहने में मदद करते हैं। ये हमारे शरीर को पोषण देने और हमारे शरीर क्रिया विज्ञान को बनाए रखने के लिए आवश्यक हैं।

तमस अज्ञानता, जड़ता और आलस्य की अवस्था है। यह क्रोध, आसक्ति, अवसाद, निर्भरता, आत्म-संदेह, अपराधबोध, ऊब, चिड़चिड़ापन, व्यसन, उदासीनता, भ्रम, दुःख और अज्ञानता जैसी नकारात्मक भावनाओं के लिए ज़िम्मेदार है। तमस को बढ़ावा देने वाले खाद्य पदार्थों में मांस, मछली, अंडे, मुर्गी चिकिन, बासी भोजन, बहुत सारे रासायनिक योजकों वाला पैकेज्ड भोजन, दोबारा गर्म किया हुआ भोजन, शराब, सिगरेट और नशीली दवाएँ शामिल हैं। सात्विक भोजन भी पुराने, दोबारा गर्म या तले हुए होने पर तामसिक हो सकते हैं। ये खाद्य पदार्थ आपकी ऊर्जा को बढ़ाने में कोई योगदान नहीं देते और आपको जड़ता, भारीपन, सुस्ती या आक्रामकता की स्थिति में ले जाते हैं। ये आपके और आपके आस-पास के लोगों के प्रति आपकी जागरूकता को भी कम करते हैं। यही कारण है कि महत्त्वपूर्ण धार्मिक अवसरों पर हम तामसिक भोजन से दूर रहते हैं। ये कम या नकारात्मक कंपन आवृत्ति वाले खाद्य पदार्थ होते हैं।

पुराने ज़माने में, केवल योद्धा ही तामसिक भोजन खाते थे। जैसे मृत जानवर का मांस, क्योंकि इससे उनकी आक्रामकता और बिना किसी सहानुभूति या हिचकिचाहट के प्रतिद्वंद्वी को मारने की क्षमता बढ़ती थी। लेकिन उन्हें अपने मन में असंतुलन के कारण इसकी भारी कीमत चुकानी पड़ती थी। घरेलू जीवन में लौटने पर, वे मानसिक आक्रामकता, घरेलू हिंसा कम करने के लिए सात्विक आहार अपनाते थे, जिससे आज भी सैनिक युद्ध के बाद पीड़ित होते हैं।

देर रात खाया गया भोजन तामसिक प्रकृति का माना जाता है, क्योंकि पाचन अग्नि की कमी के कारण यह पूरी रात आंत में ही रहता है। भोजन अंदर सड़ने लगता है, जिससे गैस बनती है और अपचित अपशिष्ट निकलते हैं। कल्पना कीजिए कि रात भर खाना फ्रिज के बाहर रखा जाए। अगली सुबह खाना बासी और सड़ा हुआ होगा। अब कल्पना कीजिए कि आपके शरीर के अंदर भी ऐसा हो रहा है। सात-कोर्स वाला भोजन, देर रात तक मिलना-जुलना, देर रात का खाना, दुर्भाग्य से हमारी आंत की सेहत के लिए अभिशाप बन गए हैं। अपचित भोजन से आंत सुस्त और तनावग्रस्त हो जाती है। अक्सर, अपचित

भोजन रक्त-प्रवाह में रिस जाता है, जिससे शरीर में स्व-प्रतिरक्षी प्रतिक्रिया शुरू हो जाती है। इसके परिणामस्वरूप पेट में सूजन, पेट फूलना, कब्ज, भूख न लगना और चेहरे व शरीर के आसपास सूजन हो जाती है। सोने से कम-से-कम तीन घंटे पहले अपना आखिरी भोजन समाप्त करना बहुत ज़रूरी है, ताकि भोजन पूरी तरह से पच जाए, अवशोषित हो जाए। देर रात के खाने से परहेज़ करना एक आसान तरीका है, जो पेट की चर्बी कम करने और आपके पाचन स्वास्थ्य, मेटाबॉलिज़्म और वज़न घटाने के प्रयासों को बेहतर बनाने में आपकी मदद कर सकता है। ऐसी किसी भी चीज़ का सेवन न करें, जो आपके शरीर को नुकसान पहुँचाए, क्योंकि आपका शरीर पवित्र स्थान है, एक पूजा स्थल, जिसमें आपकी आत्मा निवास करती है।

मन के लिए तीन आहारों की तुलना

विशेषता	सात्विक	राजसिक	तामसिक
मन की स्थिति	अच्छाई, शांति, सद्भाव	जुनून, गतिविधि, आंदोलन	अज्ञानता, जड़ता, आलस्य
खाद्य पदार्थ शामिल	ताजे फल, सब्जियाँ, साबुत अनाज	मसालेदार भोजन, कैफीन, मीठा व्यंजन	मांस, बासी भोजन, शराब
जागरूकता पर प्रभाव	जागरूकता और चेतना को बढ़ाता है	मध्यम कंपन आवृत्ति	जागरूकता और आत्म-जागरूकता कम हो जाती है
कंपन आवृत्ति	उच्च कंपन वाले सूर्य खाद्य पदार्थ	मध्यम कंपन आवृत्ति	कम या नकारात्मक कंपन आवृत्ति

मन को शुद्ध करने वाले पाँच डी

खुद को सबसे स्वस्थ और खुशहाल बनाने के लिए, हमें सबसे पहले पुरानी बुरी आदतों को दूर करना होगा और नए लक्ष्यों के लिए समय और जगह बनानी होगी।

एंकाइलॉजिंग स्पोंडिलोसिस से उबरने के दौरान, मैंने खुद से फिर से जुड़ने और अपने शरीर को ठीक होने के लिए समय और जगह देने के लिए एक सरल

पाँच-चरणीय प्रक्रिया बनाई। यह प्रक्रिया पाँच डी है: डिस्कनेक्ट, डिकम्प्रेस, डिस्ट्रेस, डिटॉक्स और डिकोड। आयुर्वेद में, रोग को 'आराम न मिलने' के रूप में परिभाषित किया गया है। जब भी मुझे अपनी शारीरिक, मानसिक, भावनात्मक या ऊर्जावान स्थिति में बेचैनी या अशांति का एहसास होता है, तो मैं खुद को पाँच डी के साथ मूल बातों पर वापस जाने की याद दिलाती हूँ।

डिस्कनेक्ट

आप एक लाइव वायर हैं, जो लगातार बाहरी शोर और विकर्षणों से उत्तेजित होते हैं। आप सचमुच बाहरी वातावरण से जुड़े हुए हैं, उस सारी विद्युत ऊर्जा और तनाव को अवशोषित कर रहे हैं, जो आपके शरीर में भर जाता है। जब आप उसी स्तर के तनाव और शोर को महसूस करने लगते हैं, तो अंततः आपकी सकारात्मक ऊर्जा को समाप्त कर सकता है।

सोशल मीडिया, टेलीविज़न, रेडियो, अखबारों और पत्रिकाओं की दुनिया हमारी इंद्रियों पर लगातार सूचनाओं की बौछार करती रहती है, जिससे हमारी इच्छाएँ उत्तेजित होती रहती हैं। परिणामस्वरूप, हमारी इच्छाएँ और भावनाएँ जागृत होती हैं और हमारी इच्छाएँ, लालच, आसक्ति, व्यसन और द्वेष बढ़ जाते हैं। ये सब मिलकर एक भ्रामक जीवनशैली की ओर ले जाते हैं, जो हमें सत्य से और दूर ले जाती है। हम लगातार एफएमसीजी और पर्सनल केयर कंपनियों से मिलने वाली ऐसी जानकारी पर निर्भर रहते हैं, जो हमें यह विश्वास दिलाती है कि खुश रहने, जुड़ाव महसूस करने, प्यार के लायक बनने के लिए हमें और ज़्यादा की ज़रूरत है। दुर्भाग्य से, बाहरी शोर इतना तेज़ है कि हम अपनी अंतरात्मा की आवाज़ को मुश्किल से सुन पाते हैं।

> आंतरिक यात्रा तब होती है, जब हम अपने बाहरी
> विकर्षणों को सीमित कर देते हैं।

अपने भीतर से जुड़ने का सबसे आसान तरीका बाहरी विकर्षणों से खुद को अलग करना है।

'ना' कहने की कला सीखें। एक शक्तिशाली शब्द, जब आप इसे सही समय और सही जगह पर कहते हैं, तो यह कला अद्भुत काम करती है। यह ऊर्जा क्षय करने वाले तत्वों का तुरंत अंत कर देती है। यह आपके जीवन में और साल जोड़ सकती है।

प्रलोभन, व्यसनों और उपभोक्तावाद को ना कहें।

उन ज़हरीले दोस्तों को ना कहें, जो आपकी अच्छी ऊर्जा छीन लेते हैं।

उन पार्टियों, आयोजनों और सामाजिक समारोहों को ना कहें जो आपके लिए कोई मूल्य नहीं जोड़ते।

गपशप, ज़हरीली बातचीत और विचारों को ना कहें।

समय, स्थान और ऊर्जा बचाने के लिए ना कहें।

बार-बार ना कहें।

यहाँ तक कि देवता, प्रकृति और ब्रह्मांड भी 'ना' कहते हैं। अक्सर, आपने ऐसी परिस्थितियों का सामना किया होगा जहाँ आपके बेहतर प्रयासों के बावजूद, कोई अवसर या परियोजना साकार नहीं होती। यह ब्रह्मांड का आपको यह संकेत देने का तरीका हो सकता है कि यह विशेष परियोजना आपके लिए नहीं है और ब्रह्मांड के पास आपके लिए कुछ बेहतर है। ब्रह्मांड आपके जीवन में कुछ बेहतर के लिए जगह बनाने के लिए 'ना' कहता है।

केवल 'ना' कहने से, आप उन गतिविधियों के लिए समय और स्थान बढ़ा पाएँगे, जो आपके स्वास्थ्य और जीवन यात्रा में मूल्य जोड़ती हैं। ये गतिविधियाँ हैं — ध्यान, योग, श्वास क्रिया, ध्वनि स्नान चिकित्सा, फारेस्ट बाथ, धूप सेंकना, व्यायाम, ट्रेकिंग और लंबी पैदल यात्रा, प्रकृति, पुस्तकें, संगीत और गहन विश्राम।

फोमो (एफओएमओ) को जोमो (जेओएमओ) से बदलें। फोमो का मतलब है कुछ छूट जाने का डर और जोमो का मतलब है — कुछ छूट जाने की खुशी। कल्पना कीजिए कि आपको किसी पार्टी या कार्यक्रम में ऐसे लोगों के साथ आमंत्रित किया गया है, जो आपके जीवन में सकारात्मक प्रभाव नहीं डाल सकते। आप उन दो घंटों को उन लोगों के साथ घुलने-मिलने की कोशिश में बिताते हैं, जो आपकी तरह वाइब्रेट नहीं करते। लेकिन जब आपने विनम्रता से 'नहीं' कहा, तो आपने फोमो को जोमो से बदल दिया और अब सारा समय

आपका है, जिसका आप बुद्धिमानी से उपयोग कर सकते हैं। अपनी ऊर्जा को व्यर्थ जाने देने के बजाय, अब आप अपने समय और स्थान को सकारात्मक ऊर्जा पैदा करने वाली गतिविधियों से भर सकते हैं। आप उत्पादक गतिविधियों या किसी आरामदायक शौक जैसे किताब पढ़ना, कोई नई भाषा या कौशल सीखना, या बस गहरी नींद में आराम करना, में निवेश कर सकते हैं। आप इस अतिरिक्त समय का उपयोग अपने भीतर के पौधे को सींचने के लिए कर रहे हैं। जैसे-जैसे दिन बीतते हैं और यह अतिरिक्त ऊर्जा बढ़ती है, आप एक उच्च, स्वस्थ और शुद्ध आवृत्ति पर वाइब्रेट करने लगेंगे, जो आपके जीवन में समान आदतों वाले लोगों को आकर्षित करेगा। विकर्षणों से दूर रहकर, आप शुद्ध उपचार के लिए समय और स्थान बनाएँगे।

शांति और मौन समय और स्थान दोनों का विस्तार करते हैं।

याद रखें, दो तरह के यात्री होते हैं। एक जो नए अनुभवों की तलाश में दुनियाभर में यात्रा करते हैं और दूसरे जो एक जगह बैठकर अपने सर्वोच्च स्वरूप का अनुभव करने के लिए अंतर्यात्रा करते हैं। हर सुबह उठते ही पंद्रह से साठ मिनट तक पूर्ण मौन में स्थिर बैठें। सुबह के समय आपका मन अत्यंत संवेदनशील होता है। अपने मन को अनावश्यक बातचीत न करने और शांत करने के लिए प्रशिक्षित करें, अपने मन को आंतरिक आवाज़ सुनने के लिए प्रशिक्षित करें। शांति में बैठें। मौन स्पष्टता पैदा करता है। शांति समय और स्थान दोनों का विस्तार करती है। यही ध्यान है। यह अपनी आत्मा में गहरी जड़ें जमाने, मन-शरीर के रिश्ते को मज़बूत करने और खुद से एक ईमानदार बातचीत करने जैसा है। अपने भीतर के सत्य की खोज करें। वह यात्री बनें जो अंतर्यात्रा करता है।

व्याकुलता से आंतरिक शांति तक

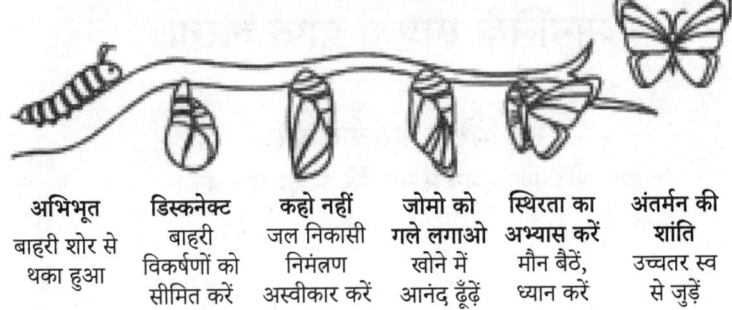

| अभिभूत | डिस्कनेक्ट | कहो नहीं | जोमो को गले लगाओ | स्थिरता का अभ्यास करें | अंतर्मन की शांति |
| बाहरी शोर से थका हुआ | बाहरी विकर्षणों को सीमित करें | जल निकासी निमंत्रण अस्वीकार करें | खोने में आनंद ढूँढ़ें | मौन बैठें, ध्यान करें | उच्चतर स्व से जुड़ें |

तनावमुक्ति

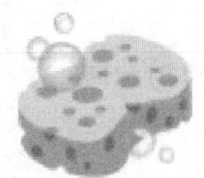

आप एक स्पंज की तरह हैं, जो अपने आस-पास की हर चीज़ को सोख लेता है। तनावमुक्ति करें और विषाक्त पदार्थों को बाहर निकालकर फिर से नई शुरुआत करें। पुरानी आदतों और चीज़ों को छोड़ने में मेहनत लगती है, लेकिन जब आप तनावमुक्ति करते हैं और अनावश्यक चीज़ों को बाहर निकाल देते हैं, तो आप अपनी मनचाही चीज़ों को आत्मसात करने के लिए बिल्कुल नए जैसे हो जाएँगे।

मानसिक स्पष्टता प्राप्त करना

नए सिरे से शुरुआत करें
स्पष्ट और एकाग्र मन से नए सिरे से शुरुआत करें।

विषाक्त पदार्थों को जाने दो
नकारात्मक विचारों और आदतों को खत्म करें।

दबाव हटाना
अपने मन को साफ़ करने के लिए तनाव और परेशानी को दूर करें।

जानकारी अवशोषित करें
स्पंज की तरह नए ज्ञान और अनुभव ग्रहण करें।

अपने मन को तनावमुक्त करें। सोने से पहले उन विचारों को छोड़ दें, जिनका अब कोई मतलब नहीं रह गया है। दिन भर की अपनी भावनाओं को, अच्छी और बुरी, दोनों लिखें और उन्हें अपने शरीर से मुक्त करें। अपने मन में एक शून्य, एक खाली जगह बनाएँ और उसे पोषण देने वाले विचारों से भरें। ऐसी

किताब पढ़ें जो आपकी आत्मा को पोषण दे। बत्तियाँ बुझाएँ, आँखें बंद करें, प्रार्थना करें और कुछ मिनटों के लिए मौन बैठें। उन सभी को माफ़ कर दें, जिन्होंने आपकी भावनाओं को ठेस पहुँचाई हो। जब आप सो जाएँगे, तो आप अपने विचारों और सपनों के साथ अकेले सोएँगे। उन विचारों को केवल सकारात्मक और दयालु होने दें।

और जब सुबह हो, तो याद रखें कि यह एक बिल्कुल नई शुरुआत है। हर दिन, ब्रह्मांड आपको एक उपहार देता है। हर सुबह को यादगार बनाएँ। चाहे वह आपके सपनों के लिए काम करना हो, आपके करियर, घर, रिश्तों या यहाँ तक कि आराम करना भी हो। खुद से पूछें, क्या आप हर दिन खुद का एक बेहतर स्वरूप बन रहे हैं? एकमात्र उत्तर और राय जो मायने रखती हैं, वे आपकी हैं, और आपकी एकमात्र प्रतिस्पर्धा आपका अतीत है। तुलना करने के लिए आपके अलावा कोई और नहीं है। जीने के लिए कोई सामाजिक मानदंड नहीं है। अपने मन से ऐसी रूढ़ियों को मुक्त करें और खुद को विकसित होने की अनुमति दें।

अपने शरीर को मुक्त करें। अपने शरीर को और अपनी रीढ़ को उस दिशा में ले जाएँ, जहाँ वह अधिक मुक्त महसूस करे। आराम करें, व्यायाम करें और अपने शरीर को खींचें। मैंने क्रॉसफ़िट, मैराथन, पिलेट्स, अष्टांग योग, हठ योग, तैराकी और नृत्य से लेकर योग में अपने शिक्षकों के प्रशिक्षण कार्यक्रम तक, शारीरिक प्रशिक्षण के अनगिनत संयोजन किए हैं। मैंने जो सीखा वह यह था कि मेरा शरीर सबसे अच्छा जानता है।

अपने भोजन को मुक्त करें। फ़ैक्ट्री से टेबल तक की बजाय, खेत से टेबल तक की साधारण सामग्री खरीदें। ऐसे खाद्य पदार्थों से बचें जो पैकेज में आते हैं, फ़ैक्टरी बेल्ट पर संसाधित होते हैं। उनके पोषक तत्व छीन लिए जाते हैं और हानिकारक तत्वों से भरे होते हैं। किसानों से सीधे ताज़ा, जैविक उत्पाद खरीदें या अपने आस-पड़ोस के किसी किसान बाज़ार या जैविक स्टोर में जाएँ। मांस, समुद्री भोजन और अंडे जैसे मृत खाद्य पदार्थों से दूर रहें। इन खाद्य पदार्थों में नकारात्मक कंपन आवृत्ति होती है, जिसकी चर्चा हमने पहले के अध्याय में की है।

अपने घर को तनावमुक्त करें। आपका घर आपका विश्राम स्थल है। इसे साफ़ और अव्यवस्था मुक्त रखें। उन सभी बेकार, टूटी हुई चीज़ों, कपड़ों और

वस्तुओं को हटा दें, जिनका आप अब उपयोग नहीं करते हैं। अपने जीवन में जापानी अवधारणा दंशारी को अपनाएँ, जिसका अर्थ है अव्यवस्था हटाना। अपनी चीज़ों को छाँटें और उन वस्तुओं को त्याग दें, जो अब किसी काम की नहीं हैं। अपने भौतिक स्थान को अव्यवस्थित करके, आप खाली जगह बना रहे हैं, जिन्हें नकारात्मक स्थान कहा जाता है। ये खाली जगहें ऊर्जा को स्वतंत्र रूप से प्रवाहित होने देती हैं, जिससे विश्राम, मानसिक स्पष्टता बढ़ती है, तनाव कम होता है और एकाग्रता बढ़ती है। अपने घर में कम-से-कम सामान रखें। हवा व ऊर्जा को स्वतंत्र रूप से प्रवाहित होने दें।

अपने घर में प्लास्टिक के पौधे और रसोई में प्लास्टिक के बर्तन रखने से बचें। ऐसे पौधे रखें, जो ऑक्सीजन देते हैं। जैसे स्पाइडर प्लांट, एरेका पाम, पीस लिली, पोथोस, स्नेक प्लांट, एलोवेरा या जरबेरा डेज़ी। ये पौधे भरपूर ऑक्सीजन देते हैं और हवा को शुद्ध करते हैं। इन्हें अप्रत्यक्ष सूर्य के प्रकाश की आवश्यकता होती है और इनकी देखभाल कम करनी पड़ती है।

ऐसे परफ्यूम, डिओडोरेंट, घरेलू सफाई उत्पादों और व्यक्तिगत देखभाल उत्पादों को हटा दें, जिनमें फ़थलेट्स जैसे रसायन होते हैं। ये अंतःस्रावी तंत्र को नुकसान पहुँचाने वाले कारक हैं, जो आपके हार्मोनल स्वास्थ्य को नुकसान पहुँचाते हैं। स्वच्छ जैविक उत्पादों, सूर्य के प्रकाश, स्वच्छ हवा और प्रकृति के लिए जगह बनाएँ।

अपनी अलमारी को खाली करें। ऐसे कपड़े हटा दें, जिन्हें आपने एक साल से नहीं पहना है। आप उन्हें दोबारा नहीं पहनेंगे। जब वे अच्छी स्थिति में हों, तो उन्हें किसी को दे दें। देने का आनंद आपके शरीर में सेरोटोनिन छोड़ता है। मृत ऊर्जा का संग्रहकर्ता न बनें। अपने स्थान में नई ऊर्जा को प्रवेश करने दें।

अपने कैलेंडर को थोड़ा तनावमुक्त करें। अपने कैलेंडर पर एक नज़र डालें। आपने कितने आयोजनों और बैठकों के लिए प्रतिबद्धता जताई है? उनमें से कितनों में आप गए? क्या आप अपने अधीनस्थों को भूमिकाएँ सौंप सकते हैं और उन्हें काम पूरा करने के लिए प्रशिक्षित कर सकते हैं? क्या आप इनमें से कुछ कामों को छोड़कर बेहतर अवसरों और चुनौतीपूर्ण भूमिकाओं के लिए जगह बना सकते हैं? पिछली रात अपना कैलेंडर देखें। लंबी बैठकों की जगह एक साधारण कॉल या ईमेल उपयोग करें। भूमिकाएँ सौंपें, अपने

कर्मचारियों और परिवार को कार्य सौंपें, उन भूमिकाओं को आउटसोर्स करें, जिन्हें आउटसोर्स किया जा सकता है। यही नियम आपके सामाजिक कैलेंडर पर भी लागू होता है। हर महीने दो ऐसे आयोजन चुनें जो आपके लिए मूल्यवान हों और बाकी वीकेंड्स को आत्म-विकास के लिए समर्पित करें। उन आयोजनों को अस्वीकार करने पर अपराधबोध महसूस न करें, जो आपको थका देते हैं।

उन गतिविधियों की एक सूची बनाएँ, जिनमें आप शामिल होना पसंद करेंगे। अपने कैलेंडर की पहले से योजना बनाएँ और अपने दिन को समझदारी से बाँटें। अपने समय को तीन भागों में बाँटें:

- काम के लिए आठ घंटे
- सोने के लिए आठ घंटे
- खुद की देखभाल के लिए आठ घंटे, जिन्हें आप आगे निम्न भागों में बाँट सकते हैं:

  ० **मन के लिए एक घंटा:** ध्यान, जप, प्रार्थना और कृतज्ञता पत्रिका।

  ० **शरीर के लिए एक घंटा:** व्यायाम, योग, पिलेट्स या जिम, स्नान, सफ़ाई, आदि।

  ० **खाना पकाने के लिए एक (या दो) घंटा जैसा आप उचित समझें:** आप पूरे दिन के लिए खाना बना सकते हैं और दोपहर और रात के खाने में एक ही भोजन खा सकते हैं, बजाय इसके कि दिन में तीन बार खाना बनाएँ या पूरे सप्ताह के लिए खाना बनाएँ, जो अस्वास्थ्यकर हो सकता है।

  ० **यात्रा के लिए एक (या दो) घंटा:** काम पर, बच्चों के स्कूल और कॉलेज, या अपने कसरत करने के स्थान, किराने की दुकानों आदि पर।

  ० **अपने शौक के लिए एक घंटा:** बागवानी, मिट्टी के बर्तन बनाना, लिखना, पढ़ना, कोई नई भाषा सीखना, आदि।

  ० **अपने घर की सफ़ाई के लिए एक घंटा:** सुनिश्चित करें कि आप अपने बच्चों और साथी को इन गतिविधियों में शामिल करें क्योंकि

यह समय बिताने और अपने घर और रिश्तों में सामंजस्य बनाने का एक आसान तरीका है।

- आपके पास परिवार के साथ समय बिताने या कुछ भी न करने के लिए दो घंटे और बचे हैं।

अपने सामाजिक दायरे को कम करें। ऐसे लोगों के साथ घूमना बंद करें, जो आपकी यात्रा में कोई मूल्य नहीं जोड़ते। साधारण, दोहराए जाने वाले विचारों और गपशप करने में अपना समय बिताने वाले लोगों के जाल में न फँसें। आप एक ऐसे चक्र में फँसे हम्सटर बन जाएँगे जो कहीं नहीं जाता, बल्कि एक दुष्चक्र में फँस कर रह जाता है। कभी-कभी आपका अपना प्रभाव क्षेत्र ही आपके बीमार होने का कारण हो सकता है। मेरे चिकित्सक ने एक बार कहा था, नकारात्मक समूह केकड़ों की तरह होते हैं। वे एक-दूसरे को ऊपर उठाने में मदद करने के बजाय एक-दूसरे को नीचे गिराते हैं। केकड़ों को एक टोकरी में छोड़ दें और जब भी एक केकड़ा बाहर निकलने की कोशिश करता है, तो दूसरे केकड़े उसे नीचे खींच लेते हैं। आप उन सात दोस्तों का योग बन जाएँगे, जिनके साथ आप समय बिताते हैं। इसलिए सावधान रहें कि आप अपना समय और स्थान किसके साथ साझा करते हैं। एक डच दोस्त ने एक बार मुझसे कहा था कि उसने अपना गृहनगर इसलिए छोड़ा, क्योंकि एक सामान्य नियम था, 'अलग मत दिखो, वरना तुम्हारा सिर काट दिया जाएगा। घास की तरह सपाट रहो।' कभी-कभी आपकी सफलता और क्षमताएँ ईर्ष्या को आकर्षित कर सकती हैं। इससे पहले कि ऐसे लोग आपको अपने स्तर तक नीचे खींच लें, इसे पहचानें और खुद को उनसे मुक्त करें। प्रतिक्रिया न दें या मौखिक रूप से अपनी बात न कहें। चुपचाप झुंड से बाहर निकलने का रास्ता खोजें और ऊपर उठने पर ध्यान केंद्रित करें।

एक बार, एक कौआ चील से ईर्ष्या करने लगा और उसकी पीठ पर चढ़ गया और उसे चोंच मारने लगा। चील ने कोई प्रतिक्रिया नहीं दी और बस ऊपर और ऊपर उड़ती गई। कौआ इतनी ऊँचाई का आदी नहीं था, बेहोश हो गया और गिर गया। जब भी आपको खुद को नीचे खींचा हुआ, आलोचना या हमला महसूस हो, तो बस ऊपर उड़ जाएँ। प्रतिक्रिया देने में अपनी ऊर्जा बर्बाद न करें।

अपने वर्चुअल वर्ल्ड पर भी ध्यान दें। अगर आप सोशल मीडिया पर हैं, तो उन पेजों को अनफॉलो करें, जो आपको दुखी या अयोग्य महसूस कराते हैं। प्रतिक्रिया दें, लेकिन उन लोगों पर भावनात्मक रूप से प्रतिक्रिया न दें, जो आपको उत्तेजित करते हैं। जब आप अपनी भावनाओं को प्रदर्शित करते हैं, तो आप उन्हें अपने साथ जुड़ने के लिए प्रोत्साहित करते हैं।

अपने मन और शरीर के लिए एकतरफा रास्ता, स्पष्ट इरादा बनाएँ जो भ्रम और अव्यवस्था से मुक्त हो। इस ब्रह्मांड में हमारे पास सीमित समय, ऊर्जा और स्थान है। अपने समय का उपयोग अपने और अपने आस-पास के लोगों के लिए करें।

समय और स्थान का विस्तार करने के लिए
तनावमुक्त और अव्यवस्था मुक्त रहें।

विसंपीडन स्पेक्ट्रम: बाह्य से आंतरिक सफाई तक

आंतरिक

खाना

ताज़ा, जैविक, जीवनदायी खाद्य पदार्थ खाएँ

शरीर

स्वतंत्र रूप से घूमें, शरीर की ज़रूरतों को सुनें

दिमाग

जर्नल भावनाएँ, दूसरों को क्षमा करें

वर्चुअल स्पेस

नकारात्मकता पैदा करने वाले
खातों को अनफ़ॉलो करें

सामाजिक सर्कल

नकारात्मक प्रभावों से नाता तोड़ें

कैलेंडर

कार्य सौंपें, आत्म-देखभाल को प्राथमिकता दें

कपड़े की अलमारी

बिना पहने कपड़े उतारें, दे दें

घर

ऊर्जा प्रवाह के लिए जगह को अव्यवस्थित न करें

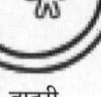

बाहरी

तनाव से मुक्ति

आप एक स्प्रिंग की तरह हैं, जो अंदर से तनाव के कारण संकुचित है। अक्सर, हम अपनी ही ऊँची उम्मीदों के कारण तनाव में आ जाते हैं। हम सोचते हैं कि कुछ ऐसा हासिल करना है, ताकि समाज, दोस्तों, पड़ोसियों के सामने खुद को साबित कर सकें। हम कुछ नया हासिल करने के लिए कड़ी मेहनत करते हैं, और इस प्रक्रिया में अपना स्वास्थ्य और खुशी गँवा बैठते हैं।

हमें लगातार तनाव और प्रतिस्पर्धा की स्थिति में रहने के लिए प्रशिक्षित किया जाता है। हमें जिम जाना है, ताकि वजन कम हो, सिक्स पैक्स बनें। हमें लगातार एक मीटिंग से दूसरी मीटिंग में भागना है, वरना लोग समझेंगे कि हम उत्पादक नहीं हैं या सफलता और पदोन्नति के लायक नहीं हैं। लोग अक्सर कहते हैं, 'मैं जिम में कड़ी मेहनत करता हूँ, ताकि मैं जो चाहूँ खा सकूँ।' महीनों की कड़ी ट्रेनिंग के बाद, मैंने अपनी कहानी बदल दी। 'मैं शुद्ध खाना खाती हूँ, ताकि मुझे जिम में विषाक्त पदार्थों को बाहर निकालने और अतिरिक्त कैलोरी और वसा जलाने के लिए कड़ी मेहनत न करनी पड़े।' गतिविधि करते रहना दवा है और मैं बिना तनाव के सहजता से व्यायाम करना चुनती हूँ। हम लगातार दौड़ते रहते हैं, कभी जश्न मनाने के लिए नहीं रुकते। हमारी शिक्षा प्रणाली और औद्योगिक समाज ने हमें भागदौड़ करने के लिए तैयार कर दिया है। जैसे एक हम्सटर एक 'सीधे घेरे' में दौड़ता है, कभी अंतिम मंजिल तक नहीं पहुँचता। लेकिन दूरदर्शी और व्यापक दृष्टिकोण वाले व्यक्ति के लिए, घेरे में दौड़ता हम्सटर बस समय और जीवन को बर्बाद कर रहा है।

जब आप दौड़ना बंद कर देंगे, तो आप शांति में आंतरिक आवाज़ सुनेंगे। आपको अपनी महत्वाकांक्षाओं को छोड़ने की ज़रूरत नहीं है। बस खुद से पूछें — 'क्या आप कड़ी मेहनत इसलिए कर रहे हैं, क्योंकि आपको काम करने में मज़ा आता है या इसलिए कि आप दूसरों से प्रशंसा चाहते हैं?'

जब आप काम खुशी मिलने के कारण करते हैं, तो आपको वह पसंद आएगी और आप कभी तनावग्रस्त नहीं होंगे। लेकिन जब आप साथियों के दबाव में, समाज में ढलने के लिए या दूसरों की अपेक्षाओं को पूरा करने के लिए कुछ

करते हैं, तो वह प्रक्रिया आपको एक काम जैसी लगेगी और आप हमेशा खुद को तनावग्रस्त और कमज़ोर पाएँगे। जब हम अपने कंधों से वह बोझ उतार देते हैं, खुद को हल्का कर लेते हैं, तो सब कुछ आसान और हल्का हो जाता है। जब हम अपनी बनाई हुई या दूसरों से मिली अपेक्षाओं की परतें उतार फेंकते हैं, तो हम पंख की तरह हल्के हो जाते हैं, उड़ने में सक्षम।

जब आप धीमे होते हैं, तो समय और ऊर्जा फैलती है

रुकें, साँस लें और धीमे हो जाएँ। अपनी साँसों को धीमा करें, अपनी हृदय गति को धीमा करें। अपनी थाली में रखे खाने पर पूरा ध्यान दें। अपने साथी पर पूरा ध्यान दें। एक समय में एक ही काम करें। जब आप धीमे होते हैं, तो आप अपने जीवन में और कुछ और शानदार साल जोड़ते हैं। जब आप धीमे होते हैं, तो आप अपने सच्चे स्वरूप से जुड़ पाएँगे। अभी आपके पास जो है वह उत्तम है।

आराम करें। अपने शरीर, मन और स्थान में फँसी हुई सारी ऊर्जा को छोड़ दें, ताकि आप अपना सर्वश्रेष्ठ रूप जी सकें। आप अपने तनाव को पहचानने, उसे चिह्नित करने और उसे लिखने से शुरुआत कर सकते हैं, ताकि आप धीरे-धीरे दबावों को दूर करने के व्यावहारिक तरीके खोज सकें। उन तनाव बिंदुओं के ट्रिगर्स को समझें। क्या वे तनाव बिंदु वास्तविक हैं या आपकी सोच ने उन्हें बढ़ा-चढ़ाकर पेश किया है? घटना स्वयं आमतौर पर समस्या का केवल 5 प्रतिशत होती है। 95 प्रतिशत दर्द और तनाव उस घटना पर हमारी प्रतिक्रिया से आते हैं। जब आप अपनी भावनाओं को घटना से अलग करके उसे कागज़ पर तार्किक ढंग से लिखेंगे, तो आप समाधान ढूंढ पाएँगे।

उन तीन प्रमुख चीज़ों को लिखें, जो आपको तनाव दे रही हैं और आपको चिंतित कर रही हैं या पहचानें कि यह विशेष घटना या नौकरी आपको तनाव क्यों देती है। मूल कारण क्या है?

1. मैं ____

______________इस चीज को लेकर तनाव में हूँ, क्योंकि

____

2. मैं ____

______________इस चीज को लेकर तनाव में हूँ, क्योंकि

____

3. मैं ____

______________ इस चीज को लेकर तनाव में हूँ, क्योंकि

____

समाधान क्या है?

अगर आप अपने वज़न को लेकर इसलिए तनाव में हैं, क्योंकि आपके दोस्त और रामाज आपके बारे में क्या सोचते हैं, तो आपको एक व्यावहारिक समाधान लिखने की ज़रूरत है। उदाहरण के लिए, 'मैं अपनी स्वास्थ्य समस्याओं को दूर करने के लिए रोज़ाना 10 किलोमीटर पैदल चलूँगा।' अपनी भावनाओं और बाहरी कारणों को किसी स्थिति से अलग करके, अब आप अपनी ऊर्जा को समस्या के समाधान पर लगा सकते हैं।

1. मैं इस समस्या समाधान के लिए यह काम करूँगा

____

2. मैं इस समस्या समाधान के लिए यह काम करूँगा

____

3. मैं इस समस्या समाधान के लिए यह काम करूँगा

____

तनाव और राहत का चक्र

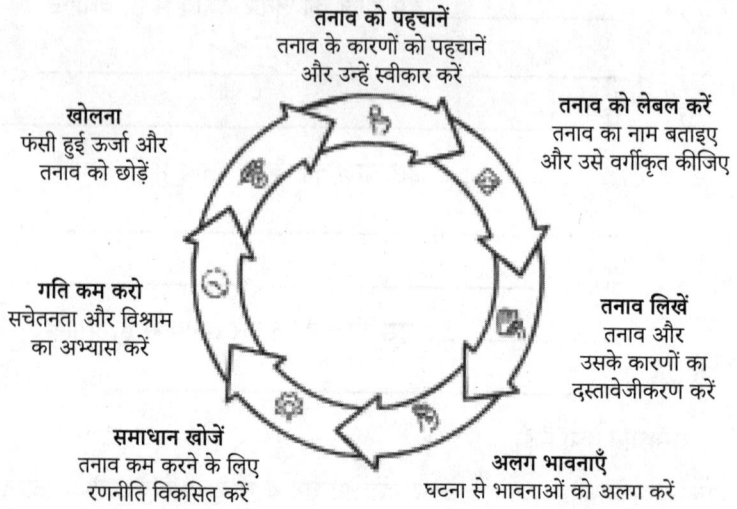

तनाव को पहचानें
तनाव के कारणों को पहचानें
और उन्हें स्वीकार करें

खोलना
फंसी हुई ऊर्जा और
तनाव को छोड़ें

तनाव को लेबल करें
तनाव का नाम बताइए
और उसे वर्गीकृत कीजिए

गति कम करो
सचेतनता और विश्राम
का अभ्यास करें

तनाव लिखें
तनाव और
उसके कारणों का
दस्तावेजीकरण करें

समाधान खोजें
तनाव कम करने के लिए
रणनीति विकसित करें

अलग भावनाएँ
घटना से भावनाओं को अलग करें

डिटॉक्स

समय-समय पर अपने शरीर, मन और भावनाओं को डिटॉक्स करें। यहीं आपका घर है। इसे साफ़ और विषाक्त पदार्थों से मुक्त रखें।

अपने शरीर को डिटॉक्स करें। आपका शरीर ब्रेक लेना पसंद करता है। उपवास शरीर को डिटॉक्स करने का सबसे अच्छा तरीका है। साबुत अनाज खाएँ और प्राणशक्ति से भरपूर वनस्पति-आधारित आहार लें। और समय-समय पर, वनों में जाकर लंबी पैदल यात्रा या ट्रेकिंग करें। व्यायाम भी शरीर के लिए एक विश्राम है, क्योंकि यह मन को शांत करता है और विषाक्त पदार्थों को बाहर निकालता है। बार-बार चीट मील खाने से बचें, क्योंकि यह आपको सात दिन पीछे ले जाता है और आपके शरीर को फिर से शुरुआत करनी पड़ती है।

अपने फेफड़ों को डिटॉक्स करें। श्वास क्रिया और प्राणायाम करें। धूम्रपान, शराब और अन्य सभी बुरी आदतें छोड़ दें। चाहे वह एक गिलास जहर हो या एक बूंद, जहर का स्वभाव नहीं बदलता। ये बुरी आदतें आपको अस्थायी सुख दे सकती हैं, लेकिन नुकसान दीर्घकालिक और कभी-कभी स्थायी होता है।

अपने मन को डिटॉक्स करें। जर्नलिंग और डाउनलोड करके सभी अनावश्यक बातों को लिखें। याद रखें, जब आप इसे लिखते हैं, तो आपका दिमाग शांत हो जाता है, क्योंकि उसे आपकी ओर से इसे याद रखने की ज़रूरत नहीं होती। भावनाओं और नकारात्मक स्मृतियों को भी जाने दें।

समग्र विषहरण का चक्र

डिटॉक्स माइंड
जर्नलिंग करना
और जाने देना

डिटॉक्स बॉडी
उपवास और पौधे
आधारित आहार

फेफड़ों को डिटॉक्स करें
श्वास क्रिया और बुरी
आदतों को छोड़ना

डिकोड

अपने आंतरिक सॉफ़्टवेयर को डिकोड करें। अपने शरीर की प्रकृति और अपनी आत्मा के वास्तविक उद्देश्य को समझें। उन पुरानी आदतों को त्यागें जो आपको विरासत में मिली हैं। कोई वंशानुगत बीमारी नहीं होती। बात बस इतनी है कि आपकी जीवनशैली आपके माता-पिता जैसी ही है और इसलिए आपको वही बीमारियाँ होती हैं। आपको बचाने के लिए कोई जादुई चमत्कारी गोली नहीं है। अंततः आपको ही काम करना होगा। अभी शुरू करें।

बचपन में, मुझे बार्बी डॉल और डिज़्नी परियों की कहानियाँ पढ़ना बहुत पसंद था। लेकिन जैसे-जैसे मैं बड़ी हुई, मुझे एहसास हुआ कि यह वास्तविकता से कितना अलग था। ऐसी कल्पनाएँ हमें गुमराह करती हैं। दुनिया के बारे में एक गलत धारणा बनाती हैं। यह आपको मनोरंजन दे सकती हैं, कुछ समय के लिए आपकी चिंताओं को भूलने में मदद कर सकती है, लेकिन नुकसान

को दूर करने में बहुत अधिक ऊर्जा खर्च होती है। वास्तविकता और हमारे भ्रम के बीच का अंतर ही निराशा का कारण बनता है। जितनी जल्दी आप अपनी वास्तविकता को स्वीकार करते हैं, एक्शन लेना उतना ही आसान होता है।

जब आप अपने शरीर और मन को अलग करते हैं, तनावमुक्त और विषमुक्त करते हैं, तो आप आंतरिक उपचार के लिए समय और स्थान का विस्तार करते हैं। जब आप अपनी आंतरिक कहानी को समझ लेंगे, तो आप मूल कारण का समाधान करने में सक्षम हो जाएँगे।

आत्म-खोज का मार्ग

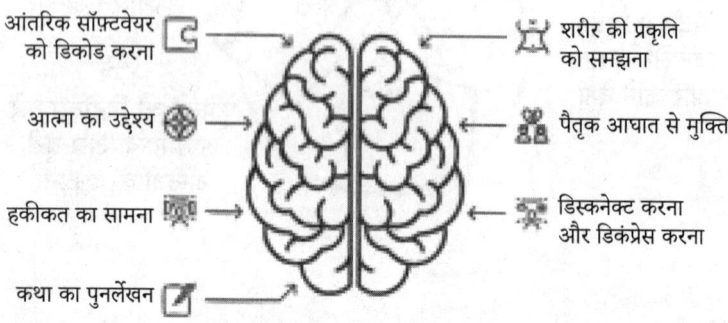

अगले अध्याय में, मैं आपके साथ अपने आंतरिक स्वरूप से जुड़ने के लिए कुछ आसान टूल्स साझा करूँगी, ताकि आप अपने नए रूप की कहानी फिर से लिख सकें।

अध्याय 5

इच्छा शक्ति

कोई भी व्यक्ति हमेशा अकेले नहीं रह सकता। चौबीसवें जैन तीर्थंकर भगवान महावीर ने अहिंसा व जियो और जीने दो के दर्शन की शिक्षाएँ दीं, ताकि हम सभी अपने बेहतर स्वरूप को पा सकें।

हर सुबह, मैं भगवान महावीर समेत अन्य गुरुओं की शिक्षाओं को भी याद करती हूँ। जब मैं सोने जाती हूँ, तब भी मैं उन्हें याद करती हूँ। इसलिए नहीं कि मैं धार्मिक हूँ, बल्कि इसलिए कि हर प्रार्थना के साथ मैं समर्पण करती हूँ। उन चीज़ों को छोड़ देती हूँ जिन्हें मैं स्वयं समझ या हल नहीं कर सकती। चिंता, बेचैनी, नकारात्मक ऊर्जा और उस नकारात्मक ऊर्जा से उत्पन्न होने वाला दर्द और रोग। यह मुझे बोझ रहित बनाते हैं। सत्य के करीब आने की अनुमति देते हैं। सच्चाई यह है कि हम सभी दिव्य प्राणी हैं, जो बिना शर्त आनंद, स्वास्थ्य, खुशी और चमत्कार प्राप्त करने में सक्षम हैं। यह हमें चुनना है कि हम हर दिन क्या अनुभव करना चाहते हैं।

अगले कुछ अध्यायों में, हम साथ मिलकर इस यात्रा पर निकलेंगे। ऊर्जा और संकल्प की शक्ति से अपने शरीर, मन और भावनाओं को कैसे स्वस्थ करें, इस पर लंबी चर्चा करेंगे। लेकिन उससे पहले, आइए हम जो हैं और जो हमारे पास पहले से है, उसके लिए कृतज्ञता जाहिर करते हैं। यह आज भी मन और भावनाओं के उपचार का सबसे शक्तिशाली साधन बना हुआ है।

आतंरिक शांति और हीलिंग के उपाय

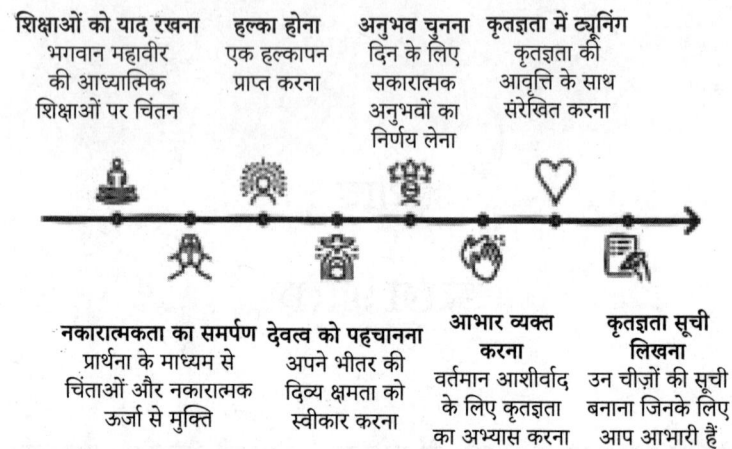

शिक्षाओं को याद रखना	हल्का होना	अनुभव चुनना	कृतज्ञता में ट्यूनिंग
भगवान महावीर की आध्यात्मिक शिक्षाओं पर चिंतन	एक हल्कापन प्राप्त करना	दिन के लिए सकारात्मक अनुभवों का निर्णय लेना	कृतज्ञता की आवृत्ति के साथ संरेखित करना

नकारात्मकता का समर्पण	देवत्व को पहचानना	आभार व्यक्त करना	कृतज्ञता सूची लिखना
प्रार्थना के माध्यम से चिंताओं और नकारात्मक ऊर्जा से मुक्ति	अपने भीतर की दिव्य क्षमता को स्वीकार करना	वर्तमान आशीर्वाद के लिए कृतज्ञता का अभ्यास करना	उन चीज़ों की सूची बनाना जिनके लिए आप आभारी हैं

आपका शरीर, मन और भावना तब बेहतर होना शुरू होता है, जब आप कृतज्ञता की आवृत्ति के साथ तालमेल बिठाते हैं।

हम कृतज्ञता की भावना से कैसे जुड़ सकते हैं? शुरुआत उन दस चीज़ों को लिखने से करें, जिनके लिए आप किसी के आभारी हैं। लिखने का यह सिलसिला तब तक जारी रखें, जब तक आप उन सौ चीज़ों तक नहीं पहुँच जाते, जिनके लिए आप आभारी हैं।

याद रखें, आप अकेले नहीं हैं।

आप आज जो हैं, उसमें प्रत्यक्ष या अप्रत्यक्ष रूप से योगदान देने वाले हज़ारों इंसान हैं। आइए, हम हर उस इंसान के प्रति कृतज्ञता व्यक्त करें, जिनसे हम कभी मिले हैं। उन अच्छे लोगों के प्रति हम आभार व्यक्त करें, जिन्होंने हमारे जीवन में मूल्य जोड़ा और उन बुरे लोगों के प्रति भी जिन्होंने हमें सबक सिखाए। शुरुआत अपने माता-पिता से करें। इन्होंने आपको जन्म दिया, आपको नहलाया, साफ़ किया, पाला-पोसा, शिक्षा दी और तब तक आपकी देखभाल की जब तक आप अपने पैरों पर खड़े नहीं हो गए। उनके योगदान को कभी न

भूलें। अपनी तमाम कमियों के बावजूद, उन्होंने अपने संसाधनों और ज्ञान से अपना सर्वश्रेष्ठ आपको दिया। हमें जन्म देने वालों के प्रति बिना शर्त कृतज्ञता व्यक्त की जानी चाहिए।

मुझे कई ऐसे लोग मिले हैं, जिन्हें अपने माता-पिता, जीवनसाथी और रिश्तेदारों के द्वारा शारीरिक, मौखिक और भावनात्मक दुर्व्यवहार का सामना करना पड़ा। लेकिन, आपके स्वास्थ्य के लिए एकमात्र नियम है क्षमा करना और भूल जाना, ताकि आप अपने पूर्वजों के दुखद संस्मरणों को आगे न बढ़ाएँ और उसे अपने बच्चों तक न पहुँचाएँ। इस दुनिया में एक भी इंसान ऐसा नहीं है, जिसने किसी-न-किसी रूप में अन्याय और दुर्व्यवहार का अनुभव न किया हो। यह किताब लिखना मेरे लिए भी एक तरह से शान्तिदायक रहा। मैंने अपने बचपन के आघात पर बात करना शुरू किया। मैं अपनी बीमारियों और दुखों के मूल कारण को समझना चाहती थी और मैंने पाया कि सबसे शक्तिशाली भावना जो हमारे उपचार को गति दे सकती है, वह है क्षमा। हमें अपने स्वास्थ्य के लिए नकारात्मक ऊर्जा को त्यागना चाहिए और उसकी जगह कृतज्ञता का भाव लाना चाहिए। कृतज्ञता व्यक्त करें, लेकिन साथ ही खुद को अलग करें, ताकि आप इसे अगली पीढ़ी तक न ले जाएँ। नकारात्मक यादों को त्यागें। जीवन और प्रेम की पवित्रता को थामे रहें। जीवन के अनुभव के लिए बिना शर्त कृतज्ञता व्यक्त करें।

उन डॉक्टर्स और नर्सेज को याद करिए, जिन्होंने आपके जन्म के समय आपको संभाला। जब भी आप बीमार पड़े तो आपको स्वस्थ किया। अस्पताल के वे कर्मचारी जिन्होंने आपका मल साफ़ किया। भले ही आप उन्हें चेहरे से न जानते हों, फिर भी उन्होंने आपको हेल्दी बनाने में योगदान किया। हम आज ऐसे हरेक व्यक्ति के योगदान के कारण ही अपना काम कर पा रहे हैं।

अपने दादा-दादी को याद कीजिए, जिनकी वजह से आप अस्तित्व में हैं। अपने चाचा-चाची और उन रिश्तेदारों को याद कीजिए, जिन्होंने अपनी दया और अनुग्रह से आपके वर्तमान अस्तित्व को आकार दिया। जहाँ हमारे अपने हमें निराश कर गए हों, वहाँ हमारे कुछ रिश्तेदारों और दोस्तों ने हमारे जीवन में उन कमियों को पूरा किया। अपने भाई-बहनों, बचपन के

दोस्तों, चचेरे भाइयों-बहनों के बिताए खूबसूरत समय को याद कीजिए। उन्हीं अनुभवों ने आपके वर्तमान को एक आकार दिया है। सभी अच्छी और बुरी घटनाओं के बीच, बस यादें ही हमेशा साथ रहेंगी। आइए हम केवल अच्छी यादों को संजोते हैं।

अपने किंडरगार्टन (बालवाड़ी) से लेकर अब तक के उन सभी शिक्षकों को याद करें, जिनके चेहरे आपको याद नहीं होंगे। लेकिन, यही वे लोग थे, जिन्होंने हमें भाषा का ज्ञान दिया। हमें सिखाया कि इस समाज में कैसे संघर्ष करके आगे बढ़ना है। एक शिक्षक के योगदान के बिना आधुनिक समाज की कल्पना मुश्किल है। मेरे माध्यम से इस पुस्तक को लिखा जाना, आपके द्वारा इसे पढ़ा जाना, यह सब शिक्षा और भाषा कौशल से ही संभव है। क्या यह सब एक शिक्षक के बिना संभव था? प्राचीन ज्ञान के संरक्षक, अनेक औपचारिक और अनौपचारिक शिक्षकों, गुरुओं, ऋषियों और भिक्षुओं के बिना, भाषाएँ और विज्ञान अस्तित्व में नहीं होते और मानवता जीवित नहीं रह पाती। हर एक शिक्षक, जिनसे हमें सीखने का सौभाग्य मिला, उनके प्रति हम आभार व्यक्त करते हैं।

उन्हें याद कीजिए, जिन्होंने आपके घर को साफ़ रखा, जिन्होंने आपके खाने की मेज तक खाना पहुँचाया। उन किसानों को याद कीजिए, जिन्होंने कड़ी मेहनत से आपके लिए अन्न उगाया। उन अनगिनत रसोइयों को याद कीजिए, जिन्होंने बड़े प्रेम से आपके लिए खाना बनाया। उन गुमनाम टैक्सी और रिक्शावालों को भी याद कीजिए, जिन्होंने आपको एक जगह से दूसरी जगह पहुँचाया। उन मज़दूरों को याद कीजिए, जिन्होंने हमारे घरों, सड़कों, पुलों, हवाई अड्डों, हवाई जहाजों को बनाने के लिए कड़ी मेहनत की। हम जो पानी पीते हैं, वह भी उन अनगिनत लोगों की मेहनत से आता है, जिनके चेहरे हम शायद कभी न देख पाएँ। आप यह नहीं कह सकते हैं कि इस सबके लिए आपने पैसा दिया है, क्योंकि आप किसी की मेहनत, किसी का समर्पण, किसी का अप्रेम पैसे से नहीं खरीद सकते हैं। कृतज्ञता हर उस इंसान के प्रति होनी चाहिए, जिसने हमारे जीवन की गुणवत्ता बढ़ाने में योगदान दिया है।

कृतज्ञता की नींव

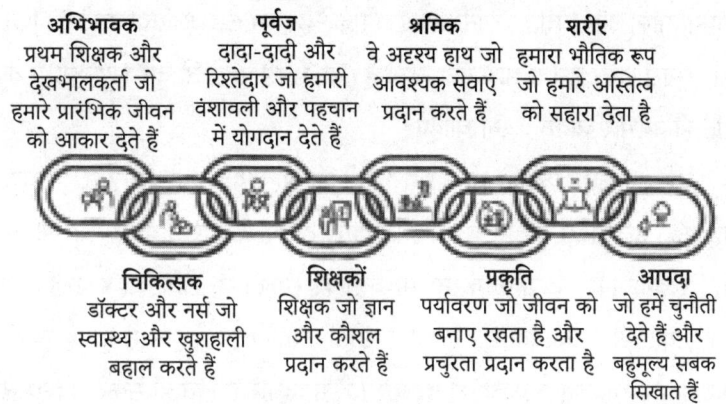

अभिभावक
प्रथम शिक्षक और देखभालकर्ता जो हमारे प्रारंभिक जीवन को आकार देते हैं

पूर्वज
दादा-दादी और रिश्तेदार जो हमारी वंशावली और पहचान में योगदान देते हैं

श्रमिक
वे अदृश्य हाथ जो आवश्यक सेवाएं प्रदान करते हैं

शरीर
हमारा भौतिक रूप जो हमारे अस्तित्व को सहारा देता है

चिकित्सक
डॉक्टर और नर्स जो स्वास्थ्य और खुशहाली बहाल करते हैं

शिक्षकों
शिक्षक जो ज्ञान और कौशल प्रदान करते हैं

प्रकृति
पर्यावरण जो जीवन को बनाए रखता है और प्रचुरता प्रदान करता है

आपदा
जो हमें चुनौती देते हैं और बहुमूल्य सबक सिखाते हैं

आइए हम अपने आस-पास मौजूद हर चीज़ के प्रति आभार व्यक्त करें। यह सुंदर धरती, जानवर, पक्षी, तितली, कीड़ा, पौधा, फूल, घास का हर तिनका और जीवन के हर रूप के प्रति हमें कृतज्ञ होना चाहिए। हर एक प्राणी गूल्य का सृजन करता है और इस पारिस्थितिकी तंत्र में संतुलन में बनाए रखने में मदद करता है। इसी से हमारा अस्तित्व तय होता है। दुर्भाग्य से, मनुष्य धरती पर मौजूद संसाधनों की आवश्यकता से अधिक दोहन करता है। नतीजतन, कार्बन फुटप्रिंट बहुत अधिक पैदा होता है। इसलिए, यह आवश्यक है कि स्वयं को विनम्र बनाने के लिए हम स्वीकार करें कि हम सचमुच प्रकृति की कृपा पर निर्भर हैं। हमारी गलतियों के बावजूद, हमें प्रदान की जाने वाली प्रचुरता के लिए प्रकृति माता के प्रति हमें आभारी होना चाहिए।

इंसान पृथ्वी, जल, अग्नि, वायु और अंतरिक्ष से बना है और जीवन समाप्त होने के बाद फिर से उसी में समाहित हो जाता है। हम अपने साथ कुछ भी नहीं ले जाते। हमारा सफ़र, हमारा कॅरियर, परिवार, रिश्तेदार और हमारा शरीर अँत में समाप्त होना ही है। जब हम जीवित होते हैं, तो हमारा शरीर चमत्कार करता है। हृदय जो हर कुछ सेकंड में धड़कता है और आपके अंगों तक रक्त पहुँचाता है, फेफड़े जो अपने आप सिकुड़ते और फैलते हैं, आंत जो पोषक तत्वों को अवशोषित करती है और भोजन को जटिल ऊतकों, हड्डियों, मांसपेशियों और हमारे तंत्रिका तंत्र

में परिवर्तित करती है। हम इनमें से किसी पर भी नियंत्रण नहीं रखते। केवल हम अपनी साँसों और विचार पर नियंत्रण रख सकते हैं। हम कई गलतियाँ करते हैं। फिर भी, हमारा शरीर हमारा साथ देता रहता है। तो, सबसे पहले तो हमें अपने शरीर के प्रति ही आभार व्यक्त करना चाहिए।

हमें उन लोगों के प्रति भी आभारी होने की आवश्यकता है, जिन्होंने हमें चोट पहुँचाई। उन्होंने हमें बहुमूल्य सबक सिखाए। दुनिया के बारे में हमारी धारणा को बेहतर बनाया। उन्हें माफ़ करना मुश्किल हो सकता है, लेकिन हम उन्हें भूल जाएँ, यह भी आवश्यक है। ये छोटी-छोटी तरकीबें हमारे मन से जगह खाली करने और आक्रोश व क्रोध को दूर करने में मददगार साबित हो सकते हैं। हमारे मन से जब अनावश्यक चीज़ें मुक्त होती हैं, तब नए अनुभव यानी कृतज्ञता, दया, खुशी और प्रेम के लिए जगह बनाती है।

इस ब्रह्मांड में हज़ारों-लाखों चमत्कार हुए हैं। फ्रैंक ट्यूरेक इस ब्रह्मांड में त्रिदेवों की प्रसिद्ध व्याख्या करते हैं। यह त्रिदेव समय, स्थान और पदार्थ के बीच एक संबंध है, जिसके भीतर हम विद्यमान हैं।

समय भूत, वर्तमान और भविष्य से बना है।
अंतरिक्ष लंबाई, चौड़ाई और विस्तार से बना है।
पदार्थ गैस, द्रव और ठोस से बना है।

समय, स्थान और पदार्थ की यह त्रिदेव पूर्ण सामंजस्य में विद्यमान हैं। ये एक आदर्श बिंदु पर प्रतिच्छेद करती हैं, जहाँ हम विद्यमान हैं। हम इस ब्रह्मांड में घटित सभी चमत्कारों का योग हैं। हम स्वयं भी किसी चमत्कार से कम नहीं हैं। इनमें सूर्य, चंद्रमा, पृथ्वी, तारे, वह आकाशगंगा जिसके भीतर हम विद्यमान हैं और वे अनेक चमत्कार शामिल हैं, जो हमारे जीवन के हर दिन घटित होते हैं। इस ब्रह्मांड के प्रति हमारी हार्दिक कृतज्ञता होनी चाहिए।

ब्रह्मांड का आधार

समय

अतीत, वर्तमान और भविष्य
के क्षणों का निरंतर प्रवाह

मामला

भौतिक पदार्थ जो गैस, द्रव
और ठोस रूप में विद्यमान हैं

अंतरिक्ष

लंबाई, चौड़ाई और विस्तार
का त्रि-आयामी विस्तार

एक टीवी शो के मशहूर नायक यंग शेल्डन ने कहा था, 'क्या आप जानते हैं कि अगर गुरुत्वाकर्षण थोड़ा ज़्यादा शक्तिशाली होता, तो ब्रह्मांड एक गेंद में सिमट जाता? या अगर गुरुत्वाकर्षण थोड़ा कम शक्तिशाली होता, तो ब्रह्मांड बिखर जाता। यानी, गुरुत्वाकर्षण की शक्ति उतनी ही है, जितनी होनी चाहिए। और अगर विद्युत चुम्बकीय बल और स्ट्रॉंग फ़ोर्स का अनुपात एक प्रतिशत न होता, तो जीवन का अस्तित्व ही नहीं होता। क्या संभावना है कि यह सब अपने आप हो जाए? ब्रह्मांड की सटीकता ही इसे सृष्टि की रचयिता बनाती है।'

हम ईश्वर में विश्वास करते हैं या नहीं, इससे कोई फर्क नहीं पड़ता। ब्रह्मांड पूर्ण सामंजस्य और संतुलन में विद्यमान है, जिसके भीतर हम हैं। उन सभी देवी-देवताओं के प्रति, जिन पर हम विश्वास करते हैं या ब्रह्मांड के चमत्कारों के प्रति, जिनका अस्तित्व है, हार्दिक आभार व्यक्त करते हैं।

हर बार जब मैं आभार व्यक्त करती हूँ, तो मैं खुद को एंडोर्फिन और सेरोटोनिन (खुशी के हार्मोन) से भरी हुई पाती हूँ। कभी-कभी मेरा गला रुंध जाता है, जब मुझे एहसास होता है कि इस पल में जीवित होना कितने सौभाग्य की बात है। कितने ही लोग आज सुबह नहीं जागेंगे। फिर भी, हम उठे। हम एक ऐसी दुनिया में रहते हैं, जहाँ हमारा परिवार और यहाँ तक कि अजनबी भी हमारी देखभाल करते हैं। जब भी आपका दिन खराब हो या कोई बुरा पल आए, तो ईश्वर या ब्रह्मांड का धन्यवाद करना शुरू करें, कि आप जीवित हैं और आपको इस चुनौती का सामना करने का सौभाग्य मिला है। आप बिल्कुल नए जैसा महसूस करेंगे।

कृतज्ञता की भावना 540 मेगाहर्ट्ज पर कंपन करती है। यह मनुष्य द्वारा अनुभव की जा सकने वाली उच्चतम कंपन आवृत्ति है। आवृत्ति के इस लेवल पर, हमारा शरीर चमत्कार करने में सक्षम हो जाता है। कृतज्ञता, आक्रोश और क्रोध जैसी नकारात्मक भावनाओं का स्थान ले सकती है। आधुनिक विज्ञान ने सिद्ध किया है कि कृतज्ञता की भावना हृदय गति को धीमा कर सकती है, तनाव कम कर सकती है, कोर्टिसोल लेवल को कम कर सकती है और सेरोटोनिन व डोपामाइन लेवल (खुशी के हार्मोन) को बढ़ा सकती है। कृतज्ञता की भावना प्रीफ्रंटल कॉर्टेक्स में ग्रे मैटर बढ़ाने में भी मदद कर सकती है। यह हमारी भावनाओं और निर्णय लेने की क्षमता को बेहतर बनाती है।

आभार और मानव कल्याण का क्रम

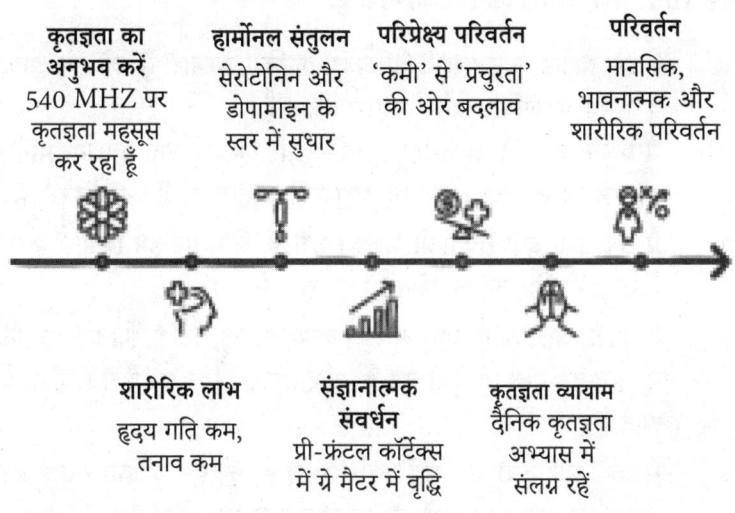

कृतज्ञता का अनुभव करें
540 MHZ पर कृतज्ञता महसूस कर रहा हूँ

हार्मोनल संतुलन
सेरोटोनिन और डोपामाइन के स्तर में सुधार

परिप्रेक्ष्य परिवर्तन
'कमी' से 'प्रचुरता' की ओर बदलाव

परिवर्तन
मानसिक, भावनात्मक और शारीरिक परिवर्तन

शारीरिक लाभ
हृदय गति कम, तनाव कम

संज्ञानात्मक संवर्धन
प्री-फ्रंटल कॉर्टेक्स में ग्रे मैटर में वृद्धि

कृतज्ञता व्यायाम
दैनिक कृतज्ञता अभ्यास में संलग्न रहें

आप जिन चीज़ों के लिए आभारी हैं, उन पर ध्यान केंद्रित करने से आपका नज़रिया बदल सकता है। एक आसान-सा अभ्यास है, जो मैं चाहती हूँ कि हम सब साथ मिलकर करें। मैंने कुछ सामान्य चीज़ें लिखी हैं, जिनके लिए आप और मैं आभारी हो सकते हैं। आप इस सूची को अभी पूरा कर सकते हैं। अगर ज़रूरी हो, तो इसे दिन भर लगा कर पूरा करें। फिर यह देखें कि दिन के अंत तक आपकी ऊर्जा, मन और भावनाएँ कैसे बदलने लगती हैं। कुछ चीज़ें ऐसी होती हैं, जिनका अनुभव करना सबसे अच्छा होता है। मैं आपसे अनुरोध करती हूँ कि अगले अध्याय पर जाने से पहले इस अभ्यास को ईमानदारी से आज़माएँ। आप अपनी किताब में इसकी प्रतियाँ भी बना सकते हैं और नब्बे दिनों तक रोज़ाना अभ्यास कर सकते हैं। फिर आप देखेंगे कि कैसे आपके मानसिक और भावनात्मक स्वास्थ्य में बदलाव आते हैं। कैसे आपका शरीर भी उसी तरह बदलता है।

कृतज्ञता पत्रिका (ग्रेटीट्यूड जर्नल)

वह 100 चीज़ें जिनके लिए मैं आभारी हूँ:

1. मैं इस ब्रह्मांड के उन सभी चमत्कारों के लिए आभारी हूँ, जो हमें आज के समय में जीवित रहने में सक्षम बनाते हैं।
2. मैं प्रकृति के प्रति आभारी हूँ, क्योंकि वह हमें भोजन, आश्रय, पानी, साँस लेने वाली हवा, पेड़-पौधे, पशु-पक्षी, पहाड़, झीलें प्रदान करती है।
3. मैं उन सभी देवी-देवताओं का आभारी हूँ, जिन पर हम विश्वास करते हैं या सभी शिक्षकों का जिन्होंने हमें ज्ञान दिया।
4. मैं पृथ्वी, जल, अग्नि, वायु और आकाश का आभारी हूँ, जिनसे हम बनें हैं। हम इन पाँच तत्वों से बने हैं, और हम इन पाँच तत्वों में विलीन हो जाते हैं।
5. मैं ग्रहों और तारों का, सूर्य का आभारी हूँ, जो हमें जीवित रखता है। चंद्रमा का आभारी हूँ, जो हमें गहरी नींद में सुला देता है।
6. मैं अपने पूर्वजों का आभारी हूँ, जिन्होंने हमारे अस्तित्व का मार्ग प्रशस्त किया।
7. मैं अपने माता-पिता का आभारी हूँ, जिन्होंने मुझे जन्म दिया और मुझे पालने के लिए उन्होंने जो भी त्याग किए, उनके लिए आभारी हूँ।
8. मैं अपने डॉक्टरों का आभारी हूँ, जिन्होंने मुझे स्वस्थ और जीवित रखा।
9. मैं अपने शिक्षकों का आभारी हूँ, जिन्होंने मुझे शिक्षा दी।
10. मैं अपने शरीर का आभारी हूँ, जो मेरे साथ है, चाहे मैंने कितनी भी ग़लतियाँ की हों।
11. मैं अपनी थाली में रखे खाने के लिए आभारी हूँ।
12. मैं उन हाथों का आभारी हूँ, जो मेरा खाना पकाते हैं, उन किसानों का आभारी हूँ, जो इस भोजन को उगाने के लिए धूप में मेहनत करते हैं और उन मज़दूरों का आभारी हूँ, जिन्होंने इसे मेरे घर तक पहुँचाया।
13. मैं अपनी आर्थिक स्थिरता, अपनी नौकरी, अपनी आय और इस विश्वास के लिए आभारी हूँ कि मैं आगे बढ़ सकता हूँ।

14. मैं उन सभी जगहों के लिए आभारी हूँ, जहाँ मैंने यात्रा की है और उन यात्रा अवसरों के लिए जो मुझे अपने जीवन में मिलते रहे हैं।

15. मैं अपनी शिक्षा और उस तक मेरी पहुँच के लिए आभारी हूँ।

16. मैं अपने पड़ोसियों का आभारी हूँ, जिन्होंने अपने-अपने तरीके से मेरी मदद की है।

17. मैं उन पुस्तकों के लिए आभारी हूँ, जिन तक मेरी पहुँच है, जिनसे मुझे सीखने का अवसर मिला।

18. मैं उन तकनीकी प्लेटफ़ॉर्म के लिए आभारी हूँ, जो हमें दुनिया भर के लोगों तक पहुँचने में मदद करते हैं।

19. मैं उन चुनौतियों और मिले हुए सबक के लिए आभारी हूँ, जिनसे मैं एक बेहतर इंसान बन पाया।

20. मैं _____ के लिए आभारी हूँ।

21. मैं _____ के लिए आभारी हूँ।

22. मैं _____ के लिए आभारी हूँ।

23. मैं _____ के लिए आभारी हूँ।

24. मैं _____ के लिए आभारी हूँ।

25. मैं _____ के लिए आभारी हूँ।

26. मैं _____ के लिए आभारी हूँ।

27. मैं _____ के लिए आभारी हूँ।

28. मैं _____ के लिए आभारी हूँ।

29. मैं _____ के लिए आभारी हूँ।

30. मैं _____ के लिए आभारी हूँ।

31. मैं _____ के लिए आभारी हूँ।

32. मैं _____ के लिए आभारी हूँ

33. मैं _____ के लिए आभारी हूँ

34. मैं _____ के लिए आभारी हूँ

35. मैं _____ के लिए आभारी हूँ

36. मैं _____ के लिए आभारी हूँ

37. मैं _____ के लिए आभारी हूँ

38. मैं _____ के लिए आभारी हूँ

39. मैं _____ के लिए आभारी हूँ

40. मैं _____ के लिए आभारी हूँ

41. मैं _____ के लिए आभारी हूँ

42. मैं _____ के लिए आभारी हूँ

43. मैं _____ के लिए आभारी हूँ

44. मैं _____ के लिए आभारी हूँ

45. मैं _____ के लिए आभारी हूँ

46. मैं _____ के लिए आभारी हूँ

47. मैं _____ के लिए आभारी हूँ

48. मैं _____ के लिए आभारी हूँ

49. मैं _____ के लिए आभारी हूँ

50. मैं _____ के लिए आभारी हूँ

51. मैं _____ के लिए आभारी हूँ

52. मैं _____ के लिए आभारी हूँ

53. मैं _____ के लिए आभारी हूँ

54. मैं _____ के लिए आभारी हूँ

55. मैं _____ के लिए आभारी हूँ

56. मैं _____ के लिए आभारी हूँ

57. मैं _____ के लिए आभारी हूँ

58. मैं _____ के लिए आभारी हूँ

59. मैं _____ के लिए आभारी हूँ

60. मैं _____ के लिए आभारी हूँ

61. मैं _____ के लिए आभारी हूँ

62. मैं _____ के लिए आभारी हूँ

63. मैं _____ के लिए आभारी हूँ

64. मैं _____ के लिए आभारी हूँ

65. मैं _____ के लिए आभारी हूँ

66. मैं _____ के लिए आभारी हूँ

67. मैं _____ के लिए आभारी हूँ

68. मैं _____ के लिए आभारी हूँ

69. मैं _____ के लिए आभारी हूँ

70. मैं _____ के लिए आभारी हूँ

71. मैं _____ के लिए आभारी हूँ

72. मैं _____ के लिए आभारी हूँ

73. मैं _____ के लिए आभारी हूँ

74. मैं _____ के लिए आभारी हूँ

75. मैं _____ के लिए आभारी हूँ

76. मैं _____ के लिए आभारी हूँ

77. मैं _____ के लिए आभारी हूँ

78. मैं _____ के लिए आभारी हूँ

79. मैं _____ के लिए आभारी हूँ

80. मैं _____ के लिए आभारी हूँ

81. मैं _____ के लिए आभारी हूँ

82. मैं _____ के लिए आभारी हूँ

83. मैं _____ के लिए आभारी हूँ

84. मैं _____ के लिए आभारी हूँ

85. मैं _____ के लिए आभारी हूँ

86. मैं _____ के लिए आभारी हूँ

87. मैं _____ के लिए आभारी हूँ

88. मैं _____ के लिए आभारी हूँ

89. मैं _____ के लिए आभारी हूँ

90. मैं _____ के लिए आभारी हूँ

91. मैं _____ के लिए आभारी हूँ

92. मैं _____ के लिए आभारी हूँ

93. मैं _____ के लिए आभारी हूँ

94. मैं _____ के लिए आभारी हूँ

95. मैं _____ के लिए आभारी हूँ

96. मैं _____ के लिए आभारी हूँ

97. मैं इस मानव रूप में जीवित होने के लिए आभारी हूँ। मैं किसी पौधे, जानवर या पक्षी के रूप में पैदा नहीं हुआ था, बल्कि एक इंसान के रूप में पैदा हुआ, जो पढ़ने, लिखने, गहन विचार करने में सक्षम है।

98. मैं कृतज्ञता व्यक्त करने की क्षमता के लिए आभारी हूँ।

99. मैं अपने सपनों को वास्तविकता में बदलने की क्षमता के लिए आभारी हूँ।

कृतज्ञता :

मान लीजिए कि आपके पास कीचड़ से लबालब पानी का एक घड़ा है। इस घड़े को बहते पानी के नल के नीचे रख दें। जल्द ही कीचड़ भरे पानी की जगह साफ़

पानी आ जाएगा। आपके पास साफ़ पानी से भरा एक घड़ा होगा। कृतज्ञता इसी तरह काम करती है। यह सभी नकारात्मक लोगों, भावनाओं, विचारों, कमी की भावना, असुरक्षा, दर्द, आघात और अतीत की बुरी यादों को दूर कर देती है और आपको सकारात्मक ऊर्जा से भर देती है।

उपचार चक्र

आप अकेले नहीं हैं। संकट और पीड़ा के क्षणों में, अपने लोगों को भूलना आसान होता है। आइए, अपने आस-पास अपना सहायता चक्र बनाएँ।

अपने परिवार के उन सात लोगों के नाम लिखें, जिनके लिए आप आभारी हैं, जिन पर आप चुनौतीपूर्ण समय में भरोसा कर सकते हैं और जिन्हें आप मूल्यवान मानते हैं। ये आपका जैविक परिवार, दत्तक परिवार, पालक परिवार या वे लोग भी हो सकते हैं, जो आपके इतने करीब हैं कि आप उन्हें अपना परिवार मानते हैं।

1. मैं अपने जीवन में _____ की
    मौजूदगी के लिए आभारी हूँ

    _____

2. मैं अपने जीवन में _____ की
    मौजूदगी के लिए आभारी हूँ

    _____

3. मैं अपने जीवन में _____ की
    मौजूदगी के लिए आभारी हूँ

    _____

4. मैं अपने जीवन में _____ की
    मौजूदगी के लिए आभारी हूँ

    _____

5. मैं अपने जीवन में _____ की
    मौजूदगी के लिए आभारी हूँ

    _____

6.   मैं अपने जीवन में _____ की मौजूदगी के लिए आभारी हूँ

_____

7.   मैं अपने जीवन में _____ की मौजूदगी के लिए आभारी हूँ

_____

अपने बचपन से लेकर बुढ़ापे तक, अपने करीबी सात लोगों की सूची बनाएँ। भले ही आप एक ही शहर में न रहते हों, भले ही आप कभी-कभार ही बात करते हों, लेकिन फिर भी उनके साथ गहरी बातचीत का आनंद लेते हों। आप पिछली सूची में से कुछ नाम दोहरा सकते हैं। इसमें कोई भाई-बहन या परिवार का सदस्य भी शामिल हो सकता है। ये ऐसे लोग होंगे, जिनके साथ आप अपने विचार, भावनाएँ और एहसास साझा कर सकें।

1.   मैं अपने जीवन में _____ की मौजूदगी के लिए आभारी हूँ

_____

2.   मैं अपने जीवन में _____ की मौजूदगी के लिए आभारी हूँ

_____

3.   मैं अपने जीवन में _____ की मौजूदगी के लिए आभारी हूँ

_____

4.   मैं अपने जीवन में _____ की मौजूदगी के लिए आभारी हूँ

_____

5.   मैं अपने जीवन में _____ की मौजूदगी के लिए आभारी हूँ

_____

6.   मैं अपने जीवन में _____ की
       मौजूदगी के लिए आभारी हूँ

       _____

7.   मैं अपने जीवन में _____ की
       मौजूदगी के लिए आभारी हूँ

       _____

हमारे पास ऐसे भी लोग होने चाहिए, जो बाहर से हमारी मदद कर सकें। हमारे घरेलू कर्मचारी, कार्यालय कर्मचारी, सहकर्मी या फिर वह अनाम टैक्सी ड्राइवर भी जो आपको समय पर काम पर पहुँचाता है। हमें उनकी मौजूदगी को स्वीकार करते हुए उनके प्रति कृतज्ञ होना चाहिए। इससे कोई फर्क नहीं पड़ता कि वे आपके सामाजिक-आर्थिक वर्ग से हैं या नहीं। अपने जीवन में उनके सकारात्मक योगदान के लिए आभार व्यक्त करें।

1.   मैं अपने जीवन में _____ की
       मौजूदगी के लिए आभारी हूँ

       _____

2.   मैं अपने जीवन में _____ की
       मौजूदगी के लिए आभारी हूँ

       _____

3.   मैं अपने जीवन में _____ की
       मौजूदगी के लिए आभारी हूँ

       _____

4.   मैं अपने जीवन में _____ की
       मौजूदगी के लिए आभारी हूँ

       _____

5.   मैं अपने जीवन में _____ की
       मौजूदगी के लिए आभारी हूँ

       _____

6. मैं अपने जीवन में ________________________________ की मौजूदगी के लिए आभारी हूँ

____

7. मैं अपने जीवन में ________________________________ की मौजूदगी के लिए आभारी हूँ

____

ऐसे तीन लोगों की सूची बनाएँ, जिन्हें आप माफ़ करना चाहते हैं। हो सकता है कि वे आपकी माफ़ी के हकदार नहीं हों, लेकिन आप तो उनसे मुक्त होने के हकदार हैं। अगर आप क्रोध या बदले की भावना से जकड़े रहेंगे, तो वे और आपके जीवन में जहर फैलाएँगे। उन्हें अपने जीवन से निकाल दें, क्योंकि आप अपने जीवन को अच्छे से जीने के हक़दार हैं। आप ख़ुशी, असीम शांति, आनंद के साथ जीने के हकदार हैं।

1. मैं अपने जीवन से ________________________________ इन्हें बाहर निकालता हूँ।

____

2. मैं अपने जीवन से ________________________________ इन्हें बाहर निकालता हूँ।

____

3. मैं अपने जीवन से ________________________________ इन्हें बाहर निकालता हूँ।

____

एक सहायता नेटवर्क का निर्माण

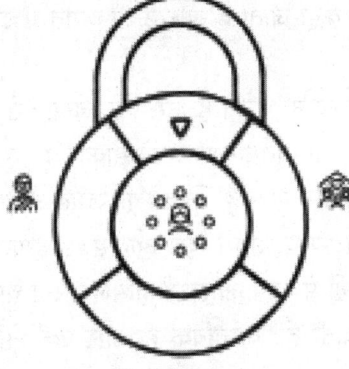

समर्थन का बाहरी घेरा
वे व्यक्ति जो दैनिक
जीवन में योगदान देते
हैं, जैसे घरेलू और
कार्यालय कर्मचारी,
तथा सेवा प्रदाता।

परिवार का समर्थन
भावनात्मक और
व्यावहारिक सहायता
का आधार, जिसमें
जैविक, दत्तक और
पालक परिवार के
सदस्य शामिल हैं।

मित्रों का आंतरिक वृत्त
बचपन से लेकर वयस्कता
तक के घनिष्ठ मित्र जो गहरे,
प्रामाणिक संबंध प्रदान करते हैं।

अभिव्यक्ति

अभी तक हमने ब्रह्मांड, अपने आंतरिक व बाहरी घेरे के लोगों के प्रति कृतज्ञता व्यक्त कर ली हैं। उन लोगों को अपने जीवन से निकाल दिया है, जो हमारी ऊर्जा का ह्रास करते हैं। अब हमारे मन में काफी सारा खाली और स्वच्छ जगह है। ऐसे में, अब हम अपने स्वास्थ्य के लिए एक मजबूत इच्छाशक्ति का निर्माण कर सकते हैं, हमारा मन काफी खाली जगह अपने में रखे हुए है। और हृदय में आप अपने लिए जो चाहते हैं, उसे लिखिए। जैसे-जैसे आप इन पन्नों को पलटेंगे, मैं आशा करती हूँ कि आपकी उपचार प्रक्रिया शुरू हो जाएगी और आप अपने सपनों को साकार होते देखना शुरू कर देंगे।

अभिव्यक्ति हमारे दिमाग में एक मजबूत इच्छाशक्ति बनाने में मदद करती है। हमारा दिमाग उस इच्छाशक्ति को पाने में हमारी मदद करने के लिए नए तंत्रिका मार्ग बनाता है। कॉर्पोरेट जगत में इसे रणनीति कहा जाता है, विज्ञान में इसे न्यूरोप्लास्टिसिटी कहा जाता है और ऊर्जा जगत में इसे अभिव्यक्ति कहा जाता है।

आप जो हासिल करना चाहते हैं, उसे ऐसे लिखें जैसे आपने उसे पहले ही हासिल कर लिया है। आप वर्तमान में अपने साकार हुए सपने का आनंद ले रहे हों। जैसे, 'मैं स्वस्थ होना चाहता हूँ' लिखने की जगह आप लिखिए, 'मैं हर दिन अपने आप का सबसे स्वस्थ, सबसे खुश और सबसे दयालु रूप बनता जा रहा हूँ।' अगले इक्कीस दिनों में आप जो लक्ष्य हासिल करना चाहते हैं, उसे लिखिए। आपके लक्ष्य यथार्थवादी हों, वास्तविक हों और एक निश्चित समय-सीमा के भीतर हासिल किया जा सके।

जीवन की अभिव्यक्ति:

1. मैं हूँ _____

   _____

2. मैं हूँ _____

   _____

3. मैं हूँ _____

   _____

अभिव्यक्ति को पाना

आरंभिक राज्य	आभार एवं रिहाई	स्पष्ट इरादा निर्धारित करें	लगातार कार्रवाई	नई आदतें बनाएँ	प्रकट सपने
बेहतर भविष्य की चाहत	स्वीकार करें, सराहना करें और जाने दें	वर्तमान काल में लक्ष्यों को परिभाषित करें	वांछित परिणाम के साथ कार्यों को संरेखित करें	अनुष्ठान अवचेतन क्रिया बन जाते हैं	उपलब्धि की खुशी का अनुभव

लेकिन याद रखें, बिना कर्म के अभिव्यक्ति आलसी आदमी का सपना होती है

आप जो हासिल करना चाहते हैं, उसके लिए इच्छाशक्ति विकसित करें। अपने लक्ष्य को पाने के लिए मानसिक ऊर्जा के साथ शारीरिक ऊर्जा भी लगाएँ। हर लक्ष्य के लिए तीन चरण लिखें, जिनका आप अगले इक्कीस दिनों तक लगातार पालन करेंगे। सुनिश्चित करें कि अगले इक्कीस दिनों तक आप खुद से किए वादे को नहीं तोड़ेंगे। इक्कीस दिनों के बाद, चुनौती को उनहत्तर दिनों के लिए और बढ़ाएँ। फिर इसे नब्बे दिनों तक ले जाएँ। नब्बे दिनों के बाद, यह आपकी आदत बन जाएगी। फिर आप इसे तोड़ नहीं पाएँगे। फिलिपा लैली और उनके सहयोगियों द्वारा 2009 में प्रकाशित एक अध्ययन से पता चलता है कि एक नई आदत बनने में छियासठ दिन लगते हैं और एक बार बन जाने के बाद, उस आदत को छोड़ना मुश्किल हो जाता है। यह आपकी अवचेतन स्मृति और आदतों का हिस्सा बन जाता है।[31]

एक्शन के स्टेज

उदाहरण: किसी हेल्थ टार्गेट के लिए, एक्शन स्टेप्स हो सकते हैं:

मैं अगले इक्कीस दिनों तक प्रतिदिन 10,000 कदम चलूँगा/चलूँगी

मैं अगले इक्कीस दिनों तक धूम्रपान/शराब/कॉफ़ी पीना छोड़ दूँगा/दूँगी।

1. मैं अगले इक्कीस दिनों तक ______________________________ ______________________________ करूँगा/करूँगी।

---

31. लैली, पी., वैन जार्सवेल्ड सी. एच., पॉट्स एच. डब्ल्यू. और वार्डल जे. (2009)। 'आदतें कैसे बनती हैं: वास्तविक दुनिया में आदत निर्माण का मॉडलिंग।' यूरोपियन जर्नल ऑफ सोशल साइकोलॉजी 40(6), 998-1009. https://onlinelibrary.wiley.com/doi/abs/10.1002/ejsp.674

2. मैं अगले इक्कीस दिनों तक _____
_____ करूँगा/करूँगी ।

3. मैं अगले इक्कीस दिनों तक _____
_____ करूँगा/करूँगी ।

4. मैं अगले इक्कीस दिनों तक _____
_____ करूँगा/करूँगी ।

5. मैं अगले इक्कीस दिनों तक _____
_____ करूँगा/करूँगी ।

6. मैं अगले इक्कीस दिनों तक _____
_____ करूँगा/करूँगी।

जब हम अपने शरीर और मन को एक साथ लाते हैं, तो हम उपचार की प्रक्रिया शुरू कर देते हैं।

अध्याय 6

अपनी भावनाओं को मज़बूत बनाएँ

भूत, वर्तमान और भविष्य से मिलकर समय बना है। हमारी भावनाएँ असल में समय के साथ प्राप्त अनुभव ही हैं। यह अतीत की यादों से प्रभावित होती हैं। जैसे पैतृक आघात, हमारे शरीर में संचित कर्म स्मृतियाँ और बचपन की यादें। ये यादें अच्छी या बुरी हो सकती हैं। जब हम दुखद क्षणों को याद करते हैं, तो हम दुखी और उदास हो जाते हैं। भविष्य की चिंता, चिंता का कारण बनती है, लेकिन भविष्य कभी नहीं आता। हमारे पास केवल आज है। इन भावनात्मक बंधनों से रहित वर्तमान क्षण ही परम आनंद है।

भावनाओं की शक्ति

जीवन दुख है। हमारी भावनाएँ दुख को और बढ़ा-चढ़ाकर पेश कर सकती हैं। आप अपनी आँखों से नकारात्मक भावना को नहीं देख सकते, लेकिन आपके भीतर जो ऊर्जा क्षेत्र है, वह वास्तविक है। अगर आप लंबे समय तक नकारात्मक भावना से ग्रस्त हैं, तो आप एक नकारात्मक आवृत्ति पर कंपन कर रहे हैं। खुद को ऊपर की ओर ले जाने के लिए सचेत प्रयास की आवश्यकता होती है।

इंसान की भावनात्मक आवृति चार्ट

भावना	आवृति (हर्ट्ज़)
ज्ञानप्राप्ति	700
शांति	600
खुशी	540
प्रेम	500
तर्क	400
स्वीकार्यता	350
इच्छा	310
उदासीनता	250
साहस	200
गर्व	175
क्रोध	150
इच्छा	125
भय	100
दुःख	75
अनिच्छा	50
अपराधबोध	30
शर्मिन्दगी	20

ऊपर दिया गया चार्ट विभिन्न मानवीय भावनाओं के कंपन आवृत्ति को दिखाता है। आप इस समय जिस भी भावना में कंपन कर रहे हैं, आपके पास यह चुनने की शक्ति है कि आप ऊपर की ओर बढ़ना चाहते हैं या नीचे की ओर। भावनाएँ सर्पिल होती हैं और आपस में जुड़ी होती हैं। एक नकारात्मक भावना आपको एक और भी बदतर नकारात्मक भावना से जोड़ सकती है। एक सकारात्मक विचार और भावना आपको और भी अधिक सकारात्मक भावना की ओर ले जा सकती है।

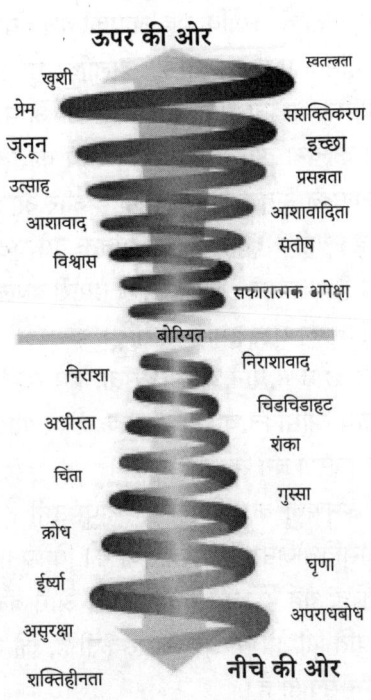

आयुर्वेद में दस नकारात्मक भावनाएँ हैं। इनका उचित प्रबंधन न किया जाए, तो वे रोगों का कारण बन सकती हैं। इन्हें दस क्लेश या कष्ट कहा जाता है। ये दस क्लेश हैं: अविद्या, अस्मिता, राग, द्वेष, अभिनिवेश, क्रोध, लोभ, मोह, मद और मात्सर्य।

अविद्या का अर्थ है अज्ञान। इसे हमारे सभी कष्टों का मूल कारण माना जाता है। यह असल में हमारे अपने वास्तविक स्वरूप, जीवन के उद्देश्य और ब्रह्मांड की प्रकृति को समझने में हमारी असमर्थता है। हम अंततः सार्वभौमिक सत्य के साथ संघर्ष करते रहते हैं। जैसे हमारे ख़ास शरीर प्रकार और जैविक-व्यक्तिगत आवश्यकताओं और हमारे शरीर की प्रकृति के ठीक उलट खान-पान की अज्ञानता, बीमारियों का कारण बनती है।

अस्मिता का मतलब है अहंकार। यह हमारा आत्म-महत्त्व या आत्म-सम्मान की भावना है। मनोविज्ञान में, एक मजबूत अहंकार को मानसिक स्वास्थ्य के लिए अच्छा माना जाता है, क्योंकि यह आपको यथार्थवादी आकलन करने और जीवित रहने की क्षमता प्रदान करता है। हालाँकि, पूर्व के दर्शन में अहंकार को स्वयं की एक सीमित भावना माना जाता है, जो आसक्ति, द्वेष और दुख का कारण बनती है। कल्पना कीजिए कि आप स्वयं को एक छोटे से डिब्बे में बंद कर लें, जिससे आपका अहंकार जुड़ा हुआ है और आप अपने इस सीमित रूप से जुड़ते जा रहे हैं। यही अहंकार है, जो अंततः हमें घुटन देगा।

राग का अर्थ है आसक्ति। यह सुख की हमारी प्रबल इच्छा है। स्वाद, स्पर्श, ध्वनि, गंध और दृष्टि का सुख हमारी शारीरिक इच्छाओं को बढ़ाता है। इन सुखों की लत और उन्हें छोड़ न पाने की अक्षमता, हम सभी के लिए अभिशाप है। इसमें लोगों के साथ आसक्ति या भावनात्मक बंधन भी शामिल हैं, जो खतरे में पड़ने पर दुख का कारण बन सकते हैं।

द्वेष अप्रिय अनुभवों के प्रति हमारी नापसंदगी है। यह हमें कठिनाइयों, चुनौतियों और असुविधाजनक परिस्थितियों को विनम्रतापूर्वक स्वीकार करने से रोकता है। इस तरह, यह हमें इन चुनौतियों से आगे बढ़ने से रोकता है। हमारे मन में दूसरों के प्रति भी द्वेष या घृणा हो सकती है, जो हमारे भीतर संघर्ष और दुख का कारण बन सकती है।

अभिनिवेश का अर्थ है मृत्यु का भय। यह एक जन्मजात आदिम भय है। जब यह अत्यधिक हो जाता है, तो चिंता और घबराहट हो सकती है। यह हमारे स्वास्थ्य को भी प्रभावित करता है। इसका हमारे पाचन स्वास्थ्य पर असर पड़ता है।

क्रोध एक तीव्र भावना है। जब आप किसी पर क्रोधित होते हैं, तो आपका शरीर एक गर्म ऊर्जा पैदा करता है। कल्पना कीजिए, आप किसी पर क्रोधित हैं

और उस पर फेंकने के लिए गर्म कोयले का एक टुकड़ा पकड़े हुए हैं। लेकिन इस प्रक्रिया में, गर्म कोयला आपकी हथेलियों को जला देता है। क्रोध महसूस करना आपके शरीर के अंदर एक धीमा जहर पैदा करने जैसा है। आप जहर पैदा करते हैं, उम्मीद करते हैं कि दूसरा व्यक्ति इसे पी लेगा। लेकिन, इसे आपको ही पीना होगा। क्रोध हमारी समग्र कंपन आवृत्ति को कम करता है और हमें कमजोर करता है। यह धीरे-धीरे हमें भीतर से नष्ट कर देता है, हमारी आत्मा को सिकोड़ देता है और हमें असंतोष की स्थिति में छोड़ देता है।

मोह का अर्थ है भ्रम, जो हमारी जागरूकता की कमी से पैदा होता है। जब हम भ्रम की स्थिति में होते हैं, तो हम गुमराह महसूस करते हैं। हम गलत निर्णय ले लेते हैं, जिससे और अधिक नुकसान होता है।

मद का अर्थ है अहंकार। यह हमारे गर्व और आत्म-मूल्य की अतिशयोक्ति से उत्पन्न होता है। यह हमें अपने आस-पास के लोगों का अनादर करने के लिए प्रेरित कर सकता है। यह हमारे भीतर से एक नकारात्मक ऊर्जा उत्पन्न करता है।

मत्सर्य यानी ईर्ष्या। यह दूसरों की सफलता और खुशी को ले कर ईर्ष्या की भावना है। इससे हमारे भीतर कृतज्ञता और अन्य अच्छी भावनाओं का ह्रास होता है।

आध्यात्मिक विकास की राह में बाधाएँ

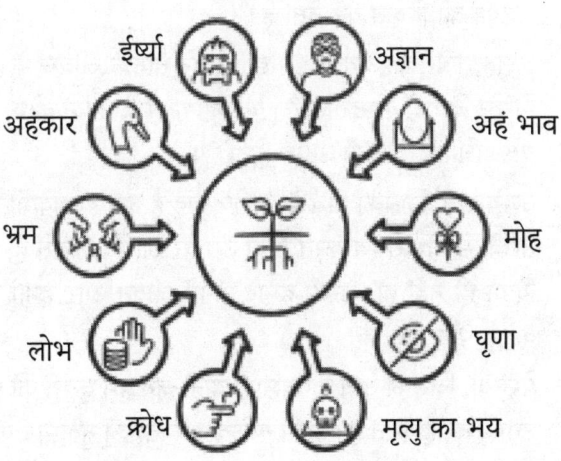

जैन धर्मग्रंथों में अठारह नकारात्मक भावनाओं को समर्पित एक पूरा अध्याय है। इसे कषाय कहा जाता है। जैन धर्म बताता है कि जब हम अपने जीवन में अधिक कषायों (नकारात्मक भावनाओं) को एकत्रित करते हैं, तो यह हमारे आध्यात्मिक विकास के लिए हानिकारक हो जाता है। यह हमारे शारीरिक, मानसिक और भावनात्मक स्वास्थ्य को प्रभावित करता है। यह कर्म के रूप में भी संचित हो सकता है, जो हमारे जीवन और मृत्यु के चक्र को प्रभावित करता है।

आयुर्वेद में वर्णित दस क्लेश (नकारात्मक भावनाएँ) जैन धर्मग्रंथों में समान हैं, लेकिन उनमें आठ अतिरिक्त नकारात्मक भावनाएँ हैं। वे हैं:

1. क्रोध, जिसका अर्थ है गुस्सा।

2. मान आयुर्वेद में मद के समान है, जिसका अर्थ है अहंकार।

3. लोभ, जिसका अर्थ है लालच।

4. राग, जिसका अर्थ है आसक्ति।

5. द्वेष, जिसका अर्थ है घृणा।

6. माया, जिसका अर्थ है छल और इसमें बेईमानी और झूठ जैसे नकारात्मक कार्य शामिल हैं। जब कोई छल-कपट से भरा जीवन जीता है, तो अंततः यह सत्य और वास्तविकता के बारे में हमारी धारणा को विकृत कर देता है।

7. कलह, जिसका अर्थ है झगड़ा, हमारे दैनिक जीवन में होने वाले निरंतर विवादों को दर्शाता है। यह कषाय हमारे अपने क्रोध, आसक्ति या अधिकार-बोध से उत्पन्न होता है।

8. अभ्याखन, जिसका अर्थ है आरोप, वह है जब हम किसी पर गलत तरीके से दोषारोपण करते हैं या उस पर आरोप लगाते हैं, जो उसने किया ही नहीं हो। इससे हमारे अपने जीवन और हमारे रिश्तों में कलह पैदा होती है।

9. पेशुन्या, जिसका अर्थ है गपशप। यानी जब हम दूसरों की पीठ पीछे उनकी बुराई करते हैं। इससे न केवल रिश्तों को नुकसान पहुँचता है,

बल्कि दूसरे व्यक्ति की प्रतिष्ठा पर भी असर पड़ता है। अगर हमें अपने उच्चतम स्वरूप को पाना है, तो कम से कम चालीस दिनों तक किसी भी प्रकार की गपशप में शामिल न होने की शपथ लें। आप देखेंगे कि आपके जीवन में कैसे चमत्कार घटित होते हैं।

10. परपरिवाद, जिसका अर्थ है द्वेष। दूसरों के प्रति नकारात्मक या बुरी भावना रखना। जब आप द्वेष रखते हैं, तो यह आपकी हथेली पर जलते हुए गर्म कोयले को रखने के समान है। क्रोध और द्वेष को छोड़ना आसान नहीं है, लेकिन आपको खुद को याद दिलाना होगा कि दूसरों के लिए गर्म कोयला रखने की प्रक्रिया में आपकी हथेली जलती है।

11. रति, जिसका अर्थ है उन चीज़ों से मिलने वाला आनंद, जो हमें पसंद है। यह बताता है कि जब हम आसक्ति से अत्यधिक आनंद लेते हैं, तो यह निर्भरता की ओर ले जाता है। उदाहरण के लिए, एक गिलास शराब आपको आनंद देती है, लेकिन समय के साथ यह एक निर्भरता पैदा करती है। फिर आपके वास्तविक स्वरूप को जानने में बाधा उत्पन्न करना शुरू कर देती है।

12. अराती का अर्थ है उन चीज़ों से अप्रसन्नता जो हमें पसंद नहीं हैं। कभी-कभी, कोई आदत आपके लिए अच्छी हो सकती है। जैसे सुबह पाँच बजे उठना या शरीर से विषाक्त पदार्थों को बाहर निकालने के लिए कड़वे खाद्य पदार्थों का सेवन करना। लेकिन इनसे आपकी अरुचि आपके व्यक्तिगत विकास में बाधा उत्पन्न कर सकती है।

13. मिथ्यादर्शन का अर्थ है गलत विश्वास रखना। जब हम इस दुनिया में किसी भी चीज़ के बारे में गलत धारणाएँ रखते हैं, तो वे हमें सच्चाई से दूर ले जाती हैं। उदाहरण के लिए, आप मानते हैं कि जंक फ़ूड खाने से आपके शरीर को कोई नुकसान नहीं होगा। यह गलत प्रकार का विश्वास है, जो अंततः आपके स्वास्थ्य और व्यक्तिगत विकास में बाधा डालेगा।

14. मिथ्यात्व का अर्थ है तर्कहीनता। जब हम तर्कहीन विचारों में लैस होते हैं, तो अंततः यह हमारे निर्णय को प्रभावित करता है। एक तर्कहीन विचार का उदाहरण हो सकता है, 'अगर मैं इस हफ़्ते कुछ गिलास शराब पीता हूँ, तो यह ठीक है, यह मेरे हृदय या लीवर के स्वास्थ्य को प्रभावित नहीं करेगा, क्योंकि मैं कुछ दिनों बाद शराब पीना छोड़ दूँगा।' यह मान लेना तर्कहीन है। हो भी सकता है और नहीं भी, लेकिन बिना सोचे-समझे निर्णय लेने से हम अपने उच्चतम लक्ष्य को प्राप्त नहीं कर पाते।

15. अविरति, जिसका अर्थ है संयम न होना, इच्छाओं और आवेगों पर आत्म-नियंत्रण का अभाव है। यह किसी पार्टी में खुद से कहने जैसा है, 'इस मीठे व्यंजन का बस एक और टुकड़ा नुकसान नहीं पहुँचाएगा।'

16. प्रमाद, जिसका अर्थ है लापरवाही। हमारे अपने कर्तव्यों और ज़िम्मेदारियों के प्रति हमारी उपेक्षा के रवैये को दर्शाता है, जिसके अंततः नकारात्मक परिणाम होते हैं।

17. कषाय, जिसका अर्थ है जुनून। यह जुनून ही है, जो हमें इतनी मेहनत करने के लिए प्रेरित करता है। यह हमारे अंतर्मन की उग्र भावना है, जो नियंत्रित न होने पर अंततः हमें निगल सकती है। यही नकारात्मक भावना आत्मा को कर्म के चक्र में बाँधती है।

18. अहंकार, जिसे आयुर्वेद में अस्मिता क्लेश कहा गया है। अहंकार अक्सर हमें अंधा बना देता है, क्योंकि यह आत्म-महत्त्व की अतिशयोक्तिपूर्ण भावना है। व्यक्ति अक्सर अहंकार के कारण नकारात्मक कार्यों में संलग्न हो जाता है।

अध्यात्म की दुनिया में, ये नकारात्मक भावनाएँ हमारे आध्यात्मिक विकास में बाधा डालती हैं। इतना ही नहीं, ये नकारात्मक भावनाएँ हमारे भीतर नकारात्मक ऊर्जा उत्पन्न करती है, जो हमारी कोशिकीय संरचना को प्रभावित करती है और रोगों को जन्म देती है।

जब आप इन भावनाओं को देखते हैं, तो आपको लग सकता है कि इनमें से कुछ तो मामूली हैं। लेकिन हमारे द्वारा अनुभव की जाने वाली हर एक नकारात्मक भावना हमारे शरीर में एक कील ठोकने के समान है। जीवन अपने आप में चुनौतीपूर्ण है, क्योंकि हमें पहाड़ पर चढ़ते हुए अपना भार स्वयं उठाना पड़ता है। आप ऐसा बड़ा बोझ क्यों उठाना चाहेंगे, जो आपको गतिहीन करके और थका दे? नकारात्मक भावनाएँ अतिरिक्त बोझ की तरह हैं जो अंततः हमें थका देंगी। नकारात्मक भावनाएँ हमारी कोशिकाओं में नकारात्मक ऊर्जा उत्पन्न करती हैं और आगे चलकर रोगों को जन्म दे सकती हैं।

हम सभी प्रगति की प्रक्रिया में हैं। हम इंसान हैं और हम हर दिन कई तरह की भावनाओं का अनुभव करेंगे। लेकिन अगर हम भावना को परिस्थिति से अलग कर सकें, तो हम किसी के खिलाफ कठोर प्रतिक्रिया नहीं करेंगे।

समय और स्थान की शक्ति

हम अपनी भावनाओं को ठीक कर सकते हैं। उन्हें समय और स्थान देकर वर्तमान क्षण के साथ तालमेल बिठा सकते हैं। अपनी भावनाओं को परिस्थिति से अलग करें। अपनी भावनाओं और अपनी प्रतिक्रिया के बीच समय का अंतराल बढ़ाएँ। जब आप अपनी प्रतिक्रिया में देरी करते हैं, तो आप तर्कसंगत और वस्तुनिष्ठ सोच के लिए एक स्थान बनाते हैं। भावना और आपकी प्रतिक्रिया के बीच का वह समय अंतराल, आंतरिक बातचीत और चिंतन के लिए जगह देता है। यह आपको किसी अन्य व्यक्ति के सामने बोलने से पहले, बिना किसी पूर्वाग्रह के, अपनी भावना के साथ बातचीत करने का समय और स्थान देता है। ऐसी भावना महसूस करने के लिए खुद पर क्रोधित या कठोर न हों। इसके बजाय, तर्कसंगत बनें और यह समझने के लिए खुद से बातचीत करें कि आप ऐसी भावना क्यों महसूस कर रहे हैं।

जब भी आप क्रोध, ईर्ष्या या निराशा जैसी नकारात्मक भावना महसूस करें, तो उस पर काबू पाने के लिए इन उपायों को अपनाएँ।

1. सात बार गहरी साँसें लें। अपने शरीर में आने और जाने वाली प्रत्येक साँस के प्रति जागरूक रहें। चार बार गिनकर साँस लें और आठ बार गिनकर साँस छोड़ें।

2. एक गिलास पानी पिएँ।

3. टहलें। अपनी कुर्सी से उठें, जहाँ आपकी नकारात्मक ऊर्जा पहले से ही जमा हो चुकी है। तीन से पाँच मिनट तक टहलें। अपनी गहरी साँस लेने की प्रक्रिया जारी रखें।

4. अपनी भावनाओं को पहचानें। अपनी कुर्सी पर वापस आएँ। एक नोटपैड लें और उस भावना को लिख लें, जिसका आप अनुभव कर रहे हैं। किसी भावना को चिह्नित करने से हम बिना किसी पूर्वाग्रह या अपराधबोध के खुद को तर्कसंगत बना सकते हैं।

5. अपनी भावना का विश्लेषण करें। दो-तीन वाक्यों में समझाएँ कि आप ऐसा क्यों महसूस कर रहे हैं। समस्या पर ज़्यादा देर तक विचार न करें। उदाहरण, मैं अपने सहकर्मी की पदोन्नति से ईर्ष्या या दुखी महसूस कर रहा हूँ, क्योंकि मुझे लगता है कि मैं इसका ज़्यादा हकदार था। क्या मेरी यह भावना अवसरों की कमी और अभाव की भावना से आ रही है?

6. इसके समाधान के संभावित समाधान बताएँ। जो आपके पास पहले से हैं, उसके लिए कृतज्ञता व्यक्त करके उस भावना को प्रचुरता की भावना से बदलें और अपने काम की पहचान बढ़ाने के संभावित तरीकों की एक सूची बनाएँ।

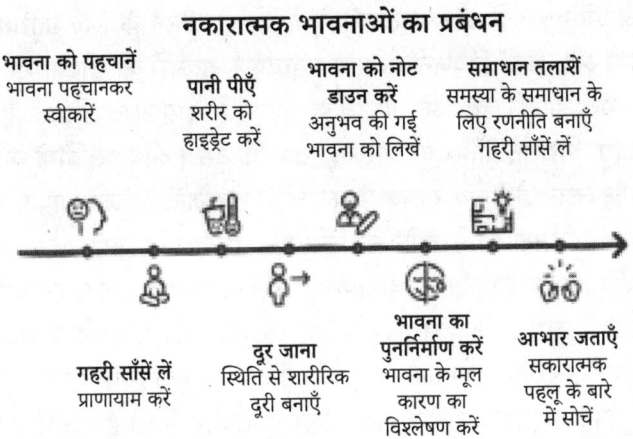

नकारात्मक भावनाओं का प्रबंधन

भावना को पहचानें
भावना पहचानकर स्वीकारें
पानी पीएँ
शरीर को हाइड्रेट करें
भावना को नोट डाउन करें
अनुभव की गई भावना को लिखें
समाधान तलाशें
समस्या के समाधान के लिए रणनीति बनाएँ गहरी साँसें लें
गहरी साँसें लें
प्राणायाम करें
दूर जाना
स्थिति से शारीरिक दूरी बनाएँ
भावना का पुनर्निर्माण करें
भावना के मूल कारण का विश्लेषण करें
आभार जताएँ
सकारात्मक पहलू के बारे में सोचें

इसके बाद आप देखेंगे कि आप समस्या का निष्पक्ष समाधान कर पा रहे हैं। भावनाएँ अक्सर हमें अंधा कर सकती हैं, जिससे हम सही निर्णय लेने से चूक जाते हैं। आपको उन लोगों पर गुस्सा करने का अधिकार है, जिन्होंने आपको ठेस पहुँचाई। लेकिन अपनी नाराज़गी व्यक्त करने की प्रक्रिया गें, अपने भीतर किसी नकारात्मक भावना से गहरा, लंबे समय तक रहने वाला निशान न बनाएँ।

अपनी भावनाओं को नियंत्रित करना

अपनी भावनाओं को स्वस्थ तरीके से व्यक्त करें। आपके पास अपनी भावनाओं को नियंत्रित करने और उन्हें एक स्वस्थ रूप में बदलने की शक्ति भी है। एक ही भावना के दो रूप हो सकते हैं। आइए, सबसे आम और बुनियादी भावना — इच्छा और जुनून — का विश्लेषण करें।

इच्छा और जुनून: ये हमारे अंदर एक मोमबत्ती की तरह हैं, जो दोनों सिरों से जल रही है। आपका जुनून और चाहत आपको जीवित रखती है। लेकिन जब आप आग की लपटों को ज़रूरत से ज़्यादा भड़काते हैं, तो वे भड़क जाती हैं और आपको जला देती हैं। जब आप अपने काम के परिणाम — प्रसिद्धि, सफलता और धन — के आदी हो जाते हैं, तो आप अपने ही जुनून में डूबने लगते हैं। शुरुआत में, आप खाना-पीना, सोना छोड़ देंगे। लेकिन धीरे-धीरे

आप अपनी इच्छाओं और महत्वाकांक्षाओं को पूरा करने के लिए पारिवारिक कार्यक्रमों और अपने प्रियजनों के साथ महत्त्वपूर्ण अवसरों को छोड़ना शुरू कर देंगे। अगर आपकी इच्छाओं और कड़ी मेहनत में असफलता मिलती है, तो आप क्रोध, निराशा, प्रतिस्पर्धा और यहाँ तक कि दूसरों की उपलब्धियों के प्रति ईर्ष्या और जलन जैसी नकारात्मक भावनाओं से घिर जाते हैं। जब आपके जुनून को सफलता मिलती है, तो ज़मीन पर टिके रहें। सफलता के आदी न बनें। अगर ऐसा नहीं हुआ, तो आप अपनी ही सफलता और अहंकार के गुलाम बन जाएँगे। यह बदले में, लालच, अहंकार, अभिमान, असुरक्षा और सत्य को न देख पाने जैसी अन्य नकारात्मक भावनाओं को बढ़ावा देता है। एक स्वास्थ्य प्रशिक्षक के रूप में अपने काम के दौरान मैं कई मशहूर हस्तियों से मिली हूँ। उनमें से कुछ अपनी पहचान के बाद भी विनम्र थे। लेकिन कुछ अपनी सफलता और काम में इतने मग्न थे कि जब असफलता आई, तो वे पूरी तरह टूट गए। उनमें से कुछ तो नशे जैसी बुराइयों के भी शिकार हो गए।

इसलिए ज़रूरी है कि हम अपनी नकारात्मक भावनाओं को नियंत्रित करें। हमारी भावनाएँ, जुनून और महत्वाकांक्षाएँ हमारे सिस्टम के अंदर बेलगाम दौड़ते घोड़ों की तरह विनाश का कारण बन सकती हैं।

जुनून से करुणा तक: जुनून आपके जीवन में किसी भी चीज़ के लिए हो सकता है। जैसे काम, करियर, कोई प्रोजेक्ट, पर्यावरण, आपका समुदाय, जानवर आदि। यह समाज में सृजन, प्रभावशाली, प्रासंगिक और सार्थक होने की इच्छा है। यह इच्छा का एक उपोत्पाद है, लेकिन थोड़ा अधिक बाहरी हो जाता है और इसमें कोई सामाजिक उद्देश्य शामिल हो भी सकता है और नहीं भी। लेकिन यह हमारे भीतर एक ज्वलंत भावना बनी रहती है, जो समय के साथ हमें अपनी चपेट में ले सकती है और हमें गुमनामी में धकेल सकती है। दूसरी ओर, करुणा स्वयं, परिवार, कार्यस्थल, समाज, समुदाय, मानवता और सभी जीवित प्राणियों की भलाई के लिए होती है। करुणा भी जुनून है, लेकिन अपने और अपने आस-पास के लोगों के प्रति दया और प्रेम के साथ। यह एक व्यापक भावना है, जो दूसरों की भलाई को भी ध्यान में रखती है। अगली बार जब आप जुनूनी महसूस करें, तो खुद से पूछें, मैं इस भावना को और अधिक करुणामय कैसे बना सकता हूँ।

जुनून और महत्वाकांक्षा आपको सही और गलत, दोनों काम करने के लिए प्रेरित कर सकती है। एक गैंगस्टर भी अपने काम के प्रति जुनूनी और महत्वाकांक्षी होता है। क्या आप इस ज्वलंत महत्वाकांक्षा को एक सुखद उद्देश्य में बदल सकते हैं?

उद्देश्य की महत्वाकांक्षा: अपने लिए पैसा, प्रसिद्धि और सफलता अर्जित करना महत्वाकांक्षा है। लेकिन जब आप जीवन में किसी बड़े लक्ष्य की ओर बढ़ते हैं, जैसे समाज पर सकारात्मक प्रभाव डालना, मानवता और अन्य जीवित प्राणियों की सेवा करना, तो आप एक उद्देश्य की ओर बढ़ रहे होते हैं। उद्देश्य आपके अस्तित्व को मूल्य का बोध कराता है। याद रखें, मानवता की सेवा ही वह किराया है, जो आप इस धरती पर जीने के लिए चुकाते हैं।

प्राप्ति से प्रभाव तक: धन और भौतिक लाभ अर्जित करने की इच्छा से आगे बढ़कर मानवता की भलाई के लिए समाज पर सकारात्मक प्रभाव डालने की इच्छा रखें।

ईर्ष्या से प्रशंसा तक: जब आप किसी की सफलता के बारे में नकारात्मक महसूस करते हैं, तो यह ईर्ष्या का एक रूप है। उस भावना को महसूस करने के लिए खुद पर क्रोधित न हों। इसके बजाय, भावनात्मक रूप से शामिल हुए बिना, एक राहगीर की तरह अपनी भावना का अवलोकन करें। खुद से पूछें कि आप उस समय क्या महसूस कर रहे हैं। क्या यह आत्म-जागरूकता की कमी है या आप अपने दोस्त से कम योग्य महसूस करते हैं या आप उस व्यक्ति की सफलता से अधिक खुद को उसका हकदार महसूस करते हैं?

ईर्ष्या से सामूहिक आनंद: जब आप खुद को किसी और की उपलब्धियों से ईर्ष्या महसूस करते हैं, तो थोड़ा रुकें। खुद को याद दिलाएँ कि आप जो अनुभव कर रहे हैं और कंपन कर रहे हैं, वह एक नकारात्मक कंपन आवृत्ति है। इसके बजाय, खुद से पूछें कि वह क्या था, जो दूसरे व्यक्ति ने किया। क्या हम दूसरे व्यक्ति की सफलता के लिए सामूहिक आनंद का कंपन कर सकते हैं? जब हम ऐसा करते हैं, तो हमारे भीतर आनंद पैदा होता है। अंतिम परिणाम यह होता है कि आप अपनी नई आवृत्ति से मेल खाने वाली अधिक घटनाओं को आकर्षित करना शुरू कर देते हैं।

क्रोध से चेतना: जब आप क्रोध महसूस करते हैं, तो याद रखें कि यह एक नकारात्मक भावना है। इससे आपका शरीर खुद को नुकसान पहुँचाता है। गहरी साँसें लें और खुद को याद दिलाएँ कि आप जीवन में एक उच्च उद्देश्य वाले एक उच्चतर प्राणी हैं। आप इस ब्रह्मांड का एक अभिन्न अंग हैं और संपूर्ण ब्रह्मांड और उसके सभी चमत्कार आपके भीतर विद्यमान हैं। यह एक विनम्र क्षण है जो हमें हमारी चेतना और आत्मा की विशालता की याद दिलाता है।

जागरूकता पर प्रतिक्रिया: अगली बार जब कोई आपको क्रोधित करे, तो तुरंत उस पर प्रतिक्रिया न करें। कुछ पल के लिए वहाँ से दूर चले जाएँ। विश्लेषण करें और फिर बिना भावनात्मक हुए प्रतिक्रिया देने के लिए वापस आएँ। बिल्कुल भी प्रतिक्रिया न करें या स्थिति पर इस तरह प्रतिक्रिया न दें कि वह नीचे की ओर जाए। मेरे पास एक सरल तकनीक है, जिसने मेरे जीवन में अद्भुत काम किया है। मैं वर्षों तक अपने क्रोध और दुःख को दबाए रखने और खुद को व्यक्त न करने में सक्षम थी। लेकिन यह मेरे अपने स्वास्थ्य के लिए हानिकारक साबित हुआ। इसलिए जब भी मुझे लगता कि किसी ने मेरे विचारों, शब्दों या कार्यों से मुझे ठेस पहुँचाई है, तो मैंने इस संदेश-लेखन तकनीक को अपनाया।

1. मैं उस व्यक्ति के लिए अपने फ़ोन या नोटपैड पर ज़रूरत के अनुसार संदेश लिख लेती हूँ। मैं अभी संदेश नहीं भेजती।

2. मैं अगले दिन उस संदेश को फिर से पढ़ती और उसमें से वे सभी शब्द हटा देती जो मुझे लगता कि ठीक नहीं थे। मैं संदेश को अपनी व्यक्तिगत भावनाओं और संवेदनाओं से रहित बनाती।

3. मैं एक और दिन इंतज़ार करती। संदेश को फिर से पढ़ती और ऐसे किसी भी शब्द या वाक्य को हटा देती, जो दूसरे व्यक्ति की भावनाओं को ठेस पहुँचा सकते थे। संदेश के माध्यम से मेरा उद्देश्य दूसरे व्यक्ति को यह याद दिलाना होता है कि उसका कृत्य उसके और हमारे रिश्ते के लिए हानिकारक था।

4. मैं अपने लिखे संदेश को चौथी बार पढ़ती और इस बार मैं संदेश की लंबाई कम करने और स्पष्ट बनाने की कोशिश करती।

मैं फिर भी संदेश नहीं भेजती। अब, संदेश वस्तुनिष्ठ, तर्कसंगत है। यह मेरी नकारात्मक भावनाओं को नहीं दर्शाता है। दूसरे व्यक्ति को उत्तेजित या आहत नहीं कर सकता है। संदेश भी संक्षिप्त और स्पष्ट है। अब, मैं सर्वोत्तम प्रभाव पाने के लिए सही समय की प्रतीक्षा करती हूँ। केवल तभी बोलें जब आपसे बात की जाए। केवल तभी बोलें जब दूसरा व्यक्ति इस स्थिति के बारे में आपसे फिर से पूछे। शांति बनाए रखें, तीन बार गहरी साँसें लें और फिर बोलें। आप देखेंगे कि आपका संदेश खुद को या दूसरे व्यक्ति को चोट पहुँचाए बिना भी प्रभावशाली है। आप प्रतिक्रिया दे रहे हैं, स्थिति पर प्रतिक्रिया नहीं कर रहे हैं।

भावनाएँ हमारे भीतर टिक-टिक करते टाइम बम की तरह हैं। यह त्वरित प्रतिक्रिया से फट सकती हैं और नुकसान पहुँचा सकती हैं। लेकिन आपके भीतर इसे निष्क्रिय करने का कौशल है। इसलिए स्थिति पर प्रतिक्रिया करने के बजाय, गहरी साँस लें और बम को कुशलता से निष्क्रिय करके ही प्रतिक्रिया करें। शांत रहकर, आपने स्थिति को शांत कर दिया है और खुद को और नुकसान होने से बचा लिया है।

इच्छा से इच्छा-शून्यता: इच्छा, आवश्यकता और अतृप्ति की एक अंतहीन अवस्था है, जहाँ आप अपने पास मौजूद चीज़ों से कभी संतुष्ट नहीं होंगे। जब आप अपनी 'इच्छा' पूरी कर लेंगे, तब भी आप और अधिक पाने की लालसा रखेंगे। इच्छा स्वयं के लिए होती है। इच्छा-शून्यता की स्थिति तब होती है, जब आप अपने भीतर पूर्ण संतुष्टि और शांति का अनुभव करते हैं। या फिर जब आप और अधिक पाने की जगह आपके पास जो है, उसके लिए कृतज्ञता का अनुभव करते हैं।

समूहवाद से व्यक्तिगत आत्म-यात्रा: समुद्र में तैरने वाली मछलियों का एक समूह बड़ी मछलियों या यहाँ तक कि शिकारियों का भी संभावित लक्ष्य होता है। लेकिन जब एक मछली तैरकर दूर जाने और अपनी यात्रा शुरू करने का फैसला करती है, तो बड़ी मछलियाँ उस पर शायद ही कभी हमला करती हैं, क्योंकि यह उनके लिए बहुत छोटा भोजन होता है। समुदाय में काम करना अच्छा है, लेकिन अक्सर हम समूह संस्कृति और साथियों के दबाव से इतने प्रभावित हो जाते हैं कि हम अपने वास्तविक स्वरूप को भूल जाते हैं। कभी-

कभी, समूह संस्कृति से अलग होकर अपने लिए एक विशिष्ट टीम बनाना बेहतर होता है, ताकि आप अपनी वास्तविक क्षमता और जीवन के उद्देश्य को समझ सकें।

उदासीनता से दया की ओर, बदला लेने की इच्छा से क्षमा की ओर, अभाव की भावना से प्रचुरता की ओर बढ़ें। दर्द से आनंद की ओर, दुःख से आंतरिक शांति की ओर, बीमारी से स्वास्थ्य की ओर और अंततः संघर्ष से बिना शर्त आनंद की ओर बढ़ें।

भावनात्मक रूप से मज़बूत होने की यात्रा

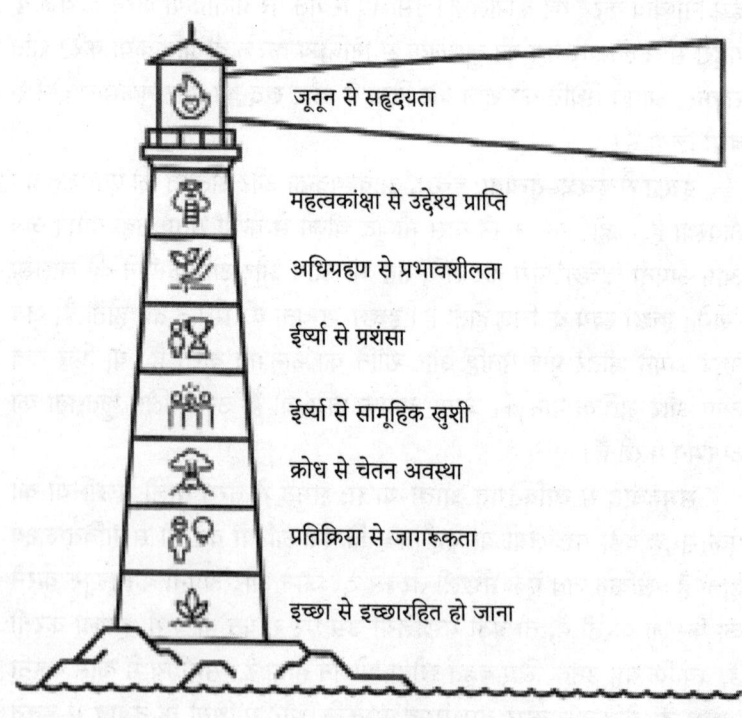

एक दिन में अपनी सभी नकारात्मक भावनाओं पर विजय पाना संभव नहीं। आप एक डायरी बना सकते हैं। इसमें आप लिखें कि आज आपने किन भावनाओं का अनुभव किया और उन्हें यहाँ दी गई अठारह भावनाओं का उपयोग करके लेबल कर सकते हैं। आप जिस भावना का अनुभव कर रहे हैं, उसे पहचानना और उसका नामकरण करना आपको आपकी जागरूकता और चेतना बेहतर बनाने में मदद करता है। याद रखें:

जागरूकता और चेतना मांसपेशियों की तरह हैं।
अपने मन और आत्मा को मज़बूत बनाने के
लिए हर दिन इनका अभ्यास करें।

हम एक ऐसे समाज में रहते हैं, जहाँ हमने त्याग को महिमामंडित किया है। एक महिला जो अपने परिवार की ज़रूरतों को पूरा करने के लिए अपनी निजी खुशी, करियर, लक्ष्यों और इच्छाओं का त्याग करती है, उसे एक अच्छी महिला के रूप में महिगागंटित किया जाता है। एक बेटा जो पारिवारिक व्यवसाय शुरू करने के लिए अपने निजी करियर का त्याग करता है, वह एक अच्छा बेटा है, अन्यथा वह स्वार्थी है। क्या हम त्याग को महिमामंडित करने के बजाय शांति और संतोष को महिमामंडित कर सकते हैं? दुर्भाग्यवश, हम जो फ़िल्में देखते हैं, वे रोमांस को बहुत बढ़ा-चढ़ाकर पेश करती हैं और असल ज़िंदगी के रिश्तों में तनाव पैदा करती हैं।

सबसे ज़रूरी बात। अपने आंतरिक दायरे से लोगों को अलग करें। अगर आप पाते हैं कि आपका कोई दोस्त, पड़ोसी या सहकर्मी अपने विचारों, शब्दों या कार्यों से आपके प्रति ईर्ष्या, जलन, अधिकार जताने, धमकाने या अनादर जैसी नकारात्मक भावनाएँ दिखा रहा है, तो उनसे दूर चले जाएँ। उसे समझाने या तर्क करने और उसे बदलने की कोशिश करने की भी कोई ज़रूरत नहीं है। उनकी भावनाओं को बदलना आपका काम नहीं है। आप इसमें उलझेंगे तो आप नकारात्मक सूचनाओं के आदान-प्रदान में उलझ जाते हैं। किसी को भी अपने शरीर, मन, भावनाओं, विचारों, धारणाओं का अनादर न करने दें। उससे दूर चले जाएँ।

जब बात आपके परिवार के सदस्य की हो, तो आप उस स्थिति से हमेशा के लिए दूर नहीं जा सकते। लेकिन आप स्थिति का विश्लेषण करने के लिए कुछ मिनटों या उससे भी ज़्यादा समय के लिए दूर जा सकते हैं। भावनाओं को तर्कसंगत बनाकर और उन्हें चिह्नित करके, आप स्थिति का विश्लेषण कर सकते हैं। बातचीत तभी करें, जब आपको यकीन हो कि आप उनकी बातचीत का जवाब देंगे और गुस्से से प्रतिक्रिया नहीं देंगे।

पैतृक आघात

अपने बच्चों के साथ इस्तेमाल किए जाने वाले शब्दों का ध्यान रखें। ये आपके मूल्यों, गुणों और पैतृक आघात को दर्शाते हैं और बच्चों को बताते हैं कि किस आवृत्ति पर कंपन करना है। मैं एक्ज़िमा से पीड़ित अनगिनत बच्चों से मिली हूँ। अठारह साल का एक लड़का था। खान-पान और दवाओं से कुछ हद तक सुधार हुआ था। मैंने उससे पूछा, 'तो आपको छह साल की उम्र से एक्ज़िमा है। फिर क्या हुआ?' उसने तुरंत कहा, 'मेरे माता-पिता का तलाक हो गया और मुझे अपने पिता के साथ समय बिताना पसंद नहीं था। मैं तनावग्रस्त रहने लगा और खुद को खरोंचने लगा।' मनोवैज्ञानिकों द्वारा दूसरे बच्चे के जन्म के तुरंत बाद बड़े बच्चे को एक्ज़िमा होने की कई अन्य कहानियाँ भी हैं, क्योंकि उन्हें माँ का दुलार नहीं मिल रहा था। बच्चे ने कहा, 'मुझे बहुत अच्छा लगता है जब माँ एक्ज़िमा क्रीम लगाती हैं, क्योंकि तब उनका ध्यान सिर्फ़ मुझ पर होता है।'

रोग हमारी भावनात्मक अवस्थाओं और बचपन के आघात का प्रकटीकरण हैं। हम अनजाने में ही अपने पूर्वजों के आघात को अपनी आने वाली पीढ़ियों तक पहुँचा देते हैं। अगर बचपन में आपके साथ दुर्व्यवहार, मारपीट या बुरा व्यवहार हुआ है, तो आप उन नकारात्मक यादों को अपने साथ रखते हैं। हम अपने अतीत के शिकार बन जाते हैं। यह रोगों के रूप में प्रकट होता है। हम अपने बचपन के आघात को अपने साथी, सहकर्मियों, मित्रों, पड़ोसियों और बच्चों पर थोप देते हैं, क्योंकि हम अपने पूर्वजों के आघात से उबरने और उससे संबंध समाप्त करने में असफल रहे हैं।

बच्चे मुलायम मिट्टी जैसे होते हैं। आप उसे दबा कर कोई भी रूप दे सकते हैं। ये प्रभाव हमारे अवचेतन मन में लंबे समय तक बने रहते हैं। इस नुकसान को दूर करने, तनाव कम करने और इन भावनाओं को अपनी मूल स्मृतियों से मुक्त करने में हमें कई साल लग जाते हैं। जब तक ये हमारे अवचेतन मन में दबी रहती हैं, तब तक ये विभिन्न परिस्थितियों में हमारे चेतन मन के व्यवहार को प्रभावित करना शुरू कर देती हैं। उदाहरण के लिए, अगर आपका पालन-पोषण गुस्से वाले माहौल में हुआ है, तो आपका अवचेतन मन उस सारे गुस्से को जमा कर लेता है।

नाभि-नाल को काट दें: अपने पूर्वजों के आघात से खुद को मुक्त करें। अपने व्यवहार में उन पैटर्न को पहचानने का सचेत प्रयास करें, जो आपके पूर्वजों के आघात या बचपन की यादों से प्रेरित हैं। उन्हें लिख लें।

उदाहरण के लिए: मुझे लगता है कि मैं सुंदर नहीं हूँ, क्योंकि बचपन में मुझे कहा गया था कि मैं बदसूरत हूँ।

1. मेरा मानना है कि _____
    _____क्योंकि _____
    _____

2. मेरा मानना है कि _____
    _____क्योंकि _____
    _____

3. मेरा मानना है कि _____
    _____क्योंकि _____
    _____

अब समय आ गया है कि हम अपनी सीमाओं से मुक्त हो जाएँ। जिस व्यक्ति ने हमारे मन में सीमाओं का भाव पैदा किया, वह अब हमारे वर्तमान जीवन का हिस्सा नहीं है। हम सीमाएँ खींचेंगे और अपनी कहानी बदलेंगे। बचपन के आघात और कड़वाहट को हमारे माध्यम से जीवित रहने और

हमेशा के लिए मौजूद रहने या हमारी आने वाली पीढ़ियों तक पहुँचाने की ज़रूरत नहीं है।

एक शेर के बच्चे की कहानी है। वह बच्चा क्षतिग्रस्त रीढ़ के साथ पैदा हुआ था। उसकी माँ ने उसे त्याग दिया था। उसे अपनी माँ का दूध, प्यार, सुरक्षा और देखभाल नहीं मिली। फिर भी वह हर जगह शेरों के झुंड का पीछा करता रहा, जंगल के खतरों से जूझता रहा और अंततः जीवित रहने की अपनी इच्छाशक्ति से उनका प्यार और स्नेह जीतता रहा। अंततः उसने अपने बचपन के आघात पर विजय प्राप्त करके नई ज़िंदगी शुरू की। इसी तरह, आप एक उच्च चेतना और जागरूकता वाले इंसान के रूप में, अपने मन और चेतना की कहानी को बदलने की शक्ति रखते हैं। आप तीन चीज़ें लिखें जो आप बनना चाहते हैं।

उदाहरण: मेरा मानना है कि मैं स्वयं का सबसे सुंदर रूप हूँ, स्वयं और दूसरों के लिए प्रेम और दया चाहता हूँ।

1. मेरा मानना है कि मैं हूँ _____

   _____

2. मेरा मानना है कि मैं हूँ _____

   _____

3. मेरा मानना है कि मैं हूँ _____

   _____

अपने चक्र का उपचार

अपनी भावनाओं को ठीक करने के लिए हम चक्र उपचार का इस्तेमाल कर सकते हैं। चक्र हमारी रीढ़ की हड्डी में स्थित ऊर्जा का घूमता हुआ चक्र है। यह हमारी रीढ़ की हड्डी से लेकर हमारे सिर के मुकुट तक ऊपर जाता है। जब ये ऊर्जा भंवर अवरुद्ध हो जाते हैं, तो यह रोगों के रूप में प्रकट हो सकते हैं।

मूलाधार चक्र हमारी रीढ़ की हड्डी के आधार पर स्थित होता है। यह हमारे जीवन में सुरक्षा और स्थिरता जैसी सकारात्मक भावनाओं से जुड़ा है। जैसे,

घर, परिवार, भौतिक संपत्ति। यह अस्थिरता और असुरक्षा जैसी नकारात्मक भावनाओं से अवरुद्ध हो सकता है। इस कारण चिंता या पीठ के निचले हिस्से में दर्द हो सकता है। इसका प्रतिनिधित्व पृथ्वी तत्व द्वारा किया जाता है, जो आयुर्वेद में हमारे शरीर को संरचना, स्थिरता और सहारा देता है। यह सबसे बुनियादी आधार है जिस पर हमारा शरीर बना है।

चक्र ऊर्जा प्रवाह

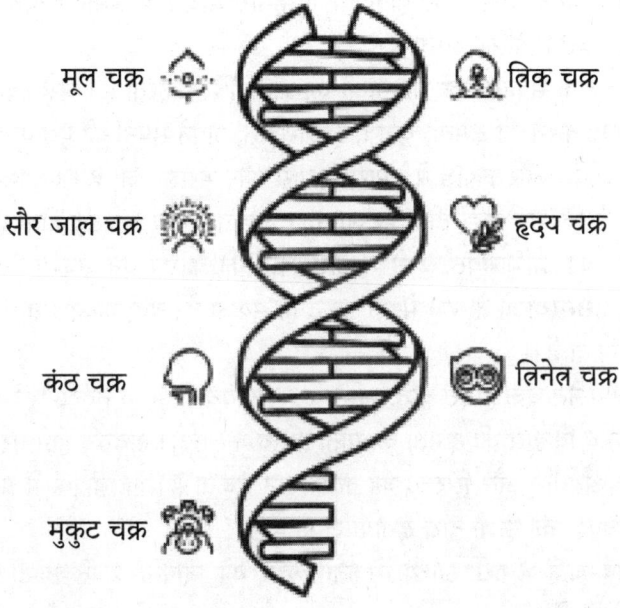

त्रिक चक्र रचनात्मकता, कामुकता, शक्ति, नियंत्रण, धन और रिश्तों जैसी सकारात्मक भावनाओं का प्रतिनिधित्व करता है। जब यह चक्र अवरुद्ध होता है, तो यह भावनात्मक अस्थिरता या प्रजनन स्वास्थ्य समस्याओं को जन्म दे सकता है। यह जल तत्व द्वारा दर्शाया जाता है।

सौर जाल चक्र हमारे अद्वितीय व्यक्तित्व, आत्म-सम्मान और सहज प्रवृत्ति जैसे सकारात्मक लक्षणों का प्रतिनिधित्व करता है। अवरुद्ध होने पर, यह पाचन स्वास्थ्य समस्याओं और कम आत्मसम्मान का कारण बन सकता है। यह अग्नि तत्व द्वारा दर्शाया जाता है, जो आयुर्वेद में हमारे पाचन स्वास्थ्य और अग्नि का प्रतिनिधित्व करता है।

हृदय चक्र प्रेम, क्षमा और करुणा जैसी भावनाओं का प्रतिनिधित्व करता है। जब यह ऊर्जा अवरुद्ध होती है, तो यह हृदय संबंधी रोगों या रिश्तों में कठिनाइयों का कारण बन सकती है। हृदय चक्र वायु तत्व द्वारा दर्शाया जाता है, जिसका आयुर्वेद में अर्थ वात होता है। यह हमारी सोचने और भाव व्यक्त करने की क्षमता को नियंत्रित करता है।

कंठ चक्र सकारात्मक भावनाओं का प्रतिनिधित्व करता है। जैसे स्वयं को अभिव्यक्त करने की क्षमता, चुनाव, इच्छाशक्ति, अपने सपनों को पूरा करने की क्षमता, जीवन और ब्रह्मांड में हमारा विश्वास और भरोसा, जो हमें यह एहसास दिलाता है कि सब कुछ ठीक हो जाएगा। जब यह चक्र अवरुद्ध होता है, तो यह स्वयं को अभिव्यक्त करने में असमर्थता का कारण बन सकता है। यह थायरॉइड समस्याओं के रूप में भी प्रकट हो सकता है। यह आकाश तत्व द्वारा दर्शाया जाता है।

तृतीय नेत्र चक्र हमारी बुद्धि, मस्तिष्क, खुले विचारों, दिव्य तर्क और व्यापक दृष्टिकोण व विश्वास की क्षमता का प्रतिनिधित्व करता है। अवरुद्ध होने पर, यह कमज़ोर अंतर्ज्ञान और सिरदर्द का कारण बन सकता है। यह ब्रह्मांड में प्रकाश और अंधकार की ऊर्जा द्वारा दर्शाया जाता है।

शीर्ष चक्र हमारी आध्यात्मिकता, स्वयं को जानने, भौतिकवादी और अस्थायी चीज़ों को त्यागने की क्षमता, ज्ञान और जागरूकता से जुड़ा है। अवरुद्ध होने पर, यह अलगाव की भावना पैदा कर सकता है और अवसाद जैसे तंत्रिका संबंधी और मनोदैहिक विकारों के रूप में प्रकट हो सकता है। यह समय और स्थान द्वारा दर्शाया जाता है।

रंग, शब्द और ध्वनि आवृत्ति, जिनका उपयोग आप अपने चक्रों को ठीक करने के लिए कर सकते हैं

चक्र	भावनाएँ	तत्व	रंग	संकल्प	संगीत
मुकुट, सहस्रार	आध्यात्मिकता, ज्ञानोदय जागरूकता	समय और स्थान	बैंगनी	वर्तमान क्षण में जिएँ। इस प्रतिज्ञान का पालन करें: 'मैं समझता हूँ'।	ओम जप, 928 हर्ट्ज़
तीसरा नेत्र, अज्ञेय	बुद्धि, मस्तिष्क, खुलापन, दिव्य तर्क, व्यापक दृष्टिकोण, विश्वास	प्रकाश और अंधकार	नीला	दिव्य सत्य की खोज करें। इस प्रतिज्ञान का पालन करें: 'मैं देखता हूँ'।	ओम, 852 हर्ट्ज़
गला, विशुद्ध	आत्म-अभिव्यक्ति, चुनाव, इच्छाशक्ति, विश्वास, अपने सपनों का पीछा करना, जीवन पर भरोसा	आकाश	नीला	ईश्वरीय इच्छा के प्रति समर्पण करें। इस प्रतिज्ञान का प्रयोग करें: 'मैं बोलता हूँ'।	हैम, 741 हर्ट्ज़

हृदय, अनाहत	प्रेम, क्षमा, करुणा	वायु	हरा	प्रेम ईश्वरीय शक्ति है। इस प्रतिज्ञान का प्रयोग करें: 'मैं प्रेम करता हूँ'।	येम, 639 हर्ट्ज़
सौर जाल, मणिपुरा	व्यक्तित्व, आत्म-सम्मान, सहज ज्ञान	अग्नि	पीला	स्वयं का सम्मान करें। इस प्रतिज्ञान का प्रयोग करें: 'मैं करता हूँ'।	राम, 538 हर्ट्ज़
लिंक, स्वाधिष्ठान	रचनात्मकता, कामुकता, शक्ति, नियंत्रण, धन, रिश्ते	जल	नारंगी	एक-दूसरे का सम्मान करें। इस प्रतिज्ञान का प्रयोग करें: 'मैं महसूस करता हूँ'।	वाम, 417 हर्ट्ज़
जड़, मूलाधार	परिवार, सामाजिक जुड़ाव, सुरक्षा, संरक्षा	पृथ्वी	लाल	सब एक है। इस प्रतिज्ञान का प्रयोग करें: 'मैं हूँ'।	लैम, 396 हर्ट्ज़

अपनी भावनाओं के आधार पर अवरुद्ध चक्रों का पता लगाएँ। अपनी भावना को पहचानें और अपने शरीर में उस चक्र को खोलने के लिए उपचारात्मक साउंड फ्रीक्वेंसी के साथ तालमेल बिठाएँ।

अध्याय 7

अपनी आत्मा को संरेखित करें

'हज़ार पंखुड़ियों वाला कमल
तब खिलता है, जब मन भटकाव से परे होता है,
अनंत चेतना में विलीन हो जाता है'

— शत चक्र निरुपण

यहाँ 1000 पंखुड़ियों वाला कमल सहस्रार या मुकुट चक्र है। यही आपकी चेतना है। मुकुट चक्र शरीर और मन के एकीकरण में सहायक होता है। यह हमारे उपचार में एक शक्तिशाली भूमिका निभाता है और आध्यात्मिक ज्ञान के लिए उत्तरदायी है। हमारा मुकुट चक्र 1000 पंखुड़ियों वाले कमल की तरह खिलता है। लेकिन, तब जब हम अपनी पिछली आदतों, अहंकार और धारणाओं को त्याग देते हैं। इस ब्रह्मांड के परम सत्य के साथ विलीन हो जाते हैं।

'हज़ार पंखुड़ियों वाला कमल
अस्तित्व की एक अवस्था है, जहाँ व्यक्ति
शब्दों से परे आनंद का अनुभव करता है।'

—हठ योग प्रदीपिका

हमारा शरीर एक हार्डवेयर है। हम इसकी ज़रूरतों को पूरा करने में इतने व्यस्त रहते हैं कि हम अपने आंतरिक सॉफ़्टवेयर पर ध्यान नहीं दे पाते। यह

आंतरिक सॉफ़्टवेयर ही हमारी चेतना और हमारी आत्मा हैं। हमारा लक्ष्य बिना शर्त खुशी, शांति और आंतरिक आनंद पाना है। हमारी खुशी हमारे स्वास्थ्य, जीवन के उद्देश्य, आंतरिक शक्ति और सद्भाव के साथ संरेखित होती है। हमारा लक्ष्य अपनी जागरूकता और चेतना में निरंतर सुधार करते हुए, हर दिन खुद को विकसित करना होना चाहिए।

हमारा सबसे अच्छा मार्गदर्शक हमारी आंतरिक आत्मा है। हमारी आत्मा ब्रह्मांड से संवाद करती है और हमें दिव्यदृष्टि प्रदान करती है। हम इस आंतरिक आवाज़ का उपयोग कर सकते हैं। इसकी सहज बुद्धि को सुन सकते हैं, जो हमें जीवित रहने और स्वस्थ रहने के रहस्य बता सकती है।

ज्ञान के लिए शरीर और मन का एकीकरण

जीवन की यात्रा के लिए हार्डवेयर
बिना शर्त आनंद
आध्यात्मिक विकास के लिए सॉफ्टवेयर

पाँच आयाम

लंबाई, चौड़ाई और गहराई तीन आयाम हैं, जो त्रि-आयामी दुनिया का निर्माण करते हैं। यह वास्तविकता है, जिसे हम अपनी बाह्य इंद्रियों, दृष्टि, श्रवण, स्पर्श, गंध और स्वाद, से देखते और अनुभव करते हैं। ये तीन आयाम पृथक्करण द्वारा चिह्नित हैं। तीसरे आयाम में, हम दूसरों और ब्रह्मांड से अलगाव की भावना का अनुभव करते हैं। इसका अर्थ है, 'मैं तुमसे अलग हूँ।' यह द्वैत है, जहाँ हमारे पास अच्छे और बुरे, सही और गलत, आप और मैं के बीच स्पष्ट अंतर होता है। हम सभी अपने तर्क से अलग हैं। हमारा अहंकार हमें एक ख़ास पहचान प्रदान करता है, जो हमें बाकी दुनिया से अलग करती है। जब अहंकार विलीन हो जाता है, तो 'मैं' ब्रह्मांड में विलीन हो जाता है। अहंकार कहता है: मैं लेखक

हूँ, तुम पाठक हो। चेतना और जागरूकता हमें उस अहंकार को दूर करने और ब्रह्मांड में विलीन होने में मदद करती है। मैं केवल वह औषधि हूँ, जिसके माध्यम से ब्रह्मांड विचारों और धारणाओं को व्यक्त करता है। हालाँकि, ये विचार पहले से ही आकाशीय अभिलेखों में मौजूद हैं। आकाशीय अभिलेख एक आध्यात्मिक ब्रह्मांडीय पुस्तकालय है। इसमें अतीत, वर्तमान और भविष्य की किसी भी आत्मा द्वारा, जो कभी भी अस्तित्व में आई है, के द्वारा घटित घटनाओं, विचारों, शब्दों, भावनाओं, भाषाओं, ज्ञान और विज्ञान की संपूर्ण जानकारी समाहित है।

'सहस्रार में, व्यक्तिगत आत्मा सार्वभौमिक
आत्मा में विलीन हो जाती है, जैसे पानी की
एक बूँद समुद्र में विलीन हो जाती है।'
                            — मुंडकोपनिषद, अद्वैतवादी ग्रंथ

चौथा आयाम समय या चेतना है। यह जागृति, आध्यात्मिक विकास और जागरूकता का प्रतिनिधित्व करता है। इस आयाम में भूत, वर्तमान और भविष्य कोई बाधा नहीं रह जाते। हम अतीत के दर्द को विलीन कर देते हैं। हम भविष्य के बारे में भय और चिंता को छोड़ देते हैं। हम भावनात्मक बोझ और निर्णय के बिना वर्तमान में मौजूद रहते हैं। जब हमारी आत्मा और चेतना समय-आधारित बाधाओं से मुक्त हो जाती हैं, तो वे प्रकाश बन जाती हैं। इससे हम भौतिकवादी गतिविधियों से परे ज्ञान की खोज करते हुए आध्यात्मिक क्षेत्र की ओर चले जाते हैं। ध्यान और सचेतन अवस्था आपको इस आयाम तक पहुँचने में मदद करती है।

पाँचवाँ आयाम बिना शर्त प्रेम और एकता की चेतना है। यहाँ आत्मा भय और अहंकार से परे हो जाती है। यह चेतना की एक उच्चतम अवस्था है। यहाँ हम सभी के प्रति बिना शर्त प्रेम का अनुभव करते हैं और ब्रह्मांड के साथ एकाकार हो जाते हैं। इस आयाम में हम ब्रह्मांड के सभी तत्वों के साथ गहन अंतर्संबंध का अनुभव करते हैं। आप और मैं प्रकृति से अलग नहीं हैं। हम पृथ्वी, जल, अग्नि, वायु और आकाश जैसे तत्वों के साथ विलीन होकर एकाकार

हो जाते हैं। आप चेतना के इस क्षेत्र को केवल अपने मानव रूप में ही प्राप्त कर सकते हैं। मन में कोई अहंकार, निर्णय या पूर्वाग्रह नहीं होता। हमारी सभी इंद्रियाँ हमारे अस्तित्व के साथ संरेखित होती हैं। हमारा शरीर, मन और हृदय सभी जीवित प्राणियों के प्रति करुणा का अनुभव करते हैं। इस आयाम में हम भय और पीड़ा से परे होते हैं।

छठा आयाम वैकल्पिक वास्तविकताओं और जटिल अंतःक्रियाओं को बताता है। सुपरस्ट्रिंग सिद्धांत के अनुसार, दस या इससे अधिक आयाम हैं, जिन तक मनुष्य पहुँच सकता है। ये आयाम प्रकृति और तत्वों की मूलभूत शक्तियों को नियंत्रित करते हैं। यह हमें ब्रह्मांड के साथ जटिल अंतःक्रियाओं की अनुमति देते हैं। यह एक साइंस फिक्शन, मार्वल फिल्म की तरह है। फिल्म में, डॉ. स्ट्रेंज बदलती वास्तविकताओं तक पहुँचने और प्राकृतिक शक्तियों के साथ बातचीत करने में सक्षम हैं।

वास्तविकता के आयाम

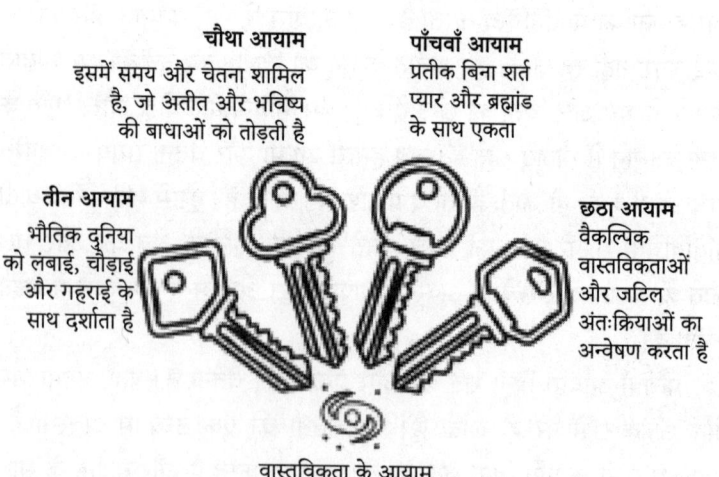

चौथा आयाम
इसमें समय और चेतना शामिल है, जो अतीत और भविष्य की बाधाओं को तोड़ती है

पाँचवाँ आयाम
प्रतीक बिना शर्त प्यार और ब्रह्मांड के साथ एकता

तीन आयाम
भौतिक दुनिया को लंबाई, चौड़ाई और गहराई के साथ दर्शाता है

छठा आयाम
वैकल्पिक वास्तविकताओं और जटिल अंतःक्रियाओं का अन्वेषण करता है

वास्तविकता के आयाम

हम अपनी आंतरिक चेतना को शुद्ध कैसे कर सकते हैं? कैसे इसे जागृत कर सकते हैं, ताकि वह ब्रह्मांड में विलीन हो सके? यह तभी संभव है जब हम अपने

अहंकार, भावनाओं, आघात और स्मृतियों से मुक्त हो जाएँ। हमारी नकारात्मक भावनाएँ, जुनून, महत्वाकांक्षाएँ और अहंकार हमें भौतिक दुनिया से जोड़ते हैं। ये आपको जकड़े रखते हैं। जब भी हम किसी नकारात्मक भावना का अनुभव करते हैं, तो वह हमारी आत्मा पर एक स्थायी निशान बन जाती है। हर बार जब हम उसी नकारात्मक भावना का अनुभव करते हैं, तो वह ट्यूमर की तरह बढ़ने लगती है। यह अमूर्त भावना फिर भौतिक रूप धारण कर लेती है और विभिन्न अंगों में रोगों में बदल जाती है।

बौद्ध धर्म, हिंदू धर्म, जैन धर्म और ऐसे ही दर्शनों के अनुसार, आत्मा कालातीत है। यह न तो जन्म लेती है, न ही मरती है। यह अविनाशी है। यह केवल जीवन के अनुभव से, वास्तविकता के तीसरे आयाम के साथ अंतःक्रिया करने, अनुभवों को संजोने, अपनी चेतना को विकसित करने के लिए, पौधे, पशु, पक्षी या मानव का रूप धारण करती है। हमारा मानव शरीर और शरीरक्रिया विज्ञान नश्वर और नाशवान है। लेकिन यह आत्मा के लिए एक घर के रूप में काम करता है। एक इंसान अपने जीवनकाल में कितने अनुभव या ज्ञान हासिल कर सकता है? योग, ध्यान और उपचार का लक्ष्य अहंकार, जटिल भावनाओं की परतों और हमारे आघात को दूर करना है या जीवन और मृत्यु के चक्र को तोड़ना और निर्वाण या मोक्ष प्राप्त करना है। ये वो अंतिम मंजिल है, जहाँ आत्मा आनंद और खुशी की एक स्थायी अवस्था प्राप्त करती है।

चार आदर्श सत्य

आइए बौद्ध धर्म में बताए गए जीवन के चार आर्य सत्यों को जानते हैं:

1. **दुख (जीवन दुख है):** हम मनुष्य विभिन्न प्रकार की भावनाओं का अनुभव करते हैं। हम अपने जीवन में विभिन्न प्रकार की घटनाओं, क्लेशों और चुनौतियों का सामना करते हैं। ये अनुभव ही हमें सबक देते हैं। हमें विकसित होने में मदद करते हैं। इन चुनौतियों पर विजय पाना और स्वयं को बेहतर बनाना हमारा व्यक्तिगत चुनाव है। हम या तो विपत्ति से सीखते हैं और उस पर विजय पाते हैं या फिर हम

इन दुखों को तब तक संचित करते रहते हैं, जब तक कि वे भौतिक शरीर को प्रभावित न करने लगें।

2. **समुदया (दुख का कारण):** यह हमें अपने दुखों के मूल कारणों यानी आसक्ति, इच्छाएँ और असंतोष को समझने में मदद करता है।

3. **निरोध (दुख का अंत):** यह अपनी इच्छाओं और आसक्ति का त्याग करके दुखों को ख़त्म करने की क्षमता है। यह परम आनंद और खुशी प्रदान करता है, जिसे निर्वाण कहा जाता है। निरोध मन की एक ऐसी अवस्था है, जो दुखों से मुक्त है। इसी प्रकार, निरोगी वह है जो रोग रहित है या रोग और दुखों से मुक्त है।

4. **मग्गा (दुख के अंत का मार्ग):** चौथा आर्य सत्य हमें आष्टांगिक मार्ग के माध्यम से अपने दुखों को ख़त्म करना सिखाता है।

आष्टांगिक मार्ग

सम्यक दृष्टि: सत्य और वास्तविकता को उनके वास्तविक रूप में देखें। अपनी सुविधा के लिए सत्य को विकृत करके न देखें। अक्सर, हम अपनी सुविधानुसार वास्तविकता को तोड़-मरोड़ कर पेश करते हैं। उदाहरण के लिए, हो सकता है कि ट्रैफ़िक लाइट लाल हो गई हो, लेकिन आप उसे अनदेखा करते हैं और यह कहकर नियम तोड़ते हैं कि चूँकि सड़क पर कोई और गाड़ी नहीं है, इसलिए ट्रैफ़िक नियम लागू नहीं होते।

सही भावना: जब आप किसी को कुछ देते हैं, तो क्या आप सचमुच निस्वार्थ भाव से देते हैं? या बदले में कुछ पाने की उम्मीद करते हैं? आपके व्यापार का इरादा क्या है? क्या यह आपके ग्राहकों की भलाई के लिए है या सिर्फ़ अपने ग्राहकों की कीमत पर मुनाफ़ा कमाने के लिए?

सही वाणी: अपने बोले गए शब्दों के बारे में सावधान रहें। आपकी वाणी आपकी वास्तविकता बन जाएँगे। सच बोलें या चुप रहें। अपनी व्यक्तिगत ज़रूरतों को पूरा करने के लिए तथ्यों को तोड़-मरोड़ कर पेश न करें।

सही कर्म: हर समय सही काम करें, भले ही कोई नहीं देख रहा हो, क्योंकि आपके कर्म आपके आस-पास के सभी लोगों को प्रभावित करते हैं। फिर,

आपके कर्म की प्रतिक्रिया भी होगी। आपको अपने कर्मों का फल भोगना ही होगा, चाहे वे अच्छे हों या बुरे।

सही आजीविका: हमें इस संसार में आजीविका कमाकर जीवित रहना है। इसलिए, यह आजीविका शरीर, हमारे परिवार और हमारे उच्च उद्देश्य का समर्थन करने वाला होना चाहिए।

आयुर्वेद में जीवन के चार उद्देश्य इस प्रकार परिभाषित किए गए हैं — (i) धर्म: उचित कार्य करना; (ii) अर्थ: वैध तरीके से धन कमाना; (iii) काम: अपनी सभी इच्छाओं की पूर्ति करना; और (iv) मोक्ष: जीवन और मृत्यु के चक्र को तोड़ना।

ईमानदारीपूर्वक आजीविका चुनें, जो मानवता के लिए भी सही हो। यह इकिगाई जैसा है, जो एक जापानी अवधारणा है। यह आपके 'जीने का कारण' समझाती है। आप चार महत्वपूर्ण प्रश्नों के जवाब देकर अपना इकिगाई पा सकते हैं: (i) आपको क्या पसंद है (जुनून), (ii) आप किसमें अच्छे हैं (कौशल), (iii) दुनिया को क्या चाहिए (मिशन) और (iv) आपको किस चीज़ के लिए भुगतान किया जा सकता है (पेशा)। जिस केंद्र पर ये चार क्षेत्र ओवरलैप होते हैं, वही आपके इकिगाई का प्रतिनिधित्व करता है।

सही प्रयास: यह सही इरादों और केंद्रित कार्यों पर ज़ोर देता है। यह व्यक्ति के मूल्यों और लक्ष्यों के साथ संरेखित होते हैं। अपनी कड़ी मेहनत और प्रयासों को स्वीकार करने में संकोच न करें। काम चरित्र का निर्माण करता है और कई मानसिक बीमारियों का सबसे अच्छा इलाज है।

भगवान कृष्ण गीता में कहते हैं :

कर्मण्येवाधिकारस्ते मा फलेषु कदाचन।
मा कर्मफलहेतुर्भूर्मा ते सङ्गोऽस्त्वकर्मणि ॥

तुम्हारा अधिकार केवल कर्म करना ही है। कर्मों के फल
पर तुम्हारा अधिकार नहीं है। अतः तुम निरन्तर कर्म के फल
पर मनन मत करो और अकर्मण्य भी मत बनो।

सम्यक जागरूकता: यह ज़रूरी है कि हम एक स्वस्थ मानसिक स्थिति बनाए रखें, जो अंततः हमारे अनुभवों को निर्धारित करती है।

सम्यक एकाग्रता: इतना ध्यान केंद्रित करें कि वह ध्यान की अवस्था बन जाए। ध्यानपूर्ण कार्य की अवस्था आपको दुखों से मुक्ति दिला सकती है।

आत्मज्ञान का मार्ग

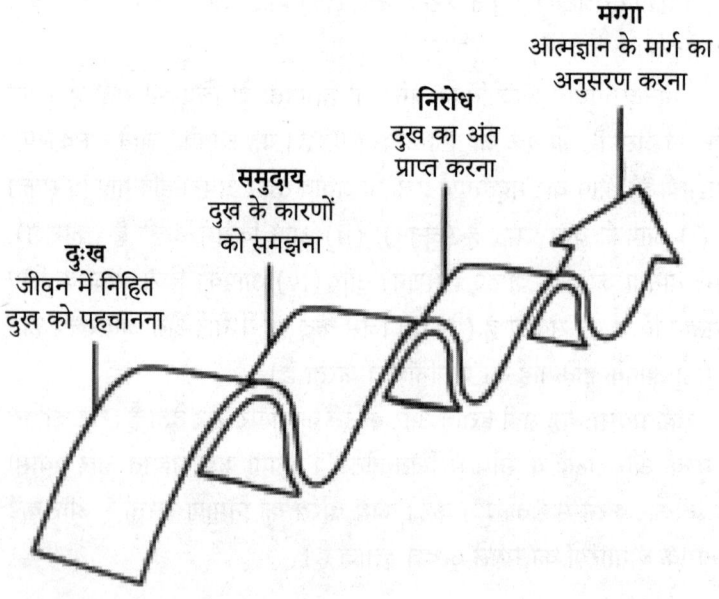

मग्गा
आत्मज्ञान के मार्ग का
अनुसरण करना

निरोध
दुख का अंत
प्राप्त करना

समुदाय
दुख के कारणों
को समझना

दुःख
जीवन में निहित
दुख को पहचानना

अंतरिक्ष की शक्ति

दो विचारों के बीच का मौन ही ध्यान है। जब हम उपचार के लिए विशेष समय और स्थान निर्धारित करते हैं, तो हम उस मौन की गुणवत्ता में सुधार कर सकते हैं और दो विचारों के बीच के समय और स्थान का विस्तार कर सकते हैं।

जैन धर्म सामयिक अवधारणा सिखाता है। इसमें हर दिन अड़तालीस मिनट ध्यान के लिए समर्पित करना होता है। उन अड़तालीस मिनटों के दौरान, आप साँसारिक गतिविधियों से दूर हो जाते हैं और आत्मनिरीक्षण, प्रार्थना, ध्यान और शास्त्रों के अध्ययन पर ध्यान केंद्रित करने के लिए विशेष समय निकालते हैं। उन अड़तालीस मिनटों के दौरान, आप शुद्ध श्वेत वस्त्र पहनते हैं और पूर्व (सूर्य) या उत्तर दिशा की ओर मुख करके बैठते हैं। आप पूर्ण मौन में केवल चार वर्ग फुट जगह घेरते हैं। जैन धर्म में, अड़तालीस मिनट अंतर-मुहूर्त की अवधि का प्रतिनिधित्व करते हैं, जिसे ध्यान और मानसिक एकाग्रता से कर्म बंधनों से मुक्त होने का पवित्र अंतराल माना जाता है।

वे अड़तालीस मिनट आपको अपने आंतरिक आयामों तक पहुँचने का अवसर देते हैं। आपको ध्यान केंद्रित करने, स्वस्थ होने, लिंग, जाति, समुदाय, पेशे और ऐसे ही अन्य चीज़ों को धीरे-धीरे त्यागने का अवसर देते हैं। यह आपको अपनी उस आत्मा की अंतर्यात्रा करने का अवसर देता है, जो न तो जन्म लेती है, न ही नष्ट होती है, जिसका न कोई लिंग, पेशा या धर्म है। आप उन बाधाओं को दूर करते हैं जो आपको ब्रह्मांड से अलग करती हैं। आप इस स्थान के बाहर किसी से भी बातचीत नहीं करते, अपनी ऊर्जा को केवल आत्मनिरीक्षण तक सीमित रखते हैं। आपको अपने मन में विचारों को शांत करने और उनकी संख्या कम करने का अवसर मिलता है। आपकी शारीरिक गति उस 2' x 2' स्थान तक सीमित होती है। आप इस स्थान के बाहर कुछ भी नहीं चाहते। किसी के मालिक नहीं होते, किसी से बात नहीं करते, किसी के साथ लेन-देन नहीं करते। आपका लेन-देन और संचार केवल आपके स्वयं और ब्रह्मांड तक ही सीमित होता है। उन अड़तालीस मिनटों के दौरान आप कोई और कर्म नहीं करते। अन्य प्राणियों और वस्तुओं से अनासक्ति का अभ्यास करके, आपको अपने दुखों और पिछले कर्मों को निष्प्रभावी करने का अवसर मिलता है। यह मानसिक स्पष्टता में सुधार करता है। यह आपके अच्छे इरादों को मजबूत बनाता है। आपकी जागरूकता और चेतना को बढ़ाता है। आपके अनुशासन और आध्यात्मिक प्रतिबद्धता को मज़बूत करता है।

आधुनिक विज्ञान बताता है कि इस तरह के अनुशासित ध्यान अभ्यास से कॉर्टिकल थिकनेस, भावनात्मक रेगुलेशन, उपचार और मानसिक स्वास्थ्य

समस्याओं से राहत मिलती है। यह अहंकार को कम करता है। अड़तालीस मिनट की अवधि आपके मस्तिष्क को नए तंत्रिका मार्ग बनाने और पुराने पैटर्न को पुनर्गठित करने के लिए एक ढाँचा प्रदान करती है। अनुशासित ध्यान आपको वास्तविकता के तीसरे आयाम से आगे बढ़कर चेतना के उच्च आयामों तक पहुँचने में सक्षम बनाता है। ये समय आपको आत्मा के वास्तविक स्वरूप को समझने का साधन प्रदान करते हैं। मैं हर सुबह अड़तालीस मिनट मौन, ध्यान और धर्मग्रंथों के पाठ के लिए निर्धारित करती हूँ। यात्रा या बीमारी के कारण मैं शायद ही कभी इसका पालन नहीं कर पाती। मैं आपको बता सकती हूँ कि उन अड़तालीस मिनटों में मैंने अपने शरीर विज्ञान में नाटकीय बदलाव देखे हैं। मेरा वात और कफ असंतुलन कम हो गया। मेरी सर्दी-खांसी के लक्षण गायब हो गए। मेरे दर्द और पीड़ा कम हो गए और मैं ज़्यादा स्थिर और शांतचित्त महसूस करने लगी। ऊर्जा उपचार के इस अनुशासित अभ्यास से मैं एंकिलोज़िंग स्पोंडिलोसिस से छुटकारा पा सकी।

आत्म-खोज, अंतिम यात्रा: मोक्ष का मार्ग

मैं ठीक वहीं हूँ जहाँ मुझे होना चाहिए,
जीवन ने मेरे लिए जो नए सबक रखे हैं, उन्हें सीखने के लिए तैयार।
मैं अपनी पुरानी यादों को त्याग देती हूँ, ताकि
नए अनुभवों के लिए जगह बना सकूँ।
मैं कल की चिंता और बेचैनी को त्याग देती हूँ जो कभी नहीं आता।
मैं वर्तमान में हूँ, और इस पल में स्थिर हूँ।
मेरे पास बस यही है।
मैं अच्छाई और बुराई, दोनों को आकर्षित करती
हूँ ताकि वे मुझे आगे बढ़ने के सबक सिखाएँ।
मैं खुशी और दुख, आशीर्वाद और उपचार,
संघर्ष और चुनौतियों का स्वागत करती हूँ
ताकि मैं अपने उच्चतम रूप में विकसित हो सकूँ।
मैं सबको क्षमा करती हूँ और किसी से शत्रुता नहीं रखती।

समय और स्थान के साथ, मैं अपने अहंकार को त्याग देती हूँ
ताकि उस ज्ञान तक पहुँच सकूँ जो पहले से ही मेरे भीतर है।
मैं अपने सीमित विश्वासों और दुख के मानसिक
पिंजरे से खुद को मुक्त करती हूँ।
मैं अपनी चिंता, दर्द, पीड़ा और रोग को
इस ब्रह्मांड में विलीन कर देती हूँ।
यह शरीर, यह रोग, मेरे पास रखने के लिए नहीं है।
मैं तो बस एक आत्मा हूँ जो न जन्म लेती है, न मरती है
एक नश्वर शरीर में एक अमर प्राणी, मानवीय अनुभव प्राप्त कर रहा है।
मैं जो चाहूँ, जब चाहूँ, जहाँ चाहूँ बन सकती हूँ
समय और स्थान अब कोई बाधा नहीं हैं।
मैं खुद को ऊपर उठने की अनुमति देती हूँ
उच्च आयामों तक,
इस ब्रह्मांड में विलीन होने की,
और बिना शर्त शांति और खुशी पाने की।

आंतरिक शांति का रास्ता

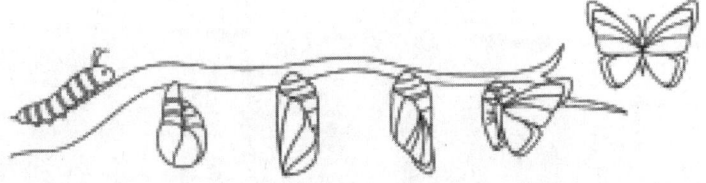

वर्तमान स्व	रिहाई	स्वीकार	अहंकार त्यागें	दर्द घोलें	उच्चतर स्व
चिंताओं के बोझ से दबे हुए	अतीत की यादों को जाने दो	खुशी और पीड़ा का स्वागत करें	आंतरिक ज्ञान तक पहुंचें	सीमित मान्यताओं को छोड़ें	बिना शर्त शांति, खुशी

आभार

दीप्ति सिंह और दीप्ति तलवार को आभार, उनके बिना शर्त समर्थन और मुझ पर विश्वास के लिए. . .

पेंगुइन टीम को आभार, इस दुनिया को बेहतर बनाने के लिए आपके हर योगदान के लिए धन्यवाद!

रितिका सोनी को टाइटल बनाने के लिए धन्यवाद

प्राण की मेरी टीम को इस शो को चलाए रखने के लिए धन्यवाद, ताकि मैं यह किताब लिख सकूँ।